本书为国家社会科学基金（教育学）一般项目"'双一流'背景下地方大学建设高水平学科的机制创新研究"（BIA180171）的研究成果

"双一流"背景下地方高水平大学学科建设策略研究

张凤娟　等著

中国社会科学出版社

图书在版编目（CIP）数据

"双一流"背景下地方高水平大学学科建设策略研究／张凤娟等著. -- 北京：中国社会科学出版社，2024.12.
ISBN 978-7-5227-3889-5

Ⅰ. G642.3

中国国家版本馆 CIP 数据核字第 20244RW692 号

出 版 人	赵剑英
责任编辑	宫京蕾
责任校对	秦　婵
责任印制	郝美娜

出　　版	中国社会科学出版社
社　　址	北京鼓楼西大街甲 158 号
邮　　编	100720
网　　址	http://www.csspw.cn
发 行 部	010-84083685
门 市 部	010-84029450
经　　销	新华书店及其他书店

印刷装订	北京君升印刷有限公司
版　　次	2024 年 12 月第 1 版
印　　次	2024 年 12 月第 1 次印刷

开　　本	710×1000　1/16
印　　张	16.75
插　　页	2
字　　数	282 千字
定　　价	98.00 元

凡购买中国社会科学出版社图书，如有质量问题请与本社营销中心联系调换
电话：010-84083683
版权所有　侵权必究

序

"双一流"建设政策是党中央、国务院在新时代作出的重大战略决策,是政府意识到高等教育对于一个国家强盛重要性的战略选择。面对百年未有之大变局,面对西方对中国的科技封锁,面对科技和经济领域诸多的卡脖子工程,在以中国式现代化全面推进中华民族伟大复兴的新征程中,发挥高等教育的基础性、战略性支撑作用是"双一流"建设政策的应有之义。2024年2月14日,教育部、财政部、国家发展改革委公布《第二轮"双一流"建设高校及建设学科名单》,公布的名单中共有建设高校147所。这147所"双一流"建设高校是我国高校中的"国家队",在国家战略科技力量建设中发挥着重要的作用,是基础研究的主力军、重大科技突破的生力军和创新人才培养的主阵地,应为实现我国科技自立自强的国家战略发挥支撑作用。

国家战略是一个系统性概念,是指为维护和增进国家利益、实现国家目标而综合发展、合理配置和有效运用国家力量的总体方略,不仅涉及政治、经济、文化、社会、科技等诸多领域,还涉及区域发展的空间范围,我国在党的十八大以来为促进区域协调发展着力实施了京津冀协同发展和长江经济带发展战略、西部开发、东北振兴、中部崛起、东部率先的区域发展总体战略。区域发展战略的实施要求发挥地方高校尤其是地方高水平大学在人才培养、科学研究、社会服务、文化传承等方面的重要支撑作用。习近平总书记在全国教育大会上强调:"要支持有条件的高校创一流,但不能把高校人为分为三六九等,而是要鼓励高校办出特色,在不同学科不同方面争创一流。"由教育部、财政部、国家发展改革委联合发布的《统筹推进世界一流大学和一流学科建设实施办法(暂行)》提出:统筹推动区域内有特色高水平大学和优势学科建设,积极探索不同类型高校的一流建设之路。"扎根中国大地办大学，探索地方高校学科建设的创新路径，提升地方高校服务区域经济社会发展的能力，进行建设机制的优化和提升迫在眉睫。"双一流"建设政策的开放竞争、动态调整的设置特征为地方高水平大学带来了机遇，但同时也为其学科建设提出了更大的挑战。

截至2022年，我国公办普通本科院校有849所，其中，地方普通本科院校735所，占全国公办普通本科高校数量的86.6%（教育部，2023），是我国高等教育体系中的主体部分。没有地方高校的高质量发展，建设高等教育强国的目标就不可能实现。地方高水平大学是地方高校的"领头雁"，通过人才集聚与培养、科技创新、社会服务等途径与经济带、城市群、产业链的布局紧密结合，在区域发展中发挥着支撑引领作用。地方高水平大学是汇聚人才的重要载体，地方政府纷纷将高校作为打造人才高地的战略阵地，同时，地方高水平大学也是促进区域经济发展的重要创新力量，新时代区域经济已经从主要依靠资源与低成本劳动力的要素投入驱动转向为科技迭代升级的创新驱动，地方高水平大学通过成果转化与科技创新推动区域经济社会发展，最典型的案例是美国硅谷的崛起与斯坦福大学和加州大学伯克利分校聚集人才和资本并实现技术转化息息相关。地方政府也充分认识到了区域高等教育与区域经济的互动性，纷纷加大了省属高校的建设力度，2023年，湖北省、湖南省、江西省、山西省等地的省属高校的校均预算经费达10亿元以上，个别省属高校的经费预算甚至达到了40亿元以上。

然而，地方大学学科建设存在基础薄弱、资源有限、目标趋同、机制不活、形式单一、特色迷失、质量不高等问题。如何突破这些桎梏，通过学科建设机制创新、优化资源配置、发挥特色优势从而实现一流学科建设目标？这是当下每一所地方高水平大学面临的重点、难点问题，也是非常值得高等教育学界重点关注的研究命题。因此，张凤娟教授选取这一问题作为研究主题，体现了作者深入的现实关切与敏锐的学术眼光。该书遵循"历史研究—政策研究—比较研究—案例研究"的思路，综合运用文献研究法、访谈研究法和案例研究法等，将演绎与归纳、理论研究与实证研究进行有机结合，深入探讨了"双一流"背景下地方高水平大学学科建设的影响因素、困境与应对策略。作者以严谨求实的态度，基于翔实的一手资料对Z大学学科建设进行了深入、细致的呈现，使读者通过个案研究

"窥一斑而知全豹"。本书的出版，将会对我国大学学科建设的理论研究与实践探索起到重要的作用。

大学学科建设是一个历久弥新的话题，学科建设的问题复杂、多样，大学学科从建设走向治理是未来的必然趋势，祝愿张凤娟教授能在此领域继续深耕，也期待有更多的同行关注和加入到此领域的研究，加强交流、共同努力，为实现我国大学学科高质量发展、推进高等教育强国建设提供有力支撑。

宣 勇

2024 年 2 月 6 日

目 录

第一章 绪论 ……………………………………………………………（1）
 第一节 研究背景与研究意义 ………………………………………（1）
  一 研究背景 ………………………………………………………（1）
  二 研究意义 ………………………………………………………（3）
 第二节 研究文献综述 ………………………………………………（4）
  一 国外相关研究 …………………………………………………（4）
  二 国内相关研究 …………………………………………………（6）
 第三节 研究的概念、方法与结构 …………………………………（11）
  一 基本概念 ………………………………………………………（11）
  二 研究方法 ………………………………………………………（16）
  三 研究结构 ………………………………………………………（17）

第二章 历史背景：我国重点学科建设政策的范式变迁及其嬗变逻辑 ……………………………………………………（18）
 第一节 我国重点学科建设政策的历史演进 ……………………（19）
 第二节 我国重点学科建设政策的范式变迁 ……………………（22）
  一 样本选择与研究方法 …………………………………………（24）
  二 我国重点学科建设政策的不同阶段及其特征 ………………（25）
 第三节 我国重点学科建设政策范式变迁的嬗变逻辑 …………（30）
  一 政策情境：从单向度到多向度 ………………………………（31）
  二 政策行为主体：从一元主体到多元协同 ……………………（32）
  三 政策问题：从强制性到诱致性与强制性结合 ………………（33）
  四 政策目标：从注重基础到追求内涵 …………………………（35）
  五 政策工具：从刚性到刚柔并用 ………………………………（36）

第三章 政策背景："双一流"建设政策对大学学科建设的影响 (39)

第一节 "双一流"建设政策的出台及其特征 (39)
一 "双一流"建设政策的特征 (40)
二 "双一流"建设政策对地方大学的影响 (42)

第二节 地方政府的"双一流"建设策略 (44)
一 地方政府"双一流"建设的目标与特征 (44)
二 地方政府"双一流"建设的资源配置现状 (49)
三 对地方政府"双一流"建设资源配置的思考 (54)

第三节 "双一流"建设大学学科建设策略 (56)
一 文本选择与研究方法 (57)
二 "双一流"建设大学学科建设的特征 (62)
三 "双一流"建设大学学科建设方案中应思考的几对关系 (66)

第四章 布局特征：三类大学学科结构与水平的比较 (70)

第一节 学科布局概述 (70)
一 学科布局的依据 (72)
二 地方高水平大学学科布局 (73)
三 研究方法 (75)

第二节 三类大学学科布局的结构特征比较 (78)
一 三类大学学科布局结构总体情况 (78)
二 三类大学学科门类覆盖特征 (84)
三 三类大学学科设置比重特征 (87)

第三节 三类大学学科布局水平特征比较 (91)
一 地方高水平大学学科设置精度特征 (93)
二 地方高水平大学学科水平分布特征 (94)
三 地方高水平大学学科布局特征的案例呈现 (96)

第五章 个案呈现："双一流"背景下地方高水平大学学科建设的困境 (100)

第一节 研究样本与分析框架 (100)
一 研究样本：Z大学简介 (100)
二 分析框架 (101)

第二节 地方高水平大学学科建设的影响因素 (103)

一　地方高水平大学学科建设的外部影响因素……………（104）
　　二　地方高水平大学学科建设的内部影响因素……………（109）
　第三节　地方高水平大学学科建设的困境…………………（115）
　　一　外部竞争能力不足…………………………………（115）
　　二　内部发展动力不足…………………………………（116）

第六章　制度创新：目标责任驱动下地方高水平大学学科
　　　　建设策略……………………………………………（118）
　第一节　核心概念、相关研究与理论基础…………………（119）
　　一　概念界定……………………………………………（119）
　　二　相关研究……………………………………………（121）
　　三　理论基础……………………………………………（127）
　第二节　目标责任驱动下Z大学学科建设现状……………（129）
　　一　学校层面：Z大学学科建设发展脉络………………（130）
　　二　学院层面：目标责任驱动下Z大学二级学院学科建设…（142）
　第三节　Z大学二级学院学科建设策略及特征……………（148）
　　一　二级学院学科建设策略……………………………（148）
　　二　二级学院学科建设策略特征………………………（157）
　第四节　目标责任驱动下Z大学二级学院学科建设策略
　　　　实施困境……………………………………………（159）
　　一　访谈文本的编码分析………………………………（159）
　　二　Z大学二级学院学科建设策略实施困境……………（169）
　第五节　目标责任驱动下地方高水平大学学科建设机制的
　　　　优化对策……………………………………………（177）
　　一　目标管理理论在大学管理中的可行性探讨…………（177）
　　二　学校层面……………………………………………（180）
　　三　学院层面……………………………………………（184）

第七章　组织协同：学科建设中的高水平科研团队建设……（187）
　第一节　核心概念、相关研究与协同要素…………………（189）
　　一　"高水平科研团队"概念界定………………………（189）
　　二　相关研究……………………………………………（190）
　　三　协同要素……………………………………………（196）
　第二节　Z大学高水平科研团队建设协同机制……………（204）

  一 Z大学高水平科研团队建设的现状……………………（205）
  二 Z大学高水平科研团队建设中的多元主体协同………（210）
  三 Z大学高水平科研团队协同建设机制的特征……………（213）
第三节 学科建设中高水平科研团队建设的协同困境 ………（215）
  一 访谈文本的编码分析 ………………………………（215）
  二 高水平科研团队建设协同机制的困境 ………………（218）
  三 高水平科研团队建设协同机制的困境的成因 ………（223）
第四节 优化高水平科研团队建设协同机制的对策建议 ………（226）
  一 理念层面：协同观念的革新 ………………………（226）
  二 管理层面：协同主体的归位 ………………………（228）
  三 技术层面：协同资源的优化 ………………………（230）
  四 制度层面：协同效应的跃升 ………………………（232）

参考文献 ……………………………………………………（234）
后记 …………………………………………………………（254）

第一章

绪　　论

第一节　研究背景与研究意义

一　研究背景

"双一流"建设使地方高水平大学学科建设陷入一种目标困境，究竟是向世界一流的高水平靠近还是向立足于区域发展的应用性高水平靠近？究竟是向一流大学的建设模式靠近还是向立足于专、精、特、新的某一专业领域高水平的"小巨人"模式靠近？这是地方高水平大学亟须解决的热点问题，也是难点问题。截至2022年，全国公办普通本科院校849所，其中，地方公办普通本科院校735所，占全国公办普通本科高校数量的86.6%[①]，是我国高等教育体系中的主体部分。地方大学主要承担着由地方政府给予的服务区域经济社会发展的外在要求和在高等教育体系当中不断提高自身竞争力的内在责任。尤其在我国高水平学科建设政策的调整过程中，为了获取更多的教育资源，以地方大学为主体的高等教育机构尤其重视自身是否被纳入重点建设高校范围内，2015年10月，国务院印发《统筹推进世界一流大学和一流学科建设总体方案》（以下简称"双一流"政策）；2017年9月21日，教育部、财政部、国家发展改革委三部委联合发布了《关于公布世界一流大学和一流学科建设高校及建设学科名单的通知》，共137所大学被列入"双一流"建设，其中，"一流大学建设高校"42所，"一流学科建设高校"95所；第一轮"双一流"建设至2020年结束，2022年2月14日，教育部、财政部、国家发展改革委

---

① 中华人民共和国教育部：《2022年教育统计数据》，http：//www.moe.gov.cn/jyb_sjzl/moe_560/2020/quanguo/. 2023-12-29。

三部委联合发布了《关于深入推进世界一流大学和一流学科建设的若干意见》，公布了第二轮"双一流"建设名单，共有147所大学被列入第二轮建设名单。至此，我国高等教育建设进入实现"双百"战略目标的关键时期，一大批地方大学以崭新的面貌出现在我国高等教育体系中。为了能够借着新政策的"东风"，许多未进入"双一流"建设高校名单的地方高水平大学展开了激烈的角逐，想通过学科建设为突破口实现进一步的发展。

我国的重点学科建设政策一直遵循的是扶优扶强、集中优势资源，实现高等教育跨越式发展的逻辑，地方大学虽然整体实力较弱，但凭借着单个或数个优势、特色学科逐渐提升了在政策实施中的话语权。从"985工程"建设高校39所全部为教育部直属高校，到"211工程"建设高校116所中增加23所地方本科院校；2017年9月，"双一流"建设名单正式公布后，在上述基础上，又增加了19所地方大学作为一流学科建设院校，在95所一流学科建设院校中地方大学有42所；2022年2月，第二轮"双一流"建设名单又新增了7所地方大学。"双一流"的实施基本改变了对参与竞争选拔高校的"身份"限制，采取滚动淘汰机制，鼓励具有特色和优势学科的高校公平竞争[1]，无疑给地方大学释放了依托发展自身优势学科，以争取优质高等教育资源的积极信号。2016年6月，教育部正式宣布"211"工程、"985"工程以及重点、优势学科建设的相关文件失效并统一纳入世界一流大学和一流学科建设中[2]，意味着在接下来很长一段时间内，建设世界一流学科将成为地方高水平大学学科建设的主题。

从理论层面来看，地方高水平大学和世界一流学科之间的关系是否匹配是地方高水平大学建设世界一流学科的逻辑起点。孙静、王旭东等人根据国际标准的教育分类法，结合我国国情，认为地方大学的教育类型是处于职业教育和学术教育之间的"专业教育"，具有服务地方社会经济发展的使命[3]，基本代表了当前对地方大学角色和定位的认知。根据约翰·S.布鲁贝克（John S. Brubacher）的观点可知，地方大学是更加符合基于政

---

[1] 王瑜、沈广斌：《"双一流"建设中的大学发展目标的分类选择》，《江苏高教》2016年第2期。

[2] 中华人民共和国教育部：《教育部国务院学位委员会国家语委关于宣布失效一批规范性文件的通知》，2016-06-07。

[3] 孙静、王旭东：《地方本科高校要科学定位分类转型》，《中国高等教育》2016年第6期。

治论而存在，为地方社会经济发展输出专业人才的高等教育组成部分，作为高校支撑的学科来说，学科建设也应该通过偏向为服务于地方经济社会的专业人才培养提供特色课程体系的方式来实现，重点在于专业的建设。要理解世界一流学科的概念，首先就要理解什么是学科，但对于学科概念的论述见仁见智，目前比较主流的观点是学科的"双重形态说"，即知识形态和组织形态的学科，基于这个论断，世界一流学科就是根据国际通行的标准，具有"帮助解决人类面临的困境、影响和改变人类社会进程能力"[①] 的一流的学术组织。因此表面上看，地方大学学科和世界一流学科的使命在范围和层次上存在巨大差异，似乎地方大学与建设世界一流学科不相匹配，但实际上二者并不矛盾，国务院发布的《统筹推进世界一流大学和一流学科建设总体方案》明确指出，要"以支撑创新驱动发展战略、服务经济社会发展为导向……扎根中国大地办大学，积极探索世界一流大学建设的中国道路、中国模式"。创新并不是世界一流学科的专属名词，地方大学中的特色学科用创新知识、理念、技术服务于区域社会发展，也可以同时将创新成果为全社会和全人类所用，而特色恰恰是我国一流学科建设的一大优势，中国的文化不逊于任何国家的文化，而中国特色文化往往植根于地方，与地方社会紧密相连。

对地方高水平大学而言，以国家"双一流"建设要求为牵引，加快构筑高水平学科体系，是实现自身发展的有效路径选择，符合当前高等教育内涵发展要求。与"双一流"建设大学相比，地方大学在学科建设上存在学科门类设置不全面、各学科设置比重不均衡的问题，在学科发展水平上处于相对弱势的地位，但地方高水平大学的优势在于高水平学科结构布局有利于充分发挥与区域发展紧密互动的特色。因此，如何从"弱势"的地位中谋求特色发展之路，在保障地方高水平大学服务于地方社会经济发展职能有效落实的基础上，将特色学科转化为优势学科并跻身于世界一流学科行列，是当前地方高水平大学学科建设的发展趋势。

二 研究意义

从学术价值来看，有助于深化对"双一流"战略背景下地方高水平大学学科建设的理性认识。在学科建设问题上，地方大学在制度基础、资

---

① 宣勇：《建设世界一流学科要实现"三个转变"》，《中国高教研究》2016年第5期。

源组成、文化积淀、区域对接等方面与部属大学有明显的差异，具有典型的兼顾中央与地方的双向性特征，本书可以为"双一流"背景下的地方高水平大学学科建设提供新范式，探求新路径，重构新机制，为地方大学学科建设提供新的理论解释。

从应用价值来看，研究过程中所形成的经验模式提炼、研究分析与对策建议可供教育行政部门、高校决策参考；研究探索地方大学建设高水平学科的新路径、新机制，能丰富相关实践探索与应用研究，普遍性、规律性的模式和路径可在全国地方大学中推广使用。

第二节 研究文献综述

一 国外相关研究

（一）关于学科建设的研究

学科建设是我国高等教育领域特有的一个概念，在国外研究中，没有与这一概念准确对应的表述。然而，"学科"一词却始于西方，最初的学科 "discipline" 源自拉丁文的 "disciplina" 和 "discipulus"，前者是辅助与教导，表现为专门的知识；后者则标为"规训"的行为，意味着接受教导的对象。Burton R. Clark（1983年）提出了对之后的学科制度研究影响深远的关于学科的两层含义：以一门知识为存在形式的学科和以"学科"为基础发展而来的组织。由于每个国家的教育管理方式不同，国外学者的研究视角和中国学者的研究视角有所差异，通过查阅外文文献发现，国外没有与学科建设概念完全对应的表述。通过对国外"学科建设"相关文献的查阅与研读，总结出国外研究主要集中于对学生、课程、合作的微观层面的学科建设领域。

在学科作为课程如何建设方面，John Airey 等研究了学科特有话语的教学内容，认为教师必须选择适宜的方式来帮助学生学习掌握学科特有的话语，并提供了教师选择的教学方式[①]。Denise Cuthbert 通过组建跨学科写作小组以拓展研究生的学科视野与学术写作能力，着重培养学生跨学科

---

① John Airey & Cedric Linder, "A Disciplinary Discourse Perspective on Uuniversity Science Learning: Achieving Fluency in a Ccritical Constellation of Modes", *Journal of Research in Science Teaching*, 2009, 46 (1), pp.27-49.

的知识素养和能力。通过为学生提供跨学科的实践教学来提高学生科研能力与积极性等[1]。Robert Full 等指出跨学科的课程实践更有利于学生知识的获取，探讨了学生对学科核心概念掌握程度的评估指标以及学生学科选择的影响因素，激发学习动力，关注学生的兴趣爱好并提倡人才培养的主动性[2]。Sonja Pullen 等提出在化学教学之中融合不同的学科理念，以实现跨学科的研究生课程设置[3]。在高校学科如何建设方面，Michael C. Carroll 等指出大学应用研究需要将理论与应用相结合，大多数应用研究在坚持现有理论的同时，必须将其延伸或以其他方式修改现有理论，以便处理特定的情况和研究问题，具体来说，就是促进学科建设和地方社会经济发展相适应[4]。

在交叉学科和跨学科研究方面，Krone R. M. 指出单独使用一门学科的知识无法在复杂的系统中做出明智的选择[5]。Clark Kerr 认为，开辟一条能够实现跨学科和跨部门的明智对话的渠道很有必要，通过对话可以形成一个更为统一的知识领域，在各类文化之间建立关联[6]。Max-Neef 同样认为，跨学科的、针对研究问题的模式应该取代单学科教育模式，没有一个特定的个别学科可以充分解决问题，例如水、移民、贫困、环境危机、暴力、恐怖主义、社会结构的破坏等，因此，高等教育要以跨学科的、集成的方式解决特定问题[7]。社会问题日益复杂且相互依赖成为了对跨学科研究产生浓厚兴趣的主要原因（Thompson K. J., 2004）[8]，跨学科研究是

---

[1] Denise Cuthbert, et al, "Disciplining Writing: the Case for Multi-Disciplinary Writing Groups to Support Writing for Publication by Higher Ddegree by Research Candidates in the Humanities, Arts and Social Sciences", *Higher Education Research and Development*, 2009, 28 (2), pp. 137-149.

[2] Robert Full, et al., "Interdisciplinary Laboratory Course Facilitating Knowledge Integration, Mutualistic Teaming, And Original Discovery", *Integrative and Comparative Biology*, 2015, 55 (5), pp. 912-925.

[3] Pullen, Sonja, Brinkert, et al., "Sol En for a Sustainable Future: Developing and Teaching a Multidisciplinary Course on Solar Energy to Further Sustainable Education in Chemistry", *Journal of Chemical Education*, 2014, 91 (10), pp. 1569-1573.

[4] Carroll M. C. & Blair J. P., "Local Economic Development and the Academy", *Applied Geography*, 2012, 32 (1), pp. 51-53.

[5] [美] R. M. 克朗：《系统分析和政策科学》，陈东威译，商务印书馆1985年版，第3页。

[6] [美] 克拉克·克尔：《大学的功用》，陈学飞等译，江西教育出版社1993年版，第83—84页。

[7] Max-Neef M. A., "Foundations of Transdisciplinarity", *Ecological Economics*, 2005 (1), pp. 5-16.

[8] Thompson K. J., "Prospects for Transdisciplinarity", *Futures*, 2003, 36 (4), pp. 515-526.

为了充分体现知识的实用性而以解决问题并对现状进行改善为目的所进行的研究，其在考虑问题的复杂性的基础上强调了社会科学和自然科学的多样性（Clark T. W.，2002）[①]。跨学科研究是完成具有自然和社会两难现象的问题导向型研究的必然结果，而不是自身的终结（Pohi C.，2005）[②]。由于存在多个行为者在多个组织环境中做出多个决策的情况，如何评估跨学科研究的问题变得更加复杂（Feller I.，2006）[③]。要确保高质量的跨学科研究的可持续性，必须将跨学科的工作及其评估制度化，使其在高等教育和研究机构的文化结构中常规化（Mansilla V. B.，2006）[④]。Hanne Andersen 分析了由单学科向多学科、跨学科转变发展中的内在逻辑，重新界定了跨学科合作中的责任机制，并构建了跨学科合作质量的评估指标等[⑤]。Giancarlo Lauto 等学者通过对日本京都大学的调查研究，认为调动多学科领域学者们合作的积极性，需要构建跨学科研究合理的激励机制，并提出了改进学校激励与考核机制的建议和具体措施[⑥]。除此之外，Fabio Orecchini 研究了学科特性及拥有的资源对产学合作的影响，认为学科需要积极地在产学合作中引导企业走可持续发展道路，并以可持续发展理念为指引构建产学合作模式[⑦]。

二 国内相关研究

国内学者主要从理论和实践两大方面来探讨学科建设，理论方面主要从学科建设内容与建设目的进行讨论，实践方面则从地方大学学科建设、世界一流学科建设等角度进行探讨。

[①] Clark T. W., *The Policy Process: A Practical Guide for Natural Rresource Professionals*, New Haven: Yale University Press, 2002, p. 13.

[②] Pohi C., "Transdisciplinary Collaboration in Environmental Research", *Futures*, 2005 (10), pp. 1159–1178.

[③] Feller I., "Multiple Actors, Multiple Settings, Multiple Criteria: Issues in Assessing Interdisciplinary Research", *Research Evaluation*, 2006, 15 (1), pp. 5–15.

[④] Mansilla V. B., Feller I., Gardner H., "Quality Assessment in Interdisciplinary Research and Education", *Research Evaluation*, 2006, 15 (1), pp. 69–74.

[⑤] Hanne Andersen, "Collaboration, Interdisciplinarity, and the Epistemology of Contemporary Science", *Studies in History and Philosophy of Science*, 2016 (56), pp. 1–10.

[⑥] Giancarlo Lauto & Shintaro Sengoku. "Perceived Incentives to Transdisciplinarity in a Japanese University Research Center", *Futures*, 2015 (65), pp. 136–149.

[⑦] Fabio Orecchini, et al. "Industry and Academia for a Transition Towards Sustainability: Advancing Sustainability Science Through University – Business Collaborations", *Sustainability Science*, 2012 (7), pp. 57–73.

（一）有关学科建设内容的研究

国内学者在理论层面讨论学科建设主要围绕着学科建设的意义、遵循原则、建设内容等，即回答为什么要进行学科建设、学科建设遵循什么样的逻辑、学科建设建什么的问题，对学科布局的实践和理论层面的讨论较少，且内含于学科建设的讨论中。早在1984年，南京大学副校长王德滋已经关注到学科建设是学校发展的重点，需要围绕国家战略的要求，依托学科的特色和优势，主要在学科布局、学术带头人培养、物质保障等方面进行学科建设[①]。而宣勇、凌健等则比较全面系统地阐述了学科、学科建设、世界一流学科的概念和联系，认为学科水平决定着大学声誉，单纯知识分类、增长难以满足学科发展的实践要求，提出了学科是知识分类体系和知识劳动组织的"双重形态说"，并指出学科建设要从培养学术带头人和学术梯队、凝练研究方向、搭建学术研究平台、提高学术交流和跨学科合作能力等方面入手[②]，于2016年提出，我国世界一流学科建设是"建设世界一流大学的基础与路径，是高等教育强国建设重要举措"，认为学科建设主要在于完善学科知识体系和提高学科组织在知识生产中的能力，世界一流学科建设则是要建设生产世界一流学术成果的组织，需遵循重点学科"择需布局"的遴选原则、经费支持"创新驱动"投入原则、学科合作"自觉组织"组建原则[③]。李继凯等人认为要审慎地进行"恰当的学科建设"，要对学科价值进行人文的评估，即学科建设要符合人类根本利益且能够给人类带来幸福而非灾难，与国家需要、社会需求及学校情况为依据的"功利的学科建设"进行平衡[④]。易剑东认为学科建设是"大学发展的命脉和灵魂，是学校各项事业的发展龙头"，每个学科的作用都是独特且不可替代的，学科建设要全面、公平、尊重学科发展规律[⑤]。而李宁则认为学科资源的有效性和发展的无限性决定了学科建设要有所侧重，要遵循优势学科发展优先的原则[⑥]。

学科建设的讨论涉及学科文化、学位点建设、组织实施、学科交叉、

[①] 王德滋：《高等学校必须重视学科建设》，《高教战线》1984年第12期。
[②] 宣勇、凌健：《"学科"考辨》，《高等教育研究》2006年第4期。
[③] 宣勇：《建设世界一流学科要实现"三个转变"》，《中国高教研究》2016年第5期。
[④] 李继凯、王强、杨高玕：《关于"211工程"与学科建设的若干思考》，《学位与研究生教育》2011年第11期。
[⑤] 易剑东：《论我国高校学科建设的基本理念》，《中国高等教育》2010年第7期。
[⑥] 李宁：《高等院校学科建设略论》，《江苏高教》第2014年第4期。

创新人才培养、学科组织以及外部关系等。刘慧玲通过对学科文化的地位和作用的分析，提出要重视学科文化的建设，认为学科文化不仅是学科成熟的标志，也影响着学科发展方向和研究能力[①]。吴太山等人从学位点立项建设角度审视学科建设方案，认为学位点立项有利于优化学科结构，提升学科建设水平，通过确定学位点立项的重要性，以加强项目管理，完善机制管理的方式推动学科建设[②]。郭纬通过对学科建设综合支持系统的分析指出，学科建设要有良好的组织实施，只有良好的组织实施才能提高学科建设效率，以达到预期目标[③]。吴振球认为学科交叉是学科建设的重要实现方式，认为学科交叉建设存在理论、方法、思维交叉三种实现方式，并以此总结出三种学科交叉的建设模式[④]。项延训以研究生培养为目的，在管理体制、师资队伍建设、培养机制等方面对学科建设提出了实现建议[⑤]。王建华从知识独立的角度出发，提出了既要避免学术的保守主义可能导致的知识孤岛现象，又要警惕知识规划主义可能带来的学术泡沫现象，认为学科建设中的知识规划既要匹配国家战略和社会的发展要求，也要尊重学科本身的知识发现规律[⑥]。张鹏从学科组织建设的角度出发，认为学科建设遵循"体""用"结合原则，将学科组织定义为体，学术产出定义为用，即着重提升学科组织化水平[⑦]。钟伟军认为，学科建设要处理好与外部行政环境的关系，尤其是与政府之间的关系，建议政府的学科评价向实践价值导向转变、要素驱动向协同创新转变、目标定位向分类分层建设转变，实现政府善治，促进学科建设[⑧]。

（二）有关学科建设目的的研究

关于学科建设的目的，学者们也提出了不同的观点。如，张雷生等认为，学科建设关系到大学的持续发展，学科建设需要依托自身特色，科学

---

① 刘慧玲：《试论学科文化在学科建设中的地位和作用》，《现代大学教育》2002年第2期。
② 吴太山、张均、刘雪梅：《学位点立项建设：促进学科建设的有效手段》，《学位与研究生教育》2003年第2期。
③ 郭纬：《学科建设综合支持系统的构建与思考》，《学位与研究生教育》2004年第11期。
④ 吴振球：《以学科交叉推动高校的学科建设》，《高教发展与评估》2005年第2期。
⑤ 项延训：《加强学科建设 促进创新人才培养》，《学位与研究生教育》2008第（S1）期。
⑥ 王建华：《知识规划与学科建设》，《高等教育研究》2013年第5期。
⑦ 张鹏：《一流学科需要打造一流的软实力》，《中国高教研究》2016年第5期。
⑧ 钟伟军：《一流学科建设中的政府职能转型》，《中国高教研究》2016年第5期。

定位，为国家社会经济发展服务①。李培根认为，学科建设的最终目的是使学生受到更优质的教育，因此学科建设需要围绕着学生培养而展开，除了重视科研与研究平台建设之外，也要重视教学的作用，注重提升学生的跨学科素养②，与之观点类似的有马廷奇、王长喜等人，认为学科建设质量是大学综合实力的体现，大学功能的实现是通过学科建设和教学工作实现的，因此主张学科建设要与本科教学改革紧密联系③。赵忠升将学科建设提升到战略性的地位，提出学科建设主要是通过组织制度的建设及改革达到厘清校、院、学科、教师、学生之间的关系，更好地为学术和人才培养服务。龚放认为，学科建设的目的在于解决应用实践中产生的矛盾和问题，强调学科建设要注重考虑"硬科学"与"软科学"之间的差异，认为"'增进知识'和'丰富理论'其实是研究和解决问题与矛盾的必然产物"④，学科建设要以研究和解决问题为目标。

(三) 有关地方大学学科建设的研究

在关于地方大学学科建设的讨论中，王超等人指出，地方大学学科建设存在淡化学科特色、稀释优势资源、弱化服务区域经济社会发展职能等问题，认为特色学科建设是大学博弈的焦点，需要立足于区域社会发展的需求，优化专业学科布局、培植优势学科、强化专业特色⑤。刘强结合地方农业院校的学科建设实际，就学科建设理念、路径进行了阐述，通过学科制度、学术队伍、科研水平、资源整合、研究平台的建设优化学科结构、突出优势学科、凝聚研究方向⑥。刘尧认为，地方大学需要向内涵式发展转变，学科建设需要配合内涵式发展战略，在科学研究、学科制度即运行机制建立等方面立足于学科自身短期与长期发展需求，立足于与地方产业的互动合作，立足于区域特色，凝练研究方向⑦。

---

① 张雷生、辛立翔：《高校学科建设模式研究》，《中国高教研究》2006年第9期。
② 李培根：《解析大学学科建设的误区与真谛》，《中国高等教育》2007年第8期。
③ 马廷奇、王长喜：《学科建设与本科教学改革》，《中国高等教育》2009年第Z3期。
④ 龚放：《把握学科特性 选准研究方法——高等教育学科建设必须解决的两个问题》，《中国高教研究》2016年第9期。
⑤ 王超、张菁、肖玲莉：《特色学科建设：地方高校发展的"立校之本"》，《高教发展与评估》2010年第2期。
⑥ 刘强、郭时印：《地方农业院校学科建设的作用、理念与方法》，《学位与研究生教育》2013年第5期。
⑦ 刘尧：《地方大学从外延发展向内涵发展的转变——基于学科建设与科学研究视角》，《高校教育管理》2014年第4期。

钟秉林等对地方本科院校学科、专业建设存在的问题进行研究，认为地方本科院校需要进一步明晰学科建设与专业发展的内涵和辩证关系，以应用型知识体系为支撑，在人才培养方面匹配市场特定需求，细化专业人才培养规格和质量标准，完善学科专业协同发展机制[①]。高雪梅等认为，地方大学建设一流学科要着眼于学科评价与绩效，建设一流的学术队伍、创新型一流人才、优质的学术成果、一流的学术声誉，学科发展要瞄准优质学科领域，符合国家发展战略和地方经济社会发展需求[②]。殷安生提出地方大学建设世界一流学科的路径，地方大学应抓住机遇，优化和合理配置资源，凝练特色，突出本土化和国际化的建设路径[③]。由此可知，学者们在地方大学学科建设的探讨中，就集中优势资源发展特色、优势学科以及学科建设要根植于服务地方经济社会发展需求基本达成共识，但也可以看到学者们更多地关注于学科布局的优化和知识的应用性，较少提到学科组织的建设。

(四) 有关世界一流学科建设的研究

世界一流学科建设的研究在"双一流"政策出台前就已经有学者开始讨论，闵建康等人在"211工程"建设伊始，就已经开始注意到要通过一流学科的建设实现一流大学的建设目标，虽然定位停留在国内一流学科建设的层面，学科建设的重点局限于科研平台搭建、完善基础设施、学科带头人培养等[④]，但在当时的社会环境下，在组织实施、资金利用、学科布局、管理制度等方面有很强的实践借鉴意义。陆振康很早就已经认识到一流学科是一流大学的中流砥柱，他通过分析国内外知名大学的学科建设特征，认为瞄准以学科交叉的自身发展要求，国内外研究热点前沿方向、社会对新知识、新领域探求的需求培植学科增长点是学科建设中科研方向的依据，也提到学科布局的重点和协调发展、学科建设要有重点、学科之

---

① 钟秉林、李志河：《试析本科院校学科建设与专业建设》，《中国高等教育》2015第22期。

② 高雪梅、于旭蓉、胡玉才：《地方行业特色型高校一流学科建设路径的思考》，《学位与研究生教育》2017年第6期。

③ 殷安生：《地方高校"一流"学科建设路径研究》，《黑龙江高教研究》2018年第1期。

④ 闵建康、龚荒、周红：《结合"211工程"启动加强重点学科建设》，《江苏高教》1997年第2期。

间要有交叉和融合，这种学科布局可以通过学术梯队的培养和引进来实现①。翟亚军通过对世界一流大学学科建设模式的研究，在学科布局上指出要建设综合性小而精的完整学科体系、建设以基础学科为支撑的主体学科群、发展独具特色和优势的品牌学科、促进学科之间的相互支撑的网络建设，形成综合、协调、特色鲜明的学科有机体②。凌健从学科的组织建设角度研究世界一流学科建设的路径，指出一流学科的建设应该回归组织化的价值取向，认为应明确建设指向，选择"组织化"为基本路径实现学科组织发展，从学科组织建设的个体和整体角度，达成学科的自组织状态，实现学校对学科组织建设和管理的高度有序化③。宣勇、张鹏等学者也高度重视学科组织的建设，与大多数学者关注点不同，该类学者既重视学科组织的建设，也注重知识体系的建设，对世界一流学科的建设提供了不同的建设路径。

第三节 研究的概念、方法与结构

一 基本概念

（一）地方高水平大学

地方高水平大学的内涵本质上是管理体制、办学水平、功能定位的组合，强调与省内其他类型高校的对比。有的学者认为，地方高水平大学核心内涵包括三个关键词：特色鲜明、国内一流、研究型大学④。在"双一流"政策语境下，将地方高水平大学定义为"指在管理关系上属于地方，在办学水平上位于地方高校前列、接近或达到原'211工程'高校、未纳入'双一流'建设高校范围内、在办学定位上立足于引领地方区域经济发展且与区域经济联系最为紧密的大学"。主要为省重点建设计划高校中

---

① 陆振康：《一流学科建设是创建世界一流大学的重中之重》，《江苏高教》2004年第5期。
② 翟亚军：《大学学科建设模式新解——基于世界一流大学的分析》，《学位与研究生教育》2009年第3期。
③ 凌健：《学科"组织化"：介入世界一流学科建设的路径选择》，《中国高教研究》2016年第5期。
④ 李小年：《新时代我国地方高水平大学的办学定位与实现路径》，《中国高等教育》2019年第10期。

除"双一流"建设高校之外的地方重点大学，如浙江省先后确定的12所重点建设大学中的中国美术学院和宁波大学不在本文的地方高水平大学定义范围内。

地方高水平大学的管辖权在"地方"主要受我国高校管理体制改革的影响。20世纪末，经过全国范围内的高校管理体制调整后，基本形成了中央和省级政府管辖的两级管理体制。本着"谁举办对谁负责"的原则，地方高水平大学以区域性为主要特征，在财政支出上大多数靠地方财政提供。正是由于地方政府承担主要的财政支持，地方高水平大学的办学宗旨为服务地方经济社会发展、着力为地方培养高素质人才。地方高水平大学的管理体制特征是在实践中形成共识的，林维明在广州大学合并之初，提出了建设高水平大学的建议，明确指出了地方政府举办的大学要以广州市经济社会发展水平及其对人才及科技的支撑为客观要求[1]，许日华等人在界定地方高水平大学的管理体制时，通过与中央部属大学管理体制的比较，明确了地方高水平大学的管理关系在地方[2]。

地方高水平大学的"高水平"表现在办学水平高和功能定位高两个方面。首先是办学水平高。第一，"大学"的名称设置体现高水平，根据《中华人民共和国高等教育法》第三章高等学校的设立和高校设置相关规定，设立高等学校，应当根据其层次、类型、所设学科类别、规模、教学和科学研究水平，使用相应的名称，提出了"大学"名称的来源，也规定了"大学"在人才培养和科学研究领域更高水平的要求。第二，办学条件的高水平，朱恪孝认为地方高水平大学应该具有齐全的学科门类、较强的基础学科、一定数量的新兴学科、一定数量的重点科研平台和重大科研项目、高水平的教学和科研人员[3]。第三，具有一级学科博士学位授予权，美国卡内基高等教育委员会根据学位授予层次将高校分为具有博士、硕士、学士、副学士学位四个等级[4]，其中具有一级学科博士学位授予权的大学可以作为高水平的重要标志。我国学者对大学的分类虽然未将一级

---

[1] 林维明：《努力实现"五个转变"建设高水平地方大学》，《中国高教研究》2002年第4期。

[2] 许日华、乐传永：《"双一流"建设中地方高水平大学高层次人才引进的困境与突围》，《教育发展研究》2017年第21期。

[3] 朱恪孝：《经费结构视角：地方高水平大学面临的挑战及发展机遇》，《中国高教研究》2008年第7期。

[4] 李晓婷：《美国卡内基高等教育分类研究》，硕士学位论文，湖南师范大学，2017年。

学科博士学位授予权作为主流参考标准，但将人才培养水平作为衡量大学水平的标准，如李立国等按照学科专业、学生就业两个维度将我国大学分为研究型和应用型两个类别①，一级学科博士学位授予的数量是研究型大学的分类依据。

其次是功能定位高。第一，办学定位高，相较于其他地方大学而言，地方高水平大学的定位是"立足当地，服务全国"，引领地方区域经济的发展、科技创新、产业革新，为行业发展培养具有国际视野的创新性领军人才。第二，地方政府要求高，地方政府基于规模、办学层次对地方大学进行划分，将那些办学历史悠久，师资和科研基础较为雄厚的地方大学赋予了建设高等教育强省的任务，主要用于破解地方大学发展受限的不利局面，地位上与地方普通高校、地方高职类院校区分开来。具体表现形式有"地方重点大学""2011计划大学"等。例如，2018年12月，浙江省时任省长袁家军在对首批浙江省重点建设高校的浙江Z大学调研时提出，要将学校建成"行业精英和领军人才培养基地、应用基础研究和产业核心技术的创新高地、科研成果和思想智慧的转化阵地"。

通过上述对地方高水平大学的定义，在"双一流"政策语境下，地方高水平大学的特征主要为：第一，综合实力处于"世界一流大学"建设高校之下；与各省"世界一流学科"建设高校综合实力更为接近，肖科学认为，省属大学中，综合实力接近或达到原"211工程"高校的重点大学可以称为地方高水平大学②；地方高水平大学在某些一级学科领域超过地方"世界一流学科"建设高校。第二，紧密对接区域发展战略，应用性研究特征明显。与"双一流"建设高校相比，基础研究相对薄弱，注重与区域互动发展。科研方向注重与行业和领域的核心技术对接，致力于解决区域经济发展战略的技术难题、引领产业创新发展，科研成果和知识创新以生产力的转化为目标，更注重与产业的合作与应用。第三，地方政府支持力度不足。地方高水平大学面临着内在发展动力不足带来的危机感、区域社会快速发展带来的紧迫感、地方政府给予的争创一流的责任感，同时，由于"双一流"政策带来的地方政府配套教育资源的倾斜，

---

① 李立国、薛新龙：《建立以人才培养定位为基础的高等教育分类体系》，《教育研究》2018年第3期。

② 肖科学、宫向阳：《地方高水平大学"双一流"建设的模式转换与路径创新》，《中国发展观察》2017年第24期。

未进入"双一流"建设序列的地方高水平大学则处于资源少、任务重的境地。调研数据显示，宁波市政府为宁波大学配套了近2亿元建设资金，同时增加的还有生均拨款以及社会的声誉，浙江Z大学等未进入"双一流"建设名单的高水平大学地方政府的建设资金配套在3000万元左右，在外部环境下处于不利地位。

(二) 学科建设策略

学科是大学赖以生存与发展的学术基层组织，是大学开展教学、科研及社会服务等活动的基本单位。伯顿·克拉克曾提出两种关于"学科"内涵的理解：一是作为一门知识的学科，二是以"学科"为基础建立起来的组织[①]，即从形态上区分为知识形态的学科和组织形态的学科[②]。尽管"学科"一词最早源于西方，但"学科建设"是我国高等教育领域的专有词汇，在国外研究中无法找到与该词完全对应的表述。自1987年原国家教委启动重点学科评选，国内学者开始逐渐开展有关学科建设的研究。已有文献对学科建设内涵的理解基本上从系统、发展、目的和内容等角度进行探讨：从系统角度看，学科建设是围绕学科方向、学科队伍和学科基地，提高学科水平，增强人才培养、科学研究和社会服务综合实力，以取得更好学科成果的一项系统工程建设的过程[③]。在内容方面，学科建设包含凝练学科方向、优化学科结构、汇聚学科人才、搭建学科基地、创新学科建设机制、制定学科建设规划[④]。从目的角度看，学科建设是为促进社会进步和经济发展，学者、政府和社会共同合作，推动基础研究、应用研究和开发研究互促互进，围绕各类学科而开展的知识生产、传播与应用活动[⑤]。就发展角度而言，学科建设指学科主体按照社会发展需要、学科发展规律及自身实际情况，采用可行措施和手段，推进学科发展和提高学科水平[⑥]。

[①] [美]伯顿·克拉克：《高等教育新论：多学科的研究》，王承绪等译，浙江教育出版社1988年版，第92页。

[②] 宣勇：《论大学学科组织》，《科学学与科学技术管理》2002年第5期。

[③] 陆军、宋筱平、陆叔云：《关于学科、学科建设等相关概念的讨论》，《清华大学教育研究》2004年第6期。

[④] 钟秉林、马陆亭、贾文键等：《大学发展与学科建设（笔谈）》，《中国高教研究》2019年第9期。

[⑤] 谢桂华主编：《高等学校学科建设论》，高等教育出版社2011年版，第63页。

[⑥] 罗云：《论大学学科建设》，《高等教育研究》2005第7期。

"策略"一词广泛应用于诸多领域，与"战略"有所区别，"战略"主要针对宏观、全局问题，决定着长期的发展方向，"策略"则聚焦中微观、局部问题。从语言学角度看，策略指根据内外形势变化所制定的行动方针和斗争方式。在营销学中，策略是为实现营销目标，企业根据外部环境变化与营销力量消长趋势所作出的对策。从策略学角度看，策略是一种决策原则，它是科学制定策略指导思想的体现和实践经验的总结，指主体在可预判和可能发生的状况下采取相应举措[1]。战略管理领域知名学者艾尔弗雷德·钱德勒（Chandler Alfred）指出，策略决定着一个组织的基本长期目标，以及为了实现该目标采取的行动方案，并配置相应的资源[2]。博弈论认为，策略可以被理解为"行为体可以获得的选项"[3]，指实现具体目标采用的行动方针和计划，而博弈行为要充分考量全体参与者的互动情况。策略性互动中，行为体面对不同群体将采取不同手段，以达到不同的目标[4]。从企业管理角度看，策略是指企业管理者或经营团队面向企业未来发展而描绘的蓝图[5]。在教育学领域，有学者将其用于解释教学策略，如为实现教学目标，根据情境变化采用的可操作的教学方法和方式[6]。

　　由上述可知，策略的选择和确定服务于目标，以解决实际存在的问题为导向，且具备可操作性特征，即不作出抽象要求，其本质是通过可行性方法完成任务，而这一行为将根据不同情境的变化灵活作出调整。因此，本书的学科建设策略内涵主要从中观层面作出界定：学科建设策略指大学以解决学科建设问题为目标，在不同学科要素构成的组织的建设过程中根据学科内外部环境所确定的短期或中期的原则或方法，从而推动学科建设的发展和提升。学科建设要素包括学科方向凝练、发展目标、团队建设、经费支持、科研平台、制度保障、激励机制、考核评价。

---

　　[1] 贾利军：《浅谈商务谈判的策略技巧》，《江苏商论》2005年第3期。
　　[2] Chandler Alfred, "Strategy and Structure: Chapters in the History of America Industrial Enterprise", *First MIT Press Paperback Edition*, 1969, p. 12.
　　[3] Avinash K. Dixit, et al., "Games of Strategy", W. W. Norton & Company, 2009, p. 27.
　　[4] 魏英杰：《理性与暴力：对恐怖主义六种策略的分析》，《国际政治研究》2018年第4期。
　　[5] 吴思华：《策略九说——策略思考的本质》，复旦大学出版社2002年版，第5页。
　　[6] 李康：《教学策略及其类型探析》，《西北师大学报》（社会科学版）1994年第2期。

二 研究方法

（一）文献研究法

文献研究法是指围绕研究主题，通过检索、收集和整理相关著作和文献等资料，从历史角度对其进行纵向归纳和横向比较，从而对某研究问题形成系统科学认识的方法。基于中国知网、Science Direct、Web of Science、ERIC等文献数据库广泛收集"二级学院学科建设""高校目标管理""management by objective""discipline construct"等领域的文献和相关资料，整理、分析和厘清相关研究的历史脉络和现状。在此基础上，反复挖掘、反思现有文献的主要观点，推导与总结研究内容，准确把握地方大学学科建设策略、科研团队建设问题，进而形成新的观点，最终勾勒出本书的分析框架。

（二）案例分析法

案例分析法是对一个或多个具有典型性和代表性的案例进行深入细致的研究，从而总结出规律、获取整体认识的方法。本研究以Z大学为研究案例，以Z大学学科建设现状为切入点，深入挖掘Z大学在"双一流"背景下学科建设中面临的困境，以及学校为应对外部压力与内部发展需求运用目标管理推进学科建设的制度创新，以高水平科研团队建设实现学科建设的组织创新。最终通过Z大学的案例研究总结，发现地方高水平大学学科建设的内在机理与机制建设。

（三）访谈法

访谈法指的是访谈人员根据研究目的和要求，以个别或集体面谈的方式了解受访人心理，系统收集所需资料的一种方法。以Z大学为研究对象，通过对学校相关职能部门领导、二级学院院长、学科带头人等进行访谈，对访谈材料进行文本分析，以更加直观地、深入地明晰地方大学学科建设中的困境及影响因素、目标责任导向下二级学院学科建设的策略选择等问题，并提出针对性的对策建议。

通过对发展规划处处长、学科建设办公室主任和二级学院院长的人物访谈和14个学科发展情况总结的分析，获取实践层面的基础研究数据，并将其中涉及的有关学科布局的影响因素、学科发展的困境作为提出地方高水平大学学科布局优化建议的参考依据。

三　研究结构

本书从我国重点学科建设政策切入，首先，探讨了"双一流"政策对地方高水平大学的影响；进而以Z大学为例，分析了地方高水平大学为应对"双一流"政策在学科建设与相应的组织建设中的制度创新、实施困境，并提出相应的对策建议。除第一章绪论外，全书分三个部分，共六章。

第一部分为"双一流"政策对地方高水平大学的影响研究，本书第二、三章，对改革开放以来我国重点学科建设政策的历史演变进行梳理，为本书的研究提供了宏观政策背景。

第二部分为比较视野下地方高水平大学的学科结构与水平特征及其学科建设困境研究，本书第四、五章，通过对"世界一流大学"建设高校、"世界一流学科"建设高校的比较研究，总结地方高水平大学的学科结构与水平特征。从外部环境、内部因素等方面探究地方高水平大学学科建设困境的影响因素。

第三部分为地方高水平大学学科建设的策略选择研究，本书第六、七章，以Z大学为例，重点阐述Z大学实施的目标责任制及其对二级学院学科建设的策略选择的影响、实施困境与原因，并提出对策建议；Z大学在学科建设中的组织建设的探索，即高水平科研团队建设的机制、成效与问题，并提出对策建议。

第二章

历史背景：我国重点学科建设政策的范式变迁及其嬗变逻辑

政策是政策科学的核心概念，中国古代汉语中"政"和"策"是分开使用的，对"政"的记载最早可以追溯到《周礼·天官》中"建邦之六典，四曰政典，以平邦国，以正百官，以均万民"的记载，"策"的原始表述具有政令、文件或策划的含义①，当今的语境则将政策称之为一种政治谋略或路线方针等。政策科学的创始人哈罗德·拉斯韦尔（Harold Lasswel）认为政策是对整个社会发展的规划，是"具有目标、价值与政策的大型计划"②，《辞海》中将政策定义为"党和国家为实现一定时期的路线而制定的行动准则"，结合上述定义来看，本文所研究的高等教育政策是指党和政府为了高等教育的发展和完善所制订的计划方案和行动准则。由于下文在对政策分类时引用"公共政策"的分类方法，为避免与上文"政策"的定义产生歧义，引用麻宝斌等在《公共政策学》中的说法"在许多情形下，'政策'已与'公共政策'通用了"③，实际上高等教育政策在外延上与公共政策更为接近，在此对两者不再做过多的区分。

高等教育政策属于公共政策横向分类中的文教政策，包含于文教政策中的教育政策范畴④，政治学家罗威（T. Lowi）根据政策影响将公共政策划分为四种类型，其中，分配性政策的含义是将服务和利益分配给特定的个人、团体和社区，高等教育政策亦属于该分类的范畴⑤，但高等教育政策本身备了对优质教育资源分配的性质，为突出政策对受惠与非受惠高

---

① 刘润南：《政策定义辨析》，《理论探讨》1992年第1期。
② 林水波、张世贤：《公共政策》，五南图书出版社1999年版，第8页。
③ 麻宝斌、王庆华：《公共政策学》，高等教育出版社2016年版，第2页。
④ 徐双敏主编：《公共管理学》，武汉大学出版社2007年版，第174页。
⑤ 陈振明主编：《公共管理学原理》，中国人民大学出版社2006年版，第206页。

校之间的区别，即可以表述为重点建设学科政策。"双一流"政策实际上是以重点学科建设为切入点，"世界一流大学建设高校"与"世界一流学科建设高校"的区别在于重点建设学科数量，因此，现阶段我国实施的最有影响力的"双一流"政策，根本上讲是重点学科建设政策的发展。

第一节 我国重点学科建设政策的历史演进

重点学科建设是培养高层次人才的重要基础，是创建世界一流大学的根本指向，是我国实现从高等教育大国向高等教育强国跨越的关键路径。改革开放以来，国家一直给予重点学科建设高度关注，并针对不同阶段的建设问题出台了相应的重点学科建设政策。回顾政策发展历程，我国高等教育重点学科建设政策以《中共中央关于教育体制改革的决定》（以下简称《决定》）为正式开端发轫于20世纪80年代，于20世纪90年代历经"211工程"和"985工程"后调整，并在21世纪经由重点学科评选"优势学科创新平台项目""特色重点学科项目""高等学校创新能力提升计划（以下简称'2011计划'）""'双一流'建设"等得到进一步发展，为重点学科建设取得不俗成就提供了牢固基础，总体实现"高等学校重点学科"—"国家重点学科"—"一流学科"的转变。

我国的重点学科建设政策的原型可以追溯到1977年7月邓小平做关于教育问题的拨乱反正的讲话，提出教育部要重点抓好几个高校的建设，做好示范作用，进而促进我国高等教育的恢复和发展[1]。建设重点大学也就意味着政策向一部分大学倾斜，这种倾斜具有强烈的竞争性，具体表现为重点大学和重点学科的选拔。1978年，国务院转批《关于恢复和办好全国重点高等学校的报告》确定重点大学建设名单，同时调整领导体制、突出示范作用和使命、强化科学研究功能，在管理体制、师资调配、招生优先等方面较普通高校具有优先级[2]。1983年5月，教育部在武汉召开第一次全国高等教育工作会议，提出下一阶段的高等教育工作的指导思想，指出"高等教育事业发展必须切实办好一批重点学校和重点学科，各学校主管部门要优先保障其办学条件"。1988年，原国家教委批准公布了国家首批416个重

---

[1] 中华人民共和国教育部：《邓小平教育理论学习纲要》，北京师范大学出版社1998年版，第65页。

[2] 教育部：《关于恢复和办好全国重点高等学校的报告》，1978-2-17。

点学科，在此次重点学科评选的推动下，各高校逐步将重点学科建设列入到高校发展的核心工作当中，重点学科建设开始被极大地重视起来。

原国家教委和学位委员会逐渐认识到，要想提升学科建设的水平，需要从研究生学位点建设中寻求突破，1992年3月，发布的研究生教育"八五"计划中提出要通过一批博士点和重点学科点的发展带动整体学科层次的提升策略。1993年2月，国务院颁布《中国教育改革与发展纲要》推出"211工程"，1998年5月，时任国家主席江泽民同志于北大百年校庆讲话后，教育部发布《面向21世纪教育振兴行动计划》，推出"985工程"，截至2011年12月先后评选了112所和39所重点建设高校作为21世纪集中力量重点建设的高水平大学的主体。虽然两个工程是以建设"世界高水平大学"为目标，但是实现的路径仍然是以重点学科建设带动学校整体建设水平，尤其以"211工程"最为明显，它将我国重点学科建设提升到战略层面，且随着"211工程"重点学科建设项目的逐步确立，基本上形成了我国高等教育体系中重点高校与非重点高校的格局。同时，由于该阶段政策并未设置明确的动态调整周期，重点与非重点高校界限清晰，在政策实施后的很长时间内对政府、社会和大学而言，重点大学的身份标识是高水平与强实力的代表，其影响力并没有随着2016年8月教育部宣布"211工程""985工程"等一系列政策文件失效而减弱，可见高水平学科强化建设阶段对我国重点学科建设的影响十分深刻。

受到社会发展新需求出现和高水平学科强化建设阶段较为封闭的影响，过去遴选的重点学科建设项目不能满足国家经济建设的需要，国务院各部委认识到过去以学科项目为建设重点的方式较为单一，也难以满足科学发展水平的提升对高层次人才的巨大需求，因此"211工程"和"985工程"二期建设在2001年9月的第二轮国家重点学科评选结束后启动，建设重点分别是学科队伍建设和科学研究平台建设，最终确定964个二级学科为国家重点发展学科。2006年12月，为了加强国家重点学科建设成效，教育部与国务院学位委员会发布了《关于加强国家重点学科建设的意见》，增加了考核与评估机制、设置规范、建设周期、管理制度等内容，目的在于保障国家重点学科的建设取得更好的进展[1]。随后，根据相关要求启动了第三轮国家重点学科评选工作。与以往不同的是，本次评选

---

[1] 中华人民共和国教育部：《关于加强国家重点学科建设的意见》，2006-10-27。

引入了淘汰增补的指导思想,对第二轮国家重点学科评选确定的学科中未通过评估的,采取淘汰增补措施,与新申请的学科共同竞争重点学科建设名额,在一定程度上调动了非重点建设学科所在大学的积极性,但最终经过评选仅有915个学科被确定为国家重点学科,因此本次重点学科调整涉及的变动并不大。到2011年12月30日,教育部部长袁贵仁表示不再新设"211工程""985工程"高校,为了符合《国家中长期教育改革和发展规划纲要(2010—2020年)》中对建设一流大学和一流学科的要求,在继续实施重点学科建设计划之外,引入竞争机制,实施"优势学科创新平台建设"和"特色重点学科项目",对非"211工程""985工程"高校的"双非"高校的特色学科给予支持。随后教育部、财政部联合发布了《关于实施高等学校创新能力提升计划的意见》(以下称为"2011计划"),以提升科学前沿的创新能力和服务国家重大科技需求为战略目标,核心任务是提升学科的创新能力,是一次以人才、学科、科研为一体的高校科技管理体制的改革[①]。与"211工程""985工程"相比,"2011计划"在发展策略上更加聚焦,强调以"创新"突破发展,截至2014年,"2011计划"共确定了38个协同创新中心,但该计划的实施并未引起各大学的足够重视,在社会上的影响力不如之前的重点学科建设计划。

经历了重点学科建设的繁荣阶段,高等教育政策决策者逐渐认识到重点战略和计划的根本目的在于建设一流的高等教育,2015年3月7日,时任教育部部长袁贵仁表示,要强化高等教育的"一流"特征,扶优扶强,实现"一流"发展。同年10月,国务院发布"双一流"政策实施方案,次年10月,宣布"211工程""985工程"等一批重点建设政策的失效,并统一纳入到"双一流"建设中来,加快支持国家一流大学、一流学科建设目标的实现。与以往的重点学科建设政策不同的是,"双一流"政策更加开放,采取淘汰机制,给地方高水平大学进入到重点建设计划带来了历史机遇。

纵观这一发展历史,重点学科建设政策呈现出其独有的变迁特征。从改革开放初期政府为应对"文化大革命"结束不久带来的高素质人才不足问题而采取的理性本位的重点学科建设政策,到当前注重经济高质量发展背景下将追求卓越的重点学科建设政策立足国家战略高度的政策变迁过

---

① 教育部、财政部:《关于实施高等学校创新能力提升计划意见》,2012-03-15。

程,这是社会、经济、技术等多重外部力量共同作用所促成的,也是重点学科建设政策范式变迁的结果,而这种政策的范式变迁是解决我国重点学科建设问题、提高高等教育质量的先决条件。因此,在强调高等教育内涵式发展的背景下,通过对我国重点学科建设政策的范式变迁及其背后逻辑的探究有利于认清我国重点学科建设的发展规律,为完善重点学科建设政策、看清学科建设的发展趋势提供理论基础。

第二节 我国重点学科建设政策的范式变迁

政策范式理论是一种研究政策变化过程的理论,"范式"(Paradigm)一词最初是由美国科学哲学家托马斯·库恩(Thomas S. Kuhn)在《科学革命的结构》一书中作出系统阐释。库恩认为,范式究其本质是一种理论框架,是在特定时期内科学共同体成员在研究过程中所共同依循的思路、信念、观念和范例等。范式的突破会导致科学革命,即"范式转换"(Paradigm shift)。范式转换是指一种新范式将另一种范式取而代之的过程[1]。20世纪90年代,美国政治学家彼得·霍尔(Peter A. Hall)首次将范式这一概念应用到公共政策研究领域,并提出了"政策范式"(Policy Paradigm)。霍尔指出政策范式是"镶嵌于政策制定者开展工作所使用的每一个术语之中的框架"[2],在这个以各种理念和标准为基本构成元素的框架中,政策制定者开展政策问题识别、总体性目标确定、工具选择及设定等行动。因此,依据霍尔的观点,政策的制定过程包括三个重要变量,分别是政策整体性目标、政策实现的工具和政策工具的设定。不同变量变化的组合方式催生出不同的政策序列,分别是:第一序列为政策工具的设定发生变化,其余两者不改变;第二序列为政策工具设定和选择的变化,而政策整体性目标未变;第三序列则为三类元素即政策整体性目标、政策工具的选择和政策工具的设定均发生了变动[3]。其中,第三序列的变化被视为政策发生了实质性的变化,即政策范式转移。而

---

[1] Kuhn Thomas, *The Structure of Scientific Revolutions*, University of Chicago Press, 1962, p. 150.

[2] Peter Hull, "Policy Paradigms, Social Learning, and the State: the Case of Economic Policy making in Britain", *Comparative Politics*, 1993, 25 (3), pp. 275-296.

[3] 彼得·霍尔、彭科、温卓毅:《政策范式、社会学习和国家:以英国经济政策的制定为例》,《中国公共政策评论》2007年第00期。

后，政策范式理论被广泛运用在其他社会科学领域。

近些年，国内学者将政策范式理论作为重要的研究视角剖析了我国不同领域的政策变迁情况，拓展了政策范式理论研究的边界。在高等教育领域，政策范式理论被用于解释许多政策相关问题，如高等教育公平政策①、高等教育质量保障政策②、高等教育评估政策③、高校毕业生就业政策④和教育政策实践⑤等。改革开放以来，我国政治、经济、文化和社会等发展环境都发生了深刻变化，我国重点学科建设政策的政策问题、政策目标和政策工具等也相应经历了巨大的变革，因此本文将以该理论为基础，对我国重点学科建设政策的范式变迁及嬗变逻辑进行深入探究。

鉴于我国政治体制的特殊性，政策的制定过程具备鲜明的中国特色，本书结合已有研究基础，对霍尔的政策范式理论作进一步调适，将政策范式的构成要素分为政策情境、政策行动主体、政策问题、政策目标和政策工具。（1）政策情境是一个整体社会的认知图，指的是公共政策问题无法脱离的特定的政治、经济、社会和文化环境⑥。政策天然受到自然环境和社会环境等外部因素的影响，若离开政策所处的现实环境，政策的分析和研究也将失去其原本的价值与意义⑦。（2）政策行为主体是指进入政策活动过程的、对解决政策问题持有独立见解的、具有利益表达和协商能力的代表某些团体的个体或组织机构⑧。（3）政策问题源于被社会上多数人感知到的社会期望与社会现状之间的差距，反映了一种社团活动过程，亟须政策制定和实施的共同行动⑨，它是政策制定的逻辑起点，将直接影响政策过程的后续发展情况。（4）政策目标是政策活动努力的方向和解决

---

① 高树仁、宋丹、曾剑雄：《我国高等教育公平政策范式及其治理路径论析》，《大学教育科学》2020年第6期。

② 钟勇为、缪英洁：《新中国高等教育质量保障政策范式变趋与思考——基于1949—2019年政策文本的分析》，《教育发展研究》2020年第7期。

③ 周湘林、周光礼：《我国高等教育评估政策范式变革初探》，《高教探索》2009年第4期。

④ 徐自强、龚怡祖：《我国高校毕业生就业政策的范式转移研究——基于政策文本的内容分析》，《大学教育科学》2013年第1期。

⑤ 徐赟：《我国教育政策实践范式的历史变迁》，《现代教育管理》2014年第5期。

⑥ 严荣：《公共政策创新与政策生态》，《上海行政学院学报》2005年第4期。

⑦ 陈庆云主编：《公共政策分析（第二版）》，北京大学出版社2011年版，第77页。

⑧ 严强：《国家治理与政策变迁：迈向经验解释的中国政治学》，中央编译出版社2008年版，第299页。

⑨ 陈潭编著：《公共政策学》，湖南师范大学出版社2003年版，第111页。

相关政策问题所期望未来可实现的结果,是衡量一项政策活动最终是否有效及其优劣程度的参考依据①。(5)政策工具是为了解决政策问题或达到一定的政策目标所采取的具体手段与方式②,是联结政策目标与政策结果的重要纽带。本书将调适过的政策范式理论作为理论框架,针对我国重点学科建设政策展开深入分析,挖掘出政策的发展趋势及其背后的变迁逻辑。

一 样本选择与研究方法

以"重点学科""一流学科""优势学科""交叉学科"等为关键词,在北大法宝网、国务院、教育部、财政部、国家发展和改革委员会、中国学位与研究生教育信息网等官方网站检索中央层面的重点学科建设政策文本。基于重要性、公开性和相关性等原则,最终提炼筛选出1985年至2020年间124份与重点学科建设相关的政策文件作为研究样本,覆盖通知、计划、意见、办法、方案、纲要和领导人讲话等多种类型。另外,由于重点学科建设是重点大学建设政策的主要构成内容,两类政策间的界限模糊且重叠③,故本书研究所收集的文本既包含如"211工程""985工程""'双一流'建设"等重点大学建设层面的政策,也包括重点学科建设层面的政策,如《关于评选高等学校重点学科的暂行规定》等。

文本分析是以文本为基础的定性与定量相结合的分析方法,它立足文本但又不囿于文本,意在通过与文本相关的情景、制度和实践对话以揭露文本背后的深刻意蕴④。运用Nvivo12Plus质性研究软件对政策文本进行词频和编码分析。首先,借助该软件的词频查询功能统计并筛选了历年政策中重要且有意义的高频词。其次,对各项政策文本进行一级编码建立自由节点。最后,通过建立树状节点对自由节点进行分类完成二级、三级编码,结合各项政策出台的重大历史事件和背景,将我国重点学科建设政策发展划分为五个时期(见表2-1)。同时,为进一步厘清我国重点学科建设政策变迁的内在逻辑,把政策情景、政策行为主体、政策问题、政策目标和政策工具作为树状节点对政策文本进行再度编码分析,将文本内容编码到相应的树状节点下,最终得到表2-1。

---

① 文兴吾:《现代科学技术概论》,四川人民出版社2007年版,第378页。
② 陈振明主编:《公共政策分析》,中国人民大学出版社2002年版,第147页。
③ 张国兵:《高等教育重点建设政策研究》,北京大学出版社2010年版,第44页。
④ 涂端午:《教育政策文本分析及其应用》,《复旦教育论坛》2009年第5期。

二 我国重点学科建设政策的不同阶段及其特征

政策范式变迁最突出的外显形式是政策话语体系的变迁，政策话语体系的核心是国家战略目标、为实现战略目标所制定的活动方针与行为准则以及关于目标与行动合法性的价值理念与技术知识①。基于政策范式理论，对改革开放以来我国重点学科建设政策文本进行高频词统计和编码分析，总结不同时期政策话语体系的基本特征，发现我国重点学科建设政策话语体系随着实践的迁移发生了明显变化（见表2-1）。政策话语体系的变化特征反映出我国重点学科建设政策价值取向的转变，基于此，将我国重点学科建设政策范式变迁划分为五个阶段：1985—1991年（理性本位）、1992—1997年（效益导向）、1998—2005年（创新为先）、2006—2014年（协同创新）、2015年—至今（追求卓越）。

表 2-1　　我国不同时期重点学科建设政策话语体系比较

历史阶段	代表性政策文件	政策关键词的一级编码	政策关键词的二级编码	政策关键词的三级编码
1985—1991	《国家教委关于评选高等学校重点学科的暂行规定》（1987）、《国家教育委员会关于做好评选高等学校重点学科申报工作的通知》（1987）、《国家教育委员会关于高等学校重点学科建设与管理的意见》（1991）	计划、培养、评选、科学研究、四化建设、共同扶植、择优确定、博士点、基础、国家重大决策、高层次专门人才、学术骨干、水平、条件、工作、限额、审核、规划、领导、组织	亟需人才、计划指向	理性本位
1992—1997	《中国教育改革和发展纲要》（1993）、《关于重点建设一批高等学校和重点学科点的若干意见》（1993）、《"211工程"总体建设规划》（1995）	"211工程"、中央专项资金、项目、改革、统筹、协调、先进水平、办学效益、教育质量、管理水平、经济建设、社会发展、高层次人才、人才培养、立项、适应、体制、批准、科技、评估、地方政府、预审、条件、支持、学术	质量提升、效益优先	效益导向
1998—2005	《面向21世纪教育振兴行动计划》（1998）、《教育部关于开展高等学校重点学科评选工作的通知》（2001）、《教育部财政部关于继续实施"985工程"建设项目的意见》（2004）	科技、知识创新、高新技术、创造性人才、一流大学、国家创新体系建设、世界、世纪、国际、战略、现代化、重点学科体系、公平、"211工程"、"985工程"、资金、地方、基地、社会发展、结构、项目	注重创新、促进公平	创新为先

---

① 蔡禾：《社会学学科的话语体系与话语权》，《社会学评论》2017年第2期。

续表

历史阶段	代表性政策文件	政策关键词的一级编码	政策关键词的二级编码	政策关键词的三级编码
2006—2014	《教育部关于加强国家重点学科建设的意见》(2006)、《教育部 财政部关于实施"特色重点学科项目"的意见》(2009)、《高等学校创新能力提升计划"实施方案》(2012)	拔尖创新人才、创新能力、特色、绩效、"2011计划"、区域发展、机制体制改革、资源、创新、汇聚、新兴、交叉、融合、优势、专家、文化传承创新、行业产业、科研院所、地方政府、评审、资金、产学研用、要素、中心、科学前沿、深化改革、动态调整、认定、国际、一流、合作、服务、推进、加快、协同	协同创新、深化改革	协同创新
2015—至今	《统筹推进世界一流大学和一流学科建设总体方案》(2015)、《统筹推进世界一流大学和一流学科建设实施办法(暂行)》(2017)、《关于高等学校加快"双一流"建设的指导意见》(2018)	世界一流、中国特色、双一流、国际、创新、规律、评价、完善、质量、协同、融合、改革、合作、高水平、机制、人才培养、支持、战略、前沿、优势、动态调整	内涵建设、创建一流	追求卓越

(一) 第一阶段（1985—1991年）：理性本位

我国步入改革开放历史新时期不久，面临的是"文化大革命"过后的科技落后和人才断层与市场经济体制改革对高素质人才的渴望之间的发展矛盾。为了满足推动国家建设的各行各业对大批高层次专门人才的迫切需要，解决四化建设中的科学技术支撑等问题，中共中央将重点学科建设列入重要议事日程中，采用理性本位的重点学科建设政策。一方面，由于改革初期国家实行的经济体制改革遵循"计划为主、市场为辅"的逻辑，故此时的政策制定与实施仍具有较强的计划指向性和单向性，主要依靠政府的政治权威进行管理，该时期的政策话语体系中"计划""规划""组织""领导"等词出现较为频繁。另一方面，改革开放初期百废待举，各领域的建设和发展都需要经费支持，但我国人口众多、资源稀缺、财力不足，投入教育领域的经费极为有限。据统计，1975年、1980年和1985年，我国公共教育经费支出占GDP的比重分别为1.73%、2.51%和2.51%，远不及当年世界平均水平①。在资源条件不足的情况下，政府只

---

① 王冲：《中国高校资本结构研究》，中国社会科学出版社、华龄出版社2005年版，第57页。

能将有限的优质教育资源集中到一部分学校和学科中，尝试相对高效率的重点建设方式；通过设置评选条件开展首轮重点学科评选，以择优确定方式优先建设一批教学科研工作基础和水平良好的学科，要求学校主管部门及学校对重点学科进行共同扶植，并创造条件争取更多的渠道以分担一定的财政压力。

（二）第二阶段（1992—1997年）：效益导向

党的十四大提出建立社会主义市场经济体制的目标后，确立了市场在资源配置中的基础性地位。市场的理念也随之逐渐渗透至重点学科建设领域，质量和效益成为了本时期建设政策的主线。1993年，国务院颁布《关于〈中国教育改革和发展纲要〉的实施意见》、教育部颁布《关于重点建设一批高等学校和重点学科点的若干意见》等文件，提出要实施"211工程"，集中中央和地方等各方面的力量办好一批重点学科，从而提高高等教育的办学效益、教育质量、科研和管理水平[1][2]。在"211工程"中，教育部、国家发展改革委、财政部将经济建设领域中的"项目管理""工程建设""业主负责制"等概念引入到重点学科建设中。从遴选条件看，与上一时期重点学科评选相比，本阶段对学术带头人、学术队伍、教学科研等方面的质量和水平均提高了要求，并利用强化项目论证、吸收社会捐赠、加大中央专项资金支持力度等建设方式提升重点学科建设的综合效益。从这一时期的政策话语可以看出，重点学科建设政策具备明显的效益导向的政策思维，除新增"成效""资金有效使用""可行性论证""自主权"和"积极性"等词汇外，还出现了"立项""评估""先进水平""预审"等高频词。

（三）第三阶段（1998—2005年）：创新为先

1998年，世界知识经济、新技术革命和高等教育国际化迅猛发展，为更好应对高新技术对我国教育和科技事业发展的挑战，教育部在创新为先的理念指导下出台了《面向21世纪教育振兴行动计划》，提出要创建

---

① 北大法宝网：《国家教委关于印发〈关于重点建设一批高等学校和重点学科点的若干意见〉的通知》，https://www.pkulaw.com/chl/c61b82ab4ebd9b95bdfb.html？keyword=关于重点建设一批高等学校和重点学科点的若干意见，1993-07-15。

② 中华人民共和国教育部：《国务院关于〈中国教育改革和发展纲要〉的实施意见》，http://old.moe.gov.cn/publicfiles/business/htmlfiles/moe/moe_177/200407/2483.html，1994-07-03。

若干所具有世界先进水平的一流大学和一批一流学科[1],标志着"985 工程"的问世。2001 年,教育部印发《关于开展高等学校重点学科评选工作的通知》,开启了第二轮全国高等学校重点学科的评选工作。随后,在 2004 年又启动了第二期"985 工程",强调要重点建设一批科技创新平台和哲学社会科学创新基地,加大学科结构的调整力度,以推动学科优化、互渗和交叉。这一时期,政府紧密结合"国家创新体系建设",集中优质资源,突出考虑与"高新技术"相关的学科发展,以创新的思路培养一批高素质"创造性人才",提高我国自主创新能力和综合国力。除此之外,为保证评选工作公平、公正,教育部采用及时做好信息披露、建立以投资效益为核心的公平的评价和绩效考核机制、将公平竞争作为评选指导思想等措施。同时,为缩小重点学科分布的区域差异,缓解"211 工程"带来的激烈竞争,2004 年,教育部出台的《2004—2010 年西部地区教育事业发展规划》指出,要在重点学科建设等方面对西部地区倾斜,增强西部地区高层次人才培养和学校科技创新的能力[2]。可见,促进教育公平也是贯穿本时期政策的核心价值理念。

(四) 第四阶段(2006—2014 年):协同创新

2006 年,党的十六届六次会议提出,到 2020 年,构建社会主义和谐社会的主要目标之一是全社会创造活力显著增强,创新型国家基本建成[3]。高等教育作为知识、人才和技术的集合体,在建设创新型国家过程中发挥着举足轻重的作用。然而,由于受体制机制等各种因素制约,我国高校科研资源配置一直处于分散和低效的状态,自主创新能力仍然薄弱。为此,2006 年,教育部连续出台《关于加强国家重点学科建设的意见》《国家重点学科建设与管理暂行办法》等多项政策开展第三轮国家重点学科评选工作。在本次评选中,着重考虑增设一级学科国家重点学科,打破学科间壁垒,进一步促进学科"交叉""融合"以形成"新兴"学科,二级学科建设上则侧重突出特色和优势,实现学科方向的突破。同年,为

---

[1] 教育部:《面向 21 世纪教育振兴行动计划》,http://www.moe.gov.cn/jyb_sjzl/moe_177/tnull_2487.html.1998-01-04。

[2] 北大法宝网:《2004—2010 年西部地区教育事业发展规划》,https://www.pkulaw.com/chl/9fd226250e1a1125bdfb.html?keyword=2004—2010 年西部地区教育事业发展规划.2004-09-23。

[3] 中国政府网:《中共中央关于构建社会主义和谐社会若干重大问题的决定》,http://www.gov.cn/govweb/gongbao/content/2006/content_453176.htm.2006-10-11。

充分发挥部分学校特色学科的优势,国务院决定从非"985工程"院校中评选出一批优势鲜明、特点突出的学科建设"985工程优势学科创新平台"以满足创新型国家战略对人才和科技的需要。2009年,教育部以非"211工程"学校中的重点学科为基础,设立了"特色重点学科项目",旨在加强创新人才培养和队伍建设。2012年,教育部和财政部牵头实施"2011计划",期望通过该项目突破大学与"行业产业部门""科研院所""地方政府"等其他创新主体间的滞碍,汇聚创新资源和要素,促进创新组织流动以实现协同创新,从而更好服务"区域发展"、提升"文化传承创新"、提高科学研究和"拔尖创新人才"培养能力等。从政策话语来看,"创新能力""产学研用""机制体制改革""动态调整""推进"和"加快"成为重点学科建设政策的关键词,无一不体现出"协同创新""深化改革"的核心政策议题。

(五) 第五阶段(2015年—至今):追求卓越

迈入新时期,党和国家的发展比以往任何时期都更需要依靠高等教育发挥强劲的引领和支撑作用。正如习近平总书记指出:"办好高等教育,事关国家发展、事关民族未来。"[①] 党的十九大报告中提到要加快一流大学和一流学科建设,实现高等教育内涵式发展[②],这是新时代国家发展建设对高等教育提出的新要求。近些年,国务院、教育部、国家发展和改革委员会及财政部在追求卓越的政策理念引导下先后出台多份有关"双一流"建设的政策方案,将一流学科建设作为创建世界一流大学、提高国家高等教育水平、建设高等教育强国的基础和重点。从政策话语体系看,本阶段在"创新"理念基础上进一步提高了对"质量""内涵""中国特色"等词的关注,同时结合经济社会发展与国家战略的需求,通过学科协同交叉"融合"以创新学科组织模式,扩大"优势",打造更多学科高峰,并强调尊重学科发展"规律"、多元综合性"评价"、"动态调整支持力度"、建立多方协调"合作"的社会参与机制等不断提高一流学科国际影响力。另外,"完善""协同""支持""高水平""前沿"和"世界一

---

① 中华人民共和国教育部:《坚持正确方向——一论学习贯彻中央领导关于高等教育重要指示精神》,http://www.moe.gov.cn/jyb_xwfb/moe_2082/zl_2016n/2016_zl26/201604/t20160429_241375.html. 2016-04-29。

② 共产党员网:《习近平:决胜全面建成小康社会 夺取新时代中国特色社会主义伟大胜利——在中国共产党第十九次全国代表大会上的报告》,http://www.12371.cn/2017/10/27/ARTI1509103656574313.shtml. 2017-10-19。

流"等词出现频率也较高,反映了该时期综合改革、创建一流的核心政策理念。

第三节 我国重点学科建设政策范式变迁的嬗变逻辑

通过对政策文本进一步编码凝练发现,在以上五种政策范式下,我国重点学科建设领域的政策情境、政策行为主体、政策问题、政策目标和政策工具皆出现了深刻转变。

表2-2　　　　　　　我国重点学科建设政策范式变迁

政策范式	政策情境	政策行为主体	政策问题	政策目标	政策工具
理性本位（1985—1991）	改革开放全面开启,强调体制改革	国家教委组织领导专家小组负责评选评估地方主管部门负责组织协调建设高等学校负责建设	高素质人才不足,科学技术水平落后	解决经济建设与社会发展中的重大问题,增强科学研究的能力,培养高质量的专门人才	择优扶植、同行评议、优先发展、专家小组审核、定期评估、共同扶植、提倡跨学科和跨学校联合建设、着重支持急需扶植学科、优先给予人员编制、优先安排经常性费用、适当解决科学研究课题费、经常性检查
效益导向（1992—1997）	提出建立社会主义市场经济,提出科教兴国战略	国家教委、国家计划委员会、财政部成立"211工程"领导小组决策规划协调专家负责宏观规划、提供咨询、验收结果,各项目主管部门负责管理高等学校做好建设企业集团共同建设、国内外组织和个人赠投入建设、舆论监督	缺乏科技前沿领域高层次人才,教育体制与经济、政治和科技体制改革不相适应	提高重点学科的教育质量、科学研究、管理水平和办学效益,建立适应社会主义市场经济体制和政治、科技体制改革需要的高等教育新体制	分期分批滚动实施、支持新兴交叉和空白薄弱学科、国家投资、多渠道集资、实行项目目标管理、中期评估、建立公正客观的评价体系、组织相应的研究和人员培训、建立高水平的管理信息系统
创新为先（1998—2005）	全球一体化发展提出建设国家创新体系、人才强国战略、科学发展观	教育部组织领导；教育部、财政部成立"985工程"领导和工作小组决策规划、组织协调同行专家评议地方政府和有关主管部门管理监督高等学校自我管理企业筹集资金共建、科研机构联合办学、社会舆论监督、中介机构评审	缺少具有国际领先水平的创造性人才	促进学科结构更好适应世界科技、经济竞争的需要,培养高层次、高素质的创造性人才,创造一批技术创新成果	实施"高层次创造性人才工程"、实施"长江学者奖励计划"、促进高新技术相关学科发展、重视推动行业或区域经济发展的学科、不搞终身制、实行总量控制、建立自我评估制度、建立三级管理体制、第三方评估、建立以投资效益为核心绩效考核和评价机制

续表

政策范式	政策情境	政策行为主体	政策问题	政策目标	政策工具
协同创新（2006—2014）	提出建设创新型国家战略、创新驱动发展战略	教育部宏观调控；教育部、财政部成立"2011计划"领导小组宏观决策中央政府领导下的专家组织提供咨询，有关部门和地方教育行政部门统筹管理高等学校负责建设和日常管理社会资金投入建设、科研院所、行业企业及国际创新力量参与、第三方评估	自主创新能力仍有差距，教育、科技与经济社会发展结合不紧	提升高等教育的自主创新能力和人才培养能力，为建设创新型国家提供人才和智力支撑	实施"高等学校学科创新引智计划"、抽查和定期考核、淘汰增补、认定模式、调整学科结构、增设一级学科国家重点学科、改革评选方式、建立学科战略集体投票、动态管理、体制机制改革试点、促进创新要素融合、建立年度报告和周期评估相结合的评价方式、奖励性资金支持
追求卓越（2015—至今）	发展不平衡不充分，贯彻新发展理念	国家教育体制改革领导小组决策教育部、财政部、发展改革委规划部署中央政府领导下的专家组织论证标准、评价督导地方政府或行业主管部门跟踪指导高校负主体责任行业企业密切合作、与科研院所和社会团体等资源共享、专门机构评估、理事会制度、社会捐赠	高等教育质量不高，创新能力与支撑国家创新驱动发展战略实施的需求存在较大差距	加快高等教育治理体系和治理能力现代化，促进高等教育内涵发展，建设高等教育强国	鼓励学科差别化发展、中央高校预算拨款制度改革、绩效导向的财政支持，增强高校资金统筹权、动态调整支持力度、健全成本分担机制、设立专家委员会论证认定标准、加强过程管理、构建社会参与机制、重点布局一批国家急需、支撑产业转型升级和区域发展的学科

一 政策情境：从单向度到多向度

我国重点学科建设政策的制定根植于政治、经济、自然和国际环境等政策情境之中，该政策情境的感知实现由关注国内制度变革的单向度到注重国际国内形势的多向度的跨越。自 1978 年的中共十一届三中全会召开后，改革开放全面开启。我国改革开放分为对内改革和对外开放，其中对内改革指政治体制、经济体制、教育体制和科学技术体制等改革。1992 年，党的十四大正式将建立社会主义市场经济体制作为目标，这一重大论断为我国经济和社会发展确立了新的前进方向。为进一步解放和发展生产力，中共中央在科学分析和总结发达国家社会、经济、科技、教育的发展变趋和历史经验基础上，提出"科教兴国"战略，将科技和教育置于经济社会发展的优先地位。即将迈入 21 世纪，从国际上看，全球经济一体化进程加快，高新技术的发展掀起了科技革命的浪潮，科技与社会发展的结合更为紧密；从国内来看，区域发展差异大、社会发展远滞后于经济发展等矛盾和问题突出。面临复杂的国际国内形势,2003年,中共中央提出科学发展观理念统筹全局,坚持"以人为本、全面、协调、可持续"的发展观。为应对诸多来自知识经济发展和新技术革命的挑战,政府在政策情境的感知上注重科技创新和人才建设;提出建设国家创新体系概念,通过建立国家知识创新体系等方式提高我国科技水平;人才问题被推到国家战略高度,政府开始实施人才强国战略,强调要引进、培养好、用好人才。在此阶段,重点学科建设政策的制定也深受影响,更突出对国家科技水平提升和创新体系建设的重要作用。2006年,全国科学技术大会提出建设创新型国家战略,强调要将技术创新作为经济发展的动力,推动全面建成小康社会。党的十八大对上述内容作出进一步总结提炼,提出创新驱动发展战略,更注重科技创新在国家发展中的引领作用。"适应建设创新型国家对科技和人才的需要"成为重点学科建设的新要求。

步入新时代,我国社会主要矛盾发生转变,由原先的"人民日益增长的物质文化需要同落后的社会生产之间的矛盾"转化为"人民日益增长的美好生活需要和不平衡不充分的发展之间的矛盾"。这要求我国经济发展必须由"量的扩张"向"质的提升"进行转型调整。2015年,十八届五中全会提出新发展理念,即创新、协调、绿色、开放、共享的发展理念,新发展理念贯穿社会发展的全过程、各领域,对重点学科建设政策也产生了深刻影响。

二 政策行为主体:从一元主体到多元协同

我国重点学科建设政策的行为主体经历了由一元主体向多元协同的转变,也意味着政策逐渐从政治领域转向社会领域。在理性本位阶段,由于计划经济体制时期的强大惯性,加之重点学科建设是一项满足国家重大决策需要的重要诉求,这一时期的重点学科建设呈现鲜明的由政府主导的特点,中央政府承担了政策调研、制定、评估和监督等几乎所有的职能,高校则作为政策的执行者参与进来。[①] 随着市场在资源配置中基础性作用的明确,社会参与高等教育治理的程度也得到强化。在"211工程"中,教育部、国家发展和改革委员会、财政部通过成立"211工程"领导小组负责宏观决策、协调管理、检查监督等工作,地方部门和学校负责做好管理

---

① 谢冉、章震宇:《从"重点学科"到"一流学科":我国高校学科建设的范式转换》,《高教探索》2020年第2期。

和建设工作，企事业单位、社会组织和个人等社会力量也开始以捐赠、监督等形式介入到重点学科建设中。在创新为先阶段，重点学科建设的重心逐步下移至地方主管部门和建设单位，政府改变过去只注重国家层面的模式，转而构建国家、地方政府和高校三级管理体制，强调加强高校自我管理和自我评估等能力。在该阶段，科研院所、中介机构等政策行为主体也逐步参与到建设中。2006 年以后，政府主要扮演宏观调控和指导的角色，并建立专门的专家组织委员会提供咨询，如"2011 计划"专家咨询委员会和"985 工程"专家委员会。同时，《国家重点学科建设与管理暂行办法》明确指出，要"逐步加大地方教育行政部门对其行政区域内国家重点学科建设与管理的统筹力度"①。可见，地方政府的统筹权得到进一步扩大，负责本部门（地区）重点学科建设的建设资金落实、管理细则制定、考核评估等。

2015 年后，重点学科建设呈现"政府主导、部门联动、高校主体、社会响应"的多元政策行为主体协同建设的格局。中共中央和国务院除通过"国家教育体制改革领导小组"等负责重大事项决策和规划部署、领导多个专家组织执行评价督导外，还设立由政府部门、高校、科研机构、行业组织人员组成的"世界一流大学和一流学科建设专家委员会"进行标准论证认定。地方政府或行业主管部门实行跟踪指导，加强对建设过程的监督，高校作为重点学科建设任务的具体执行者，承担起建设的主体责任。2017 年《统筹推进世界一流大学和一流学科建设实施办法（暂行）》还提出，要"动员各方力量积极参与世界一流大学和一流学科建设，鼓励行业企业加强与高校合作，协同建设"，"完善政府、社会、学校相结合的共建机制，形成多元化投入、合力支持的格局"②。

三 政策问题：从强制性到诱致性与强制性结合

政策问题基于客观事实存在，通常受到政治权威、公众判断、社会情境、议程的优先次序等影响。③ 制度经济学中有学者将由政府法令实施的

---

① 中国学位与研究生教育信息网：《教育部关于印发〈国家重点学科建设与管理暂行办法〉的通知》，http://www.cdgdc.edu.cn/xwyyjsjyxx/zlpj/zdxkps/zdxgwj/266013.shtml. 2006-10-27。

② 教育部：《统筹推进世界一流大学和一流学科建设实施办法（暂行）》，http://www.moe.gov.cn/srcsite/A22/moe_843/201701/t20170125_295701.html. 2017-01-25。

③ 曹琦、崔兆涵：《我国卫生政策范式演变和新趋势：基于政策文本的分析》，《中国行政管理》2018 年第 9 期。

自上而下的制度变迁界定为强制性制度变迁,将由个人或组织自发倡导的自下而上的制度变迁界定为诱致性变迁。① 借用此概念,发现我国重点学科建设政策问题的认定方向由改革开放初期自上而下的强制性模式演变为上下结合的诱致性与强制性结合模式。1984 年,教育部、国家发展和改革委员会建议在十余所"重中之重"大学以外的高校中选择一批国家急需、承担重大任务、学术水平高的学科,通过计划性地支持其列入国家重点建设项目中,② 解决"人才断档""科技断层"等问题。20 世纪 90 年代,我国教育体制与经济体制改革不相适应的矛盾凸显。同时,科学技术的飞速发展使得尖端科技人才的培养迫在眉睫。1991 年,时任教育部部长的李铁映同志基于国内高等教育发展现状提出"211 计划"(后确定为"211 工程"),即面向 21 世纪,办好我国 100 所重点大学。③ 该计划经多部门请示、获国务院批准后于 1995 年实施。世纪之交,经济全球化愈益加快,面临前所未有的激烈的国际竞争,国内高等教育质量不高,难以培养出具备国际竞争力的创造性人才,制约了我国创新能力和竞争能力的提高。1998 年,负责起草校庆大会上国家领导人讲话的北京大学向中央明确表达了政策诉求,该讲话稿指出,"为了实现现代化,我国要有若干所世界先进水平的一流大学"。时任国家主席江泽民同志发表北京大学百年校庆讲话后,教育部制定并实施《面向 21 世纪教育振兴行动计划》,正式启动"985 工程",表明该政策问题的认定方向为先"自下而上"再"自上而下"④。2005 年,中国科学家钱学森感慨:"为什么我们的学校总是培养不出杰出的人才?""钱学森之问"引起社会各界对我国教育事业的思考。2008 年,首批"985 工程"大学校长研讨会上,有校长提出大学管理体制和机制是目前大学三大现实问题之一,并认为大学在体制上需要进行创新,形成拔尖创新人才培养的机制、鼓励创新研究的氛围和机

---

① Justin Lin, "An Economic Theory of Institutional Change: Induced and Imposed Change", *Cato Journal*, 1989 (01), pp.1-33.
② 中国教育和科研计算机网:《高水平大学及其重点学科建设篇》,http://www.edu.cn/edu/gao_deng/zhuan_ti/gj30years/200906/t20090610_383363_1.shtml.2009-06-10。
③ 张国兵、陈学飞:《我国教育政策过程的内输入特征——基于对"211 工程"的实证研究》,《黑龙江高教研究》2006 第 8 期。
④ 陈学飞:《理想导向型的政策制定——"985 工程"政策过程分析》,《北京大学教育评论》2006 第 1 期。

制。① 2011 年，时任国家主席胡锦涛同志在庆祝清华大学建校一百周年大会上提出"推动协同创新"的重要讲话，教育部和财政部随后正式启动实施"2011 计划"。这一时期政策问题认定的方向也呈现出上下结合的特征。

经过多年发展，我国高等教育在规模、结构和效益等方面都取得了跨越式进步，但相较世界一流水平和国内现实需要，我国高等教育水平和创新能力等仍存在明显差距。实施近 20 年的"985 工程""211 工程"因其多年积弊广受社会争议。有学者称"985、211 工程非但不利于学校自由、平等竞争——制造出学校的三六九等，连带催生基础教育的'名校情结'和大学生就业中的学历歧视，还阻碍学校办学自主权的落实"②。有媒体表示，"985、211 工程的存在易引发弄虚作假抢经费、加剧歧视等"，"211 和 985 工程在中国高等教育发展历史上已经基本完成使命"③。2014 年，习近平主席在北京大学考察时指出，"办好中国的世界一流大学，必须有中国特色。"④ 政府在政策问题上，一方面积极将政策理念主动注入重点学科建设政策问题的认定之中，另一方面也参考和吸纳了社会和学术共同体的需求与建议，针对过去重点建设存在的问题作出诸如"加强资源整合""创新实施方式"和"鼓励学科差别化发展"等调整，提出"双一流"建设的重大战略决策。

四 政策目标：从注重基础到追求内涵

政策目标的设定是为了解决政策问题，当政策问题发生变化，其对应的政策目标也相应改变。梳理我国重点学科建设政策各阶段的目标发现，服务国家重大战略需求作为重点学科建设政策的根本目标贯穿政策变迁的全过程，但具体来看，不同时期的政策目标又各有侧重。新中国成立以后，我国仿照苏联体制，将教学和科研相分离，教学由大学承担，而科研

---

① 中国科学时报：《首批"985 工程"高校负责人：高校三大现实问题及其解决》，http：//news. sciencenet. cn/htmlnews/2008/10/212228. html？id=212228. 2008-10-21。

② 新京报：《今后能否不再搞"985""211"工程》，http：//epaper. bjnews. com. cn/html/2014-11/14/content_546119. htm？div=-1. 2014-11-14。

③ 新华社：《"211""985"基本完成使命》，http：//newpaper. dahe. cn/hnsb/html/2014-11/19/content_1180450. htm. 2014-11-19。

④ 新华网：《习近平在北大考察：青年要自觉践行社会主义核心价值》，http：//www. xinhuanet. com//politics/2014-05/04/c_126460590. htm. 2014-05-05。

则由科研机构负责。1985年《决定》强调实行教育体制改革，通过重点学科建设将高等学校建设成人才培养和科学研究的"两个中心"。因此，理性本位阶段，教育部通过第一轮高等学校重点学科评选将政策目标定位在提高我国大学教学与科研能力，培养高质量的专门人才，以期解决经济建设与社会发展中的重大问题，也为后续我国重点学科政策的发展奠定了制度基础。1992年，为建立与社会主义市场经济体制相适应的教育体制，提高我国重点学科的教育质量、科学研究、管理水平和办学效益，国务院批准实施当时唯一一个高等教育领域中规模最大、层次最高的重点投资建设项目"211工程"。进入21世纪之后，重点学科建设政策转向以服务经济建设、提高科学技术水平、建设国家创新体系为主导逻辑，"促进学科结构更好适应世界科技、经济竞争的需要，培养高层次、高素质的创造性人才，创造一批技术创新成果"成为该阶段的政策目标。2006年以后，如何整合分散的科研资源与要素推动科技创新、培养创新型人才、形成科技创新成果从而加快社会经济发展是重点学科建设政策的重要目标导向。

当前，我国正处于中华民族伟大复兴的关键时期，国家战略的实现和事业的发展需要高等教育作支撑。正如党的二十大报告所指，教育是国之大计、党之大计[①]。我国发展处于新的历史方位，对高等教育提出了更高的要求，教育部开始重新审视重点学科建设政策目标。教育部原副部长林蕙青指出，"从国际竞争坐标看，我国教育已经走上了世界舞台，我们面临的竞争是国际竞争，教育强国是国际比较中的强国。"[②] 这一论述意味着新时代我国高等教育要在国际竞争中彰显比较优势，提升影响力和国际地位，也表明我国重点学科建设政策的目标转向以"促进高等教育内涵发展、建设高等教育强国"为根本宗旨。

五 政策工具：从刚性到刚柔并用

政府从政策工具箱中选择适配的政策工具是实现政策目标的关键。麦克唐纳尔（Mc. Donnell）和艾莫尔（Elmore）将政策工具分为命令性工

[①] 共产党员网：《习近平：高举中国特色社会主义伟大旗帜　为全面建设社会主义现代化国家而团结奋斗——在中国共产党第二十次全国代表大会上的报告》，http：//www.12371.cn/2022/10/25/ARTI1666705047474465.shtml.2022-10-25。

[②] 林蕙青：《努力开创高等教育发展新局面》，《中国教育报》，2017-11-13。

具、劝诫工具、激励性工具、能力建设工具和系统变革工具五种类型①。在理性本位阶段,国内社会生产力不足,市场力量单薄,政府全面负责下的重点学科建设政策文件类型以意见、规定、通知、决定为主,政策的贯彻主要依靠政府采取刚性的、更易见效的命令性工具,具体表现在评选要求、支持方式和评估模式上,另辅以提供经费、安排编制等激励性工具。1992年,随着市场化进程的加快,为了实现"提高重点学科的教育质量,建立适应经济体制需要的教育体制"政策目标,政府将经济建设思维移植到重点学科建设中,在以命令性政策工具为主的基础上,"分期分批滚动实施、多渠道集资、项目目标管理"等手段充分体现政策工具的市场化和社会化程度得到进一步加深。同时,激励性工具和劝诫性工具的应用不断扩大。创新为先政策范式阶段,在发展知识经济和高技术发展的国际背景下,政府通过实施"高层次创造性人才工程""长江学者奖励计划"等人才工程开发人力资源、促进学科骨干成长、推动人才强国战略。另外,为发挥科技创新对经济发展的作用,政府采用"促进高新技术相关学科发展""重视推动行业或区域经济发展的学科""建立绩效考核和评价机制"等措施。这一时期,尽管命令性政策工具仍占据重要位置,但政策工具逐渐走向多元化,劝诫工具、能力建设工具和系统变革工具的运用进一步加强。就协同创新阶段而言,建设创新型国家战略要求我国走中国特色自主创新之路,实现科学技术跨越式发展。为提高我国高等教育科技创新能力,该时期政策工具采用了"体制机制改革试点""奖励性资金支持""淘汰增补"和"促进创新要素融合"等。

  政策工具的优化组合和协调配合可以扬长避短,更能满足社会经济发展的需要。2015年以后,政策工具的内容愈益丰富,系统变革工具和能力建设工具的使用进一步突出。在新时代"中国特色、世界一流"核心要求的指引下,政府正式发布《统筹推进世界一流大学和一流学科建设总体方案》等文件,决定全面启动"双一流"建设,并提出一系列创新性举措。为打破"985工程""211工程"等重点建设项目所致的身份固化、竞争缺失和重复交叉等问题,政府采用"中央高校预算拨款制度改革""绩效导向的财政支持""动态调整支持力度"等系统变革工具。此外,在注重政府、市场和社会多元主体互动的背景下,"健全成本分担机

---

① 陈学飞主编:《教育政策研究基础》,人民教育出版社2011年版,第320—322页。

制""设立专家委员会论证认定标准"以及"构建社会参与机制"等也体现该阶段政策工具的多样性。

以上探讨了改革开放以来我国重点学科建设政策范式变迁及其背后的嬗变逻辑。从改革开放初期的第一轮高等学校重点学科评选到新时代的"双一流"建设，我国重点学科建设政策的变迁伴随着政策制定情境的变化而发生。当部分政策情境因素发生转变后，政策权威面临着不同的政策生态，改变了政策价值理念，从而推动了重点学科建设政策的变迁。2020年，中国共产党第十九届中央委员会第五次全体会议提出，"我国已转向高质量发展阶段，制度优势显著，治理效能提升，经济长期向好"[①]。国家统计局局长宁吉喆指出，2020年我国经济总量预计占世界经济比重达到17%，人均 GDP 连续第二年超过 1 万美元[②]。在我国政治局势、经济态势总体平稳的情况下，国际形势日趋复杂，经济全球化逆向发展，新冠肺炎疫情影响深远，同时国内也仍存在发展不平衡不充分、创新能力无法适应高质量发展要求等问题，这些都会影响我国重点学科建设政策的未来走向。政府应综合考虑可能影响重点学科建设的内外部因素，将中央重大战略思想与大学、社会和市场的需求意见紧密结合，构建政府、大学、社会多方力量协同参与格局，进一步提高治理能力和水平，促进重点学科建设政策更好地为满足国家战略需要提供人才和科技支撑，也为重点学科建设创造良好的生态环境。

---

① 中华人民共和国中央人民政府：《中共中央关于制定国民经济和社会发展第十四个五年规划和二〇三五年远景目标的建议》，http://www.gov.cn/zhengce/2020-11/03/content_5556991.htm. 2020-11-03。

② 东方财富网：《统计局：我国人均 GDP 连续第二年超过 1 万美元进入中等偏上收入国家行列》，https://baijiahao.baidu.com/s?id=1689191358904979340&wfr=spider&for=pc. 2021-01-18。

第三章

政策背景："双一流"建设政策对大学学科建设的影响

第一节 "双一流"建设政策的出台及其特征

"双一流"建设政策是我国新时期高等教育领域重要的基本政策，是未来几十年我国高等教育发展的总纲领，是涉及社会全体公民利益的一项重要公共政策。"双一流"建设是继"211工程""985工程"后，我国高水平学科建设政策的延续。2015年10月24日，国务院印发《统筹推进世界一流大学和一流学科建设的总体方案》（以下简称《总体方案》），标志着我国新一轮高等教育建设周期的开始。《总体方案》对"双一流"建设高校提出总体要求、建设任务、改革任务、支持措施、组织实施等几方面内容。其中，总体要求对最终目标和阶段性建设目标做出规划，按照倒排机制实施，最终目标是到本世纪中叶基本建成高等教育强国，我国"世界一流大学"和"世界一流学科"的数量和实力进入世界前列等，基本明确了政策周期和建设时间。中期目标是到2030年高等教育整体实力显著提升，具体表现为更多的大学和学科进入世界一流行列，若干所大学进入世界一流大学前列，一批学科进入世界一流学科前列。初期目标并未对高等教育整体水平情况做出限定，具体表现为到2020年，我国若干所大学和一批学科进入世界一流行列，若干学科进入世界一流学科前列。政策规定建设任务主要包括师资队伍、人才培养、科学研究、文化创新、成果转化等五个方面的内容，强调培育一流的高水平教师队伍、培养拔尖的具有创新能力的人才、科研水平和科研成果转化能力的提升，同时也着重强调了文化的传承和创新。政策规定改革任务主要要求在高校内部领导体制、内部治理结构、人才培养机制、社会参与机制、国际交流合作机制等方面做出成效。政策规定在外部管理机制上实现组织实施和支持措施①。

2016年6月3日，教育部、国务院学位委员会、国家语言文字工作委员会联合印发《关于宣布失效一批规范性文件的通知》（以下简称《通知》），该《通知》宣布382份文件失效，其中，有8份和"985""211"工程相关的文件，包括《关于继续实施"985工程"建设项目的意见》《"985工程"建设管理办法》《"211工程"建设实施管理办法》②等。同月，教育部宣布"211""985"工程以及重点、优势学科建设的相关文件失效并统一纳入"世界一流大学"和"世界一流学科"建设中，"双一流"建设政策至此成为当代中国大学发展的总依据。

2017年9月20日，教育部、财政部、国家发展和改革委员会联合印发《关于公布世界一流大学和一流学科建设高校及建设学科名单的通知》。根据名单，此次入选的一流大学建设高校共42所，分为A类和B类，其中，A类共36所，包括北京大学、清华大学等，B类共6所，包括东北大学、湖南大学、西北农林大学等；一流学科建设高校共有95所，包括北京交通大学、天津工业大学、河北工业大学等。

2022年2月14日，教育部、财政部、国家发展和改革委员会联合印发《关于公布第二轮"双一流"建设高校及建设学科名单的通知》，公布的建设名单共有建设高校147所，建设学科中数学、物理、化学、生物学等基础学科布局59个、工程类学科180个、哲学社会科学学科92个。相较于第一轮"双一流"建设名单，第二轮"双一流"建设新增了山西大学、湘潭大学、南京医科大学、上海科技大学、华南农业大学、广州医科大学和南方科技大学等7所高校。在第二轮动态调整中，有15所高校的16个学科，被公开警示/撤销，警示学科和调整后的学科2023年接受再评价，届时未通过，则调出建设范围。

一 "双一流"建设政策的特征

"双一流"建设政策的本质在于以扶优扶强的路径实现世界一流大学、世界一流学科的建设愿景，关键创新在于打破原"211工程""958工程"大学相对僵化的局面，鼓励不同类型的大学在不同区域内争创一

---

① 国务院：《统筹推进世界一流大学和一流学科建设总体方案》，2015-10-24。
② 教育部、国务院学位委员会、国家语委：《关于宣布失效一批规范性文件的通知》，2016-06-03。

流，形成高等教育水平全面发展的竞争氛围①。在学校、学科的选择上强调高水平，在资源投入上强调高效率，在管理体制上强调淘汰问责。因此，对地方大学来说，"双一流"政策开放竞争、动态调整、遴选条件三个方面的设置特征影响最为关键。

第一，开放的竞争环境。"双一流"政策打破了重点与非重点、部属与地方之间的壁垒，全国高等教育机构重新位于同一起跑线上进行竞争，原则上不以标签划分大学，在遴选程序中规定"坚持公平公正、开放竞争，在全国范围内根据高校、学科的水平，结合国家战略发展进程的需要择优选择，采取认定方式确定一流大学、一流学科建设高校及建设学科"。但建设并不等于已经达到的状态，在考虑公平性的情况下，政策最终也选择了向具有发展潜质的特色、新兴学科倾斜，因此对于地方大学来说，只要符合了遴选标准，就有机会加入"双一流"建设名单当中。

第二，多样化的遴选标准。"双一流"建设方案总则中指出，要"坚持扶优扶需扶特扶新；引导和支持具备较强实力的高校合理定位、办出特色、差别化发展，努力形成支撑国家长远发展的一流大学和一流学科体系"。遴选标准中除了扶优扶强之外，也要注重加强建设关系国家安全和重大利益的学科，鼓励新兴学科、交叉学科，布局一批国家急需、支撑产业转型升级和区域发展的学科，积极建设具有中国特色、中国风格、中国气派的哲学社会科学体系。对于地方大学而言，在同质化学科实力上存在差距，可以采取差别化发展战略，重点发展支撑产业转型和服务区域经济发展的关键学科领域，争取发挥与区域社会经济发展紧密结合的特征，发挥学科优势，对不可替代领域的学科进行挖掘和支持。此外，除了学科水平和影响力之外，遴选标准在人才培养、科学研究、社会服务、文化传承与创新、师资队伍建设、国际交流合作等方面也有涉及，标准的多样性为地方大学的特色发展提供了方向和机遇。

第三，周期性的动态调整。根据政策原文，从2016年开始每5年为一个建设周期，在每个建设周期的中期和后期，根据各大学的建设情况进行动态调整。同一个建设周期中，中期不采取淘汰制和增补制度，对实施不力、进展缓慢、缺乏实效的建设高校及建设学科，提出警示并减小支持力度。但对于"出现重大问题，不再具备建设条件且警示后仍无改进

---

① 褚照锋：《地方政府推进一流大学与一流学科建设的策略与反思——基于24个地区"双一流"政策文本的分析》，《中国高教研究》2017年第8期。

的",调整出建设范围,虽然条件比较苛刻,仍可以切实感受淘汰机制的存在;末期采取淘汰增补制度,专家委员会根据自评和有影响力的第三方评估机构对期末评价结果做出判断,根据评价情况重新确定下一轮建设范围。因此,对地方大学来说,在每个建设周期的末期进入"双一流"建设名单当中具有现实的可能性,而且周期十分明确,增加了地方大学制定阶段性学科建设计划的动力。

除了上述"双一流"政策本身所呈现的特征外,也有学者对"双一流"政策实施过程中的特征进行描述。如吴立保总结了在"双一流"政策导向下我国一流大学建设的特征,认为过于追求工具性的价值,导致了大学精神的价值理性缺乏,在很大程度上追求科研指标意义上的高水平,而轻视文化引领和独立的批判精神、轻视大学的人才培养功能、轻视大学文化内涵建设等[①]。

二 "双一流"建设政策对地方大学的影响

重点学科建设政策共同构成了我国高水平学科建设的最初政策体系,这些政策明确了重点学科建设在我国高等教育事业发展中处于核心地位,明确要求政府或主管部门给予更多的政策支持和教育资源的倾斜。因此,对各大学而言,成为国家重点建设的学科会带来更多的优势,尤其是"双一流"建设政策实施后,如果地方大学可以进入"双一流"建设名单中,将会在管理体制、财政拨款、师资和生源、社会声誉上获得更大的提升,具体表现如下。

第一,管理体制的优势促进学科布局整体的优化。重点建设大学具有更广泛的高校自主管理权,《全国重点高等学校暂行工作条例(试行草案)》规定政府对重点大学的分层领导,从而让重点大学在领导体制上处于优势地位。"双一流"方案规定,"列入拟建设名单的高校要根据自身实际确定建设思路,合理选择建设路径,自主确定学科建设口径和范围,科学编制整体建设方案、分学科建设方案",大学能根据自身的发展目标及发展策略自主地对学科布局进行调整,具有更广泛的办学自主权,而更广泛的办学自主权更能保障大学尊重自身的发展规律,"回归大学的学术

---

① 吴立保、高凡:《我国一流大学建设的异化与纠偏——鉴于西方学者的反思及其启示》,《教育发展研究》2018年第Z1期。

第三章　政策背景："双一流"建设政策对大学学科建设的影响　　43

性，让大学成为大学"①。

第二，财政拨款的增加为学科建设整体水平的提升带来机遇。基于增补拨款的原则，重点高校建设的财政拨款是在原有拨款数额上的增加量，"985 工程"一期、二期共计对各高校投入逾 300 亿元②，"211 工程"总建设资金在 2008 年"十五"建设后已经超过 368 亿元③，"双一流"政策颁布后，根据 10 个省、直辖市公布的"双一流"建设方案，5—10 年内的省财政投入总和超过 310 亿元。学科的高精尖发展离不开高端科研平台的建设、领军人才的引进、教学设备的升级与维护，这些环节都需要大量的资金投入，而我国高校经费来源主要依赖于政府的财政拨款，直接财政拨款的增加就意味着学科有更好的发展前景和机会。

第三，师资调配的优先权和高考招生的优先权增强学科的竞争力与持续发展能力。学科水平的高低与学科的持续性发展关系密切，如果学科发展缺少人才，那么会直接影响学科的可持续发展。虽然目前来看，未明确规定"双一流"建设大学具有师资调配和招生的优先权，但政策规定在"人事制度、考试招生等方面落实建设高校自主权"，"地方政府和有关主管部门应通过多种方式，加大资金、政策、资源支持力度"，在实际人才引进与招生过程中，教师和学生个人意愿选择上则会偏向于"双一流"建设大学。彼得·德鲁克（Peter F. Drucker）认为，21 世纪是知识社会转变的时代，最关键的经济资源是"知识"，在这样的社会中，领导团队一定是"知识工作者"④。在大学中传递知识和创造知识的载体无疑是教师，大学教师承担着教学与科研的双重角色，其科研角色作为大学的基层学术组织的构成要素对大学发展有重要战略意义。十八大以来，习近平总书记多次提出教育要为中国梦的实现提供坚实的人才保障，因此各大学通过竞争性高等教育政策来实现对优质教师和学生的吸引，成为了人才竞争的重要路径。

第四，大学的社会声誉的提升使学科布局与社会需求结合更紧密。地方大学学科建设必然是以地方社会经济发展为基础，更高的社会声誉会使产学研合作更加紧密，形成良性循环。此外，更高的社会声誉也表现为社

---

①　宣勇：《大学必须有怎样的办学自主权》，《教育发展研究》2010 年第 7 期。
②　杨红明：《985 工程财政支出绩效评估研究》，硕士学位论文，华中科技大学，2004 年。
③　"211 工程"部际协调小组办公室：《"211 工程"发展报告（1995—2005）》，高等教育出版社 2007 年版，第 8 页。
④　[美] 彼得·F. 德鲁克：《后资本主义社会》，傅振焜译，东方出版社 2009 年版，第 5—6 页。

会对该校毕业生质量的认可程度。根据筛选理论的观点，教育水平具有发送信号以反映其生产能力的功能①，具有"双一流"标签的大学的毕业生在初次就业中更容易被社会所认可。大学排名也受社会声誉影响，排名的高低在一定程度上反映了大众对大学的认可程度，其中，英国 QS 世界大学排名（QS World University Ranking）、美国 U. S. New 全球最佳大学排名（U. S. News & World Report Best Global Universities Rankings）等排行榜都设定了大学声誉的指标权重②，而排名靠前的大学大多为竞争性高等教育政策的惠及学校，将此类学校认为是高声誉、高水平的标志，实际上大学的声誉是一个积累的过程，是竞争性高等教育政策带来的附加影响。此外社会声誉还包含毕业生在工作岗位上的表现、持续获取外界资源的能力、国家和社会关键领域的贡献度③以及大学在全球事务中的参与度和对国际学生的吸引力④等。

第二节 地方政府的"双一流"建设策略

"双一流"建设政策公布后，首先引起的是各省级政府的广泛重视，地方政府纷纷出台相应的实施意见以落实中央对新时期高等教育内涵式发展的要求，截至 2019 年 1 月 1 日，全国 24 个省、直辖市、自治区人民政府提出了相应的实施意见。

一 地方政府"双一流"建设的目标与特征

通过整理 24 个省市"双一流"实施意见政策文件的描述，可以发现，各地方政府除了对"双一流"建设大学的支持之外，建设目标大多集中于学科结构、水平指标上，如广东、山东等要求一定数量的学科水平达到全国前 10%或 ESI 前 1%，大学建设的水平也基本上是通过学科的建设水平来实现，如表 3-1。建设一流学科和一流大学的任务主要由地方大学承担，如江西省的建设方案中明确表示要重点支持综合实力较强、排名在国内靠前的大学跻身国内一流大学行列并冲击世界一流大学，浙江省重

---

① 刘泽云：《筛选理论的经验验证：方法与结论》，《比较教育研究》2009 年第 1 期。
② 邱均平、董西露：《五种世界大学排行榜比较研究》，《上海教育评估研究》2017 年第 3 期。
③ 段婕：《高校声誉评价构成要素与驱动要素测度研究》，《高教发展与评估》2013 年第 4 期。
④ 张端鸿：《"双一流"：新时期我国院校重点建设政策的延续与调适》，《教育发展研究》2016 年第 23 期。

点高校建设计划的主要目标是支持省、市属大学有 20 个以上的一级学科进入全国前 10%、100 个以上的一级学科进入全国前 30%。因此，从这个意义上来说，"双一流"政策的实施为地方大学发展带来机遇的同时，也被地方政府赋予了更多的责任，尤其是在学科结构布局和发展水平上，被给予了更多的要求，因此，地方大学要统筹规划，在对接好服务区域社会经济发展的同时，也要提高水平、争创一流。

表 3-1　24 个省、直辖市、自治区的"双一流"实施意见摘录①

省份	政策文件（简称）	时间	部分学科布局意见
浙江	省重点高校建设计划	2014 年	省、市属高校有 20 个以上的一级学科进入全国前 10%
甘肃	统筹推进高水平大学和一流学科建设实施方案	2016 年	1. 重点建设 50 个左右学术水平较高、优势特色明显、服务能力强的一流学科 2. 面向普通高等学校，分别实施高水平大学建设项目和一流学科建设项目 3. 对特色鲜明、综合办学实力处于全省前列的高校，重点支持，强化一流学科建设
广东	高水平大学建设实施方案	2015 年	1. 5 个以上学科进入教育部学科评估排名前 10% 2. "重点建设项目"对应国家"一流学科"建设，以学科或学科群建设为主
河南	优势特色学科建设工程实施方案	2015 年	5 个左右学科进入国家"世界一流学科"行列
山西	关于实施"1331 工程"统筹推进"双一流"建设的意见	2015 年	实施"重点学科建设计划"，以建设"一流学科"为目标 着力打造 10 个优势一级学科，努力达到国内一流学科水平
陕西	"一流大学、一流学科、一流学院、一流专业"建设意见	2016 年	建成 50 个国内一流、特色鲜明、服务国家和地方经济能力强的学科
安徽	一流学科专业与高水平大学建设五年行动计划	2016 年	重点建设 8 所左右特色高水平大学和一批优势特色学科专业，达到国内一流水平
贵州	关于大力推进区域内一流大学和一流学科建设的实施意见	2016 年	突出重点发展，错位发展，大力引导和支持具备一定实力的高水平大学 学科和专业瞄准区域内一流、国内国际一流
河北	关于统筹推进一流大学和一流学科建设的意见	2016 年	一批学科进入国家一流学科行列，个别学科进入世界一流学科行列
江苏	高水平大学建设方案	2016 年	一批学科进入世界一流行列
辽宁	统筹推进世界一流大学和一流学科建设实施方案	2017 年	10 个左右学科进入世界一流学科行列；50 个左右学科达到全国一流水平

---

① 资料来源于各地方政府官网。

续表

省份	政策文件（简称）	时间	部分学科布局意见
内蒙古	统筹推进"双一流"建设的总体方案	2016年	再有2至3所高等学校达到国内一流大学水平
山东	推进一流大学和一流学科建设方案	2016年	1. 6所左右省属高校每校有3个以上学科进入ESI排名前1% 2. 更多学科进入世界一流行列，10个左右学科进入ESI学科排名前1‰
福建	关于建设一流大学和一流学科的实施意见	2017年	1. 推进省属高水平大学建设 2. 若干学科领域进入世界一流行列或前列，一批学科进入国内一流前列
海南	统筹推进高水平大学和一流学科建设实施方案	2017年	10—15个学科进入国内一流，其中2—3个学科进入世界一流
湖北	关于推进一流大学和一流学科建设的实施意见	2016年	至少10所大学进入国内一流大学行列
湖南	湖南省全面推进一流大学与一流学科建设实施方案	2017年	10所大学进入国内一流、支撑地方经济发展的能力显著提升
江西	江西省有特色高水平大学和一流学科专业建设实施方案	2017年	3—5个学科进入世界一流学科行列或前列、20个左右学科进入国内一流学科行列
宁夏	宁夏回族自治区西部一流大学和一流学科建设方案	2017年	全区高校10个以上学科位列西部前20%，6个以上学科位列全国前15%
青海	关于加快推进一流学科建设的指导意见	2017年	1. 鼓励各高校积极开展校内一流学科建设 2. 更多学科达到国内一流和世界一流水平
四川	关于统筹推进一流大学和一流学科建设的实施意见	2017年	30个以上学科进入世界一流学科行列，100个左右优势学科具有全国影响力和竞争力
重庆	关于加快高校特色发展推进一流大学和一流学科建设的实施意见	2017年	15个学科进入教育部学位中心学科评估前10%
上海	关于本市统筹推进一流大学和一流学科建设实施意见	2018年	20个左右学科进入世界一流行列，若干学科进入世界一流学科前列
云南	云南省统筹推进一流大学和一流学科建设行动计划	2018年	5—8所国内一流大学

（一）地方政府"双一流"建设政策目标

政府资源配置的主要目的是完成政府想要达到的目标，政策目标是政府政策执行预期可以达到的目的、要求和结果，是政策的基本条件，也是政策资源配置的前提，地方政府"双一流"建设的目标主要包括两个方面：总体目标定位和实现目标的时间阶段划分。

1. 总体目标定位

从目标定位来看，各省、自治区和直辖市建设"双一流"的总体目标可以概括为两个方面，一是学校综合实力建设方面的目标，以国内有影响力的大学评价排名或者综合实力排名的进步为目标，例如福建、甘肃、广东等 19 个省，此外有些区域追求的目标是"建成世界一流大学""国内一流大学"或者"区域一流大学"等概念宽泛的目标。相比较而言，辽宁、安徽两个省，定位清晰，根据学校的性质，把区域内的学校分为研究型大学、教学研究型大学和应用型大学三大类。二是学科建设方面的目标，大多数的省、直辖市、自治区是以区域内学校的学科在全国排名的位数或者 ESI（Essential Science Indicators，基本科学指标数据库）前 1% 为目标，例如湖南省提出"2020 年，40 个左右学科进入 ESI 排名前 1%，45 个左右学科进入全国前 10%"①，也有地方政府将"世界一流学科""省一流学科"等宽泛概念作为建设目标。

2. 建设的时间阶段划分

从阶段划分上看，在国务院颁布的《总体方案》中，总体目标的达成分三步走，即"2020—2030—2050 年"，在本世纪中叶最终建设成为高等教育强国。根据建设阶段划分，可以将各省、自治区和直辖市的阶段划分分为三类。第一类是三个阶段，与中央政府实施阶段保持一致，此类型包括内蒙古、河北、江苏、甘肃、湖北、辽宁、海南、湖南、福建和重庆等 10 个省级区域；第二类是两个阶段，包括 4 个省级区域，分别为江西、山东、上海和广东，建设阶段划分为 2020 年和 2030 年；宁夏和贵州 2 个省级区域也划分为两个阶段，但是时间跨度不同，划分为 2020 年和 2025 年；第三类是一个阶段，包括 4 个省级区域，分别为浙江、陕西、云南和安徽，只有 2020 年一个建设阶段。

(二) 地方政府"双一流"建设政策特征

地方政府的"双一流"实施方案是以地方大学的高水平、特色学科建设为主要实现路径，对各行政区内高水平学科的整体规划与布局实现战略目标的突破。主要体现为以地方大学为建设主体，强调高水平学科建设，为地方大学的学科建设提供政策和资金支持的特点。

---

① 湖南省人民政府：《湖南省人民政府关于印发〈湖南省全面推进一流大学与一流学科建设实施方案〉的通知》，2017-02-10。

第一，以地方高水平大学为重要建设主体。地方高水平大学成为各区域"双一流"建设实施方案的主战场，立足区域特色、重点强调支持特色优势学科的发展理念几乎贯穿了各区域实施意见的各层面，而特色优势学科大多分布于区域经济互动紧密的地方高水平大学。此外，24个实施意见中，有41.7%的意见中明确对省属（地方）高水平大学建设提出发展要求，如福建省明确要求推进省属重点大学的建设，甘肃省提出对综合实力较强、处于全省前列的高水平大学强化"一流学科"建设。对于未明确提出加强地方高水平大学建设的意见中，可以通过建设目标来体现地方高水平大学的主体责任，如湖北省提出，至少10所大学进入国内一流大学建设行列，云南省计划建成5—8所国内一流大学，以各省目前的发展基础来看，地方高水平大学必然成为各区域实现"双一流"建设要求的重要依托。

第二，强调高水平学科、学科群建设。以一流学科、特色学科、高水平学科群发展为突破口。强调高水平学科建设，各区域实施意见中绝大部分提出了对一流学科建设的具体目标，区别在于各省提出了不同的衡量一流学科的具体指标。如浙江、重庆、宁夏和广东的实施意见中将教育部学位中心学科评估前10%（A-及以上）作为一流学科的参考指标；山东等省则以ESI全球学科排名前1%作为衡量一流学科的参考指标；河北、河南、贵州等超过半数的实施意见中对于"国内一流学科"与"世界一流学科"做出了区分，但也存在着重合的部分，体现"世界一流学科"的建设需要以"国内一流学科"建设为基础的发展思路。强调高水平学科群建设，对区域优质学科资源的整合，培育新兴交叉学科增长点，如青海省提出整合农学类、工学类相关优势学科，打造三江源生态交叉学科群，整合藏医特色的医学学科，形成更高水平医学交叉高原学科群。

第三，为地方高水平大学的学科建设提供政策和资金支持。在管理体制、人才引进、科研平台建设等方面给予更多的支持。管理体制上重视现代大学制度建设，内部管理体制以完善党委领导下的校长负责制、充分发挥学术委员会的管理作用为主。外部管理体制以扩大地方高校办学自主权为抓手，尤其在学科建设、人才引进层面给予更多自主权，如广东、浙江、山东等地提出实施"一校一策"支持策略。资金支持主要体现为人才引进和科研平台建设的资金投入，如北京市规定人才队伍建设经费原则上不低于总经费的70%，福建省也专门为高端紧缺型人才开辟了专门的人才"特区"。海南、山西、贵州等地提出了建设国家级科研平台的愿景，明确奖励资金额度，宁夏回族自治区提出每年给予1000万元用于奖励国家级重点实验室建设。

二　地方政府"双一流"建设的资源配置现状

公共政策资源的配置方式决定了政策所能产生的最大的社会效益和经济效益，近年来也日益受到学界的关注。公共政策资源通常包括人力资源、组织资源、权威资源和财政资源等，"公共政策本身作为一种分配稀缺资源的资源是另外一种更加重要的稀缺性'资源'，对于利益相关者来讲是一种'元资源'"①。在政策资源视角下对我国31个省、自治区和直辖市的"双一流"建设方案进行解读，有助于深入思考不同地方政府在实施"双一流"建设方案中的顶层设计理念、实施路径以及可能的执行效果。

公共政策资源配置是指政府基于特定目标而对政策资源的合理分配过程。根据《现代汉语词典》解释，资源是指"生产资料或生活资料的天然来源"②。广义的资源包括各类生产要素，既包括自然资源、劳动力和资本等有形要素，也包括诸如信息、规则等无形要素③。根据戴维·伊斯顿（David Easton）的界定，"公共政策是对全社会对价值作有权威性的分配"④。这一分配过程意味着公共政策对资源价值的分配时间、分配方式、分配给谁等将最终决定政府公共政策利益分配格局，因此，这一分配过程本身就是一种政策资源。政策资源即系统本身实现目标的条件，包括所有应用于执行活动的人力、组织、设备、经费、信息、权威等。政策资源是否充足会直接影响到组织间的沟通，直接影响到执行者是否愿意认真去执行政策，从而影响政策执行的有效性⑤。根据对31个省级政府"双一流"建设方案的分析发现，地方政府的"双一流"建设政策资源配置主要包括组织、权威和财政资源的配置。组织资源配置主要指地方政府为达成"双一流"建设的政策目标，进行政策制定和执行所设置的领导机构；权威资源配置与组织资源配置紧密相关，主要指执行机构或者执行机构的最

---

① 杜宝贵：《公共政策资源的配置与整合论纲》，《广东行政学院学报》2012年第5期。
② 中国社会科学院语言研究所词典编辑室：《现代汉语词典（第6版）》，商务印书馆2012年版，第1721页。
③ 刘晓倩：《我国公共政策资源整合研究》，硕士学位论文，东北大学，2011年。
④ [美] 戴维·伊斯顿：《政治生活的系统分析》，人民出版社2012年版，第26页。
⑤ 陈庆云：《公共政策分析》，北京大学出版社2011年版，第170—171页。

高领导人在中国行政体制中的级别,在科层制中,执行机构和执行机构的领导人的行政级别即权威,权威资源虽然属于无形资源,但是,对政策的执行效果来说却具有举足轻重的作用。财政资源是指政府对执行政策所投入的经费,是政策执行的重要条件。

(一) 地方政府"双一流"建设的组织资源配置现状

组织资源的配置表现为设置执行"双一流"政策的领导小组,领导小组是指在中国的政治体系内部,由于对一个问题十分重视或者急需处理,于是由职权层次较高的领导或者机构带头,组成领导小组,并且协同其他相关的机构,汇聚政治资源,处理涉及多个部门或者多个区域的公共问题。31个省级政府执行部门设置方面各有不同,其中23个省、自治区和直辖市在政策文本中提及政策执行的机构,大致可分为专职领导小组、兼职领导小组和多部门配合管理3类,如表3-2所示。另外8个省级政府在文件中未设置与"执行部门"相关的内容。

表3-2　部分省、自治区和直辖市的"双一流"建设政策执行机构

分类	省份	执行部门及职责
专职领导小组	江西省	江西省有特色高水平大学和一流学科专业建设工作领导小组
	湖北省	湖北省一流大学和一流学科建设工作领导小组(有责任单位)
	辽宁省	省政府成立一流大学和一流学科建设领导小组
兼职领导小组	重庆市	重庆市科教体制改革专项小组
	北京市	北京市教育体制改革专项小组
	云南省、青海省、贵州省	省教育厅
	内蒙古自治区	自治区教育改革和发展领导小组
	安徽省、江苏省、湖南省、海南省、河北省、广东省	省教育体制改革领导小组
	宁夏回族自治区	自治区高等教育发展联席会议
多部门配合管理	山东省	省教育厅、省财政厅、省发展改革委
	河南省	教育厅、财政厅
	陕西省	省委高教工委、省教育厅、省财政厅、省发改委
	甘肃省	省教育厅、省发展改革委、省财政厅、省人社厅、省科技厅
	四川省	省教育厅、省财政厅、省发展改革委
	山西省	任务附有责任单位:都是省教育厅排第一
	吉林省	任务附有牵头部门:教育厅

第一类是专职领导小组。专职领导小组是政府专门成立的只为负责"双一流"建设相关事务的组织。例如,湖北省成立"湖北省一流大学和一流学科建设工作领导小组",领导小组主要"负责顶层设计、宏观布局、经费投入等重要事项的统筹协调,指导推进全省一流大学和一流学科建设工作"[①];江西成立"江西省有特色高水平大学和一流学科专业建设工作领导小组",主要的职责是"统筹协调省直相关部门和地方政府共同参与建设工作,高位推进建设方案的有效实施"[②]。由此可以看出,这些专职机构设置的主要目的是负责统筹"双一流"建设各方面事务,统揽全局,站在最高层次上探索解决问题的方法,承担经费配置等。而日常的管理与具体的执行工作则由领导小组办公室完成,领导小组办公室一般设在教育厅。

第二类是兼职领导小组。兼职领导小组是指把"双一流"建设的相关事务交给已经存在的负责教育事务相关工作组织完成,它们除了负责"双一流"发展的事项,还负责许多与"双一流"无关的其他事务。根据交付组织的不同,可分为两种情况:第一种情况,是把建设任务交给"省或市体制改革小组",如安徽、湖南、江苏等8个省、市和自治区,把"双一流"建设的统揽全局、组织协调、经费配置等关键事项的决策权力交给省或市体制改革小组,其中宁夏是由自治区高等教育发展联席会议负责,执行工作以及日常的管理工作是由教育厅承担。第二种情况,是直接把统筹实施"双一流"建设的任务和日常工作都交给教育厅,让教育厅去争取相关部门配合,例如贵州省在政策文本中提到要"争取省直有关部门加大支持力度;争取市(州)政府加大对高校的支持力度"[③]。

第三类是多部门配合管理。多部门配合管理是指由各省级部门各司其职,各自管理在"双一流"政策中出现的、与本部门职责相关的事务,这类区域的政策文件中并没有提及由某个部门统筹"双一流"事务,虽然山东省在政策中提及由省政府统筹,但是省政府是一个综合的、有许多

---

① 湖北省人民政府:《湖北省人民政府关于推进一流大学和一流学科建设的实施意见》,http://www.hubei.gov.cn/govfile/ezbf/201801/t20180129_1248372.shtml.2018-1-18。
② 江西省人民政府:《江西省人民政府关于印发江西省有特色高水平大学和一流学科专业建设实施方案的通知》,http://www.jxedu.gov.cn/info/1913/109270.htm.2017-5-19。
③ 贵州省教育厅:《贵州省教育厅关于大力推进区域内一流大学和一流学科建设的实施意见》,http://www.gzsjyt.gov.cn/xxgk/xxgkml/zcwj/qjw/201712/t20171206_2934640.html.2016-4-29。

部门构成的机构，政策文件中并未把责任落实到某一部门，并且文件中提出"省教育厅、省财政厅、省发展改革委负责规划部署、推进实施、监督管理等工作"，由此可见，山东省"双一流"工作是由几个部门合力完成。陕西、四川等7个省级政府在政策文本中均表示由多个部门联合推进"双一流"政策。其中，山西和吉林2个省级政府对于每一项政策任务都安排了多个相关的责任部门；河南、四川、山东等3个省级政府在提及部门任务分配时，只是简单提到"由省教育厅、省财政厅、省发展改革委负责规划部署、推进实施、监督管理等工作"。

（二）地方政府"双一流"建设的权威资源配置现状

权威资源是指在公共政策执行过程中能让组织内部及相关人员信任和服从以及对政策执行的效果有积极作用的各类因素的总和。权威资源在中国的行政体系中主要源自两方面：一是最高领导人的行政级别；二是机构在行政体系中的等级。在地方政府"双一流"建设政策的权威资源中，这两个方面是紧密结合在一起的。

省教育体制改革小组和专职小组一般由省长或副省长担任组长，副组长和成员均来自各省级部门的厅长或者副厅长以及其他相关部门的领导。如江苏省教育体制改革小组组长是副省长，副组长是教育厅厅长；广东省教育体制改革小组组长是省长，副组长是副省长。教育厅和省教育体制改革小组虽然同属于省政府下属部门，但是省教育体制改革小组的最高领导人是副省长，属于副部级；教育厅的最高领导人是厅长，属于正厅级。二者比较而言，显然副省长的权威资源大于教育厅厅长，由此可见，各省、自治区和直辖市设置的政策执行机构中，专职小组和省教育体制改革小组的权威资源大于教育厅的权威资源，四种"双一流"建设领导小组类型的权威资源的层次结构如下图所示。

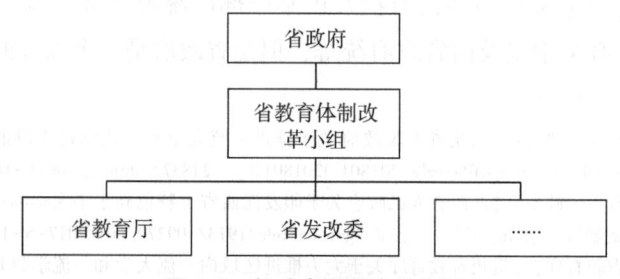

图3-1 权威资源层次结构图

(三) 地方政府"双一流"建设的财政资源配置现状

财政资源是政策执行的必要资源之一，财政资源的有限性使得如何合理安排和使用经费决定了政策的执行效果。如何把既定的教育经费分配到最需要的地方，使得人们对教育的期望得到最大程度的实现，形成良好的社会效益，是合理分配教育经费的意义所在。从11个已公布资金投入情况的省份来看，各省对"双一流"建设的投入规模是巨大的，从2亿元到36亿元不等，如表3-3所示，其余20个省级政府未公布资金投入的具体经费数。

表3-3　部分省、自治区和直辖市"双一流"建设经费投入情况

区域	省份	支持周期（年）	时间跨度（年）	投入资金（亿元）	平均每年（亿元）
东部	广东	2015—2017	3	50	16.6
	福建	2016—2020	5	80	16
	山东	2016—2020	5	50	10
	上海	2014—2017	4	36	9
	河北	2016—2020	5	25	5
中部	湖南	2017	1	14.8	14.8
	江西	2016—2020	5	40	8
	河南	2015—2024	10	31	3.1
西部	陕西	2016—2020	5	12	2.4
	贵州	2016—2020	5	5	1
	宁夏	2017—2020	4	2	0.5

在地方政府"双一流"建设政策中，各区域都提到要加大资金的投入，从表3-3中可以看出，各个省级政府都投入了巨额资金用于"双一流"的建设，从总体上来说，是从东部往西部递减的。东部地区投入最多，平均每个省每年有11.32亿元；其次是中部地区，平均每个省每年8.6亿元；西部地区投入相对于东部和中部较少，平均每个省每年1.3亿元。投入资金最高的省份是广东省，平均每年16.6亿元；最低的省份是宁夏回族自治区，平均每年投入0.5亿元。

从资金配置的方向即政府倾向于把教育经费投入到哪些方面的建设来

看，地方政府主要把资金用于以下两个方面：一是将资金投给区域内的"双一流"建设大学或者特色鲜明的大学，二是投入大学的人才队伍建设。首先，地方政府倾向于对已经入选了国家"双一流"建设的大学加大投入，如湖南、广东、湖北等。此外，地方政府也倾向于把资金投给办学水平高、特色鲜明的大学，如福建省在建设方案中指出，"资金分配更多考虑办学质量特别是学科水平、办学特色等因素，在公平竞争中体现扶优扶强扶特"[①]。其次，各个地方政府都非常重视对人才队伍建设的投入，主要表现为引入海内外高层次人才，并给予高额的薪资和资金补贴。例如，从2017年到2020年，宁夏给予宁夏大学专项资金1亿元，重点用于引入高端人才、提升师资队伍的水平和培育出色的创新人才等。各地区与各学校均把中科院和工程院院士、长江学者、"四青"等荣誉头衔作为高层次人才引进的对象，给予高额的年薪，并在职称、科研经费、住房、奖金等方面给予优惠政策，以吸引人才。

三 对地方政府"双一流"建设资源配置的思考

（一）资源配置与建设目标的匹配性问题

根据对31个省、自治区和直辖市的"双一流"建设方案的分析，发现各地方政府的"双一流"建设目标存在两个主要问题：没有分层分类制定目标；片面追求排行榜排名。一方面，缺乏分层分类的目标必然导致目标的模糊性，目标的模糊性就会导致政策资源配置尤其是财政资源配置的无目标性或者目标偏差，即资源配置与建设目标的不匹配性。另一方面，多数省和直辖市在目标设置方面比较简单、粗放，大多省级政府以排名作为目标，如某省"2020年的目标是，在国内有影响力的大学评价排名中，某大学综合实力进入西部地区高校前25名、全国前200名"，然而，大学排名大多以可数字化的维度作为评价指标，而这些指标不能完全体现一所学校的实力，更不是衡量一所大学是否是一流大学，这样就产生了一个问题，在进行财政和物质资源配置时，应当按照大学排名的指标进行配置还是以大学内生性发展进行资源配置。同时，以排名作为目标，整体呈现出比较功利的一面，而且追求位列排

---

① 福建省人民政府：《福建省人民政府关于建设一流大学和一流学科的实施意见》，http://www.fujian.gov.cn/zc/zfxxgkl/gkml/jgzz/kjwwzcwj/201703/t20170315_1183865.htm．2017-03-06。

行榜前列的目标，只有顶尖的学校或学科才有机会实现，普通的学校根本是望尘莫及，并不能充分体现国家倡导的分层分类发展，引导不同层次高校争创一流的原则。

(二) 组织资源与权威资源配置的完善问题

组织机构是政策实施的单位，组织架构的完善程度和部门的权责明晰程度决定了政策实施的效果。组织架构的完善程度是指是否有自上而下的、与"双一流"建设有关的行政组织。部门的权责明晰程度是指每个参与"双一流"建设的部门是否都明确地知道自己的职责。通过分析各个省、直辖市的政策文本发现，在组织保障方面，普遍存在着组织架构不完善等问题。

在上文述及的三类"双一流"建设领导小组中，只有"专职领导小组"和"省教育体制改革小组"符合组织架构完善的要求，其余两类均是组织架构不完善的。第一类是拥有专职领导小组和把统筹工作交给省教育体制改革小组的省、市或自治区，由于设立的领导小组具有管理相关事务的权力和跨部门处理事务的权力，省体制改革小组一般由副省长带领，成员是各部门厅长和副厅长。这两种形式的组织架构，都具有统筹相关部门的权威资源和跨部门处理事务的行政力量，可以保障"双一流"政策的有效实施。第二类是把"双一流"相关事务和统筹工作交给教育厅，由于中国特有的部门等级制度，教育厅和其他配合部门如财政厅处于同一级别，教育厅对其他部门没有指挥权，在执行"双一流"政策过程中，其他部门有可能不配合"双一流"相关事务的实施，致使政策很难推行。第三类是"双一流"建设工作由多部门配合、没有统筹部门的省，由于中国传统政治体制的特点，中国每个部门都有各自特定的职责，也就是分别管理着不同的公共领域，这使得一些综合性、跨部门管理的问题没有相应的责任部门管理。而"双一流"建设任务是复杂的、综合的，需要跨部门协作共同完成，若是没有处理跨部门事务的部门，会非常不利于"双一流"政策的实施。

(三) 财政资源配置的合理性问题

根据上文的分析，每个省、直辖市和自治区都投入了大量的资金在"双一流"建设上，从2亿元到80亿元不等，投资数目是庞大的，但是在政策文件中，对这笔资金的使用和配置没有一个宏观、合理的规划，只有简单的两个方面的倾向，这必然会导致经费的无效使用和浪费。

政府的政策往往具有很强的导向功能，而各省的"双一流"政策在资金使用的导向方面，普遍都强调要增加对高端人才引进的投入，例如宁夏支持高校"在核定的编制总额内留出 20%左右的编制用于吸引高层次创新人才"①，并且对于海内外领军型创新团队，区域政府分别给予 1000万元和 3000 万元经费支持等。重金挖人虽然体现了各省、自治区和直辖市对人才的重视，但是重金挖人却是短期的行为，因为在一定时期内，高端人才的数量是有限的、固定的，如果过分强调引入高端人才，可能会导致大学之间人才的无序流动和恶性竞争。

在政策文件中，各地区和大学都过度强调引进高层次人才，却忽略了人才培养也是人才队伍建设的重要内容。在各省、自治区和直辖市的"双一流"建设方案中，大部分都提到要引进高层次人才，并且对于两院院士、长江学者等荣誉头衔的人才更是给予丰厚的年薪和福利待遇。在建设方案中提到要花重金培养人才的却几乎没有，大多数只是一笔带过，只有安徽省对培养高层次优秀人才及团队提及的较多，提出要"培养 100名高科技人才，支持 800 到 1000 名优秀青年教师赴国内外一流高校、研究机构和大中型企业开展访学、研修、实践等活动，鼓励高校去国外学习办学模式和经验等"②。

第三节 "双一流"建设大学学科建设策略

2018 年 1 月，42 所"世界一流大学"建设高校公布了得到教育部正式批复的"一流大学建设方案"，其中，学科建设是"一流大学建设方案"的重要组成部分。学科建设是一项基础性和长久性的工作，是学校教学、科研、高层次人才培养及师资队伍建设的结合点，也是专业建设的重要依托。"一流大学是建立在一流学科基础上的，没有一流学科就不可能有一流大学，如果没有一流学科的建设，一流大学就是空中楼阁。"③ 因此，在当今"双一流"建设语境下，学科建设成为"双一流"

---

① 宁夏回族自治区人民政府：《宁夏回族自治区西部一流大学和一流学科建设方案》，http://www.nxcd.gov.cn/xwdt/zcgwj/36021.htm. 2016-12-27。

② 安徽省人民政府：《安徽省人民政府关于印发一流学科专业与高水平大学建设五年行动计划的通知》，https://wenku.baidu.com/view/f9d3622cc67da26925c52cc58bd63186bceb92f6.html. 2016-12-28。

③ 宣勇：《大学学科建设应该建什么》，《探索与争鸣》2016 年第 7 期。

建设高校的关注重点。

学科建设不是一个口号，而是要转化为大学内部各利益相关者能够达成共识的行动方案方能发挥重要作用。学科建设方案是将学科建设战略与理念转化为现实的行动指南与操作方案，关乎学科建设的成功与否。大体上看，"世界一流大学"建设高校的学科建设方案通常包括"建设目标""建设思路""建设任务""制度保障"等部分，在相似的实施方案框架下，这些大学的学科建设方案呈现什么特点，透过建设方案的文本内容可以发现学科建设中涉及哪些要素与关系，在当下新一轮"学科建设热"中，对这些问题的分析与思考很有必要。本节通过文本分析方法对得到教育部正式批复的38所大学的"一流大学建设方案"的文本进行分析，发现这些学校在学科建设上呈现几个共同特征：从学科布局来看，多数强调综合性；从学科体系建设来看，组建学科群是共同的发展趋势；从学科建设重点来看，优势、特色、新兴、交叉学科成为多数学校的选择；从拟建设学科的选取依据来看，选取依据呈现多元化特点；从资源配置方式来看，差异化配置方式是共同的特点；从学科建设路径来看，平台、智库建设是主要路径。应重视这些特征中所反映的几对关系，如不同类型、不同层次的高校学科建设的个性与共性，同一高校学科建设的定位与目标、理念与制度、效率与公平等。

一 文本选择与研究方法

本节的分析文本是已获得教育部正式批复的"世界一流大学"建设高校的建设方案，在"双一流"建设高校的官方网站获取，其中，有4所大学（厦门大学、武汉大学、中国海洋大学、国防科技大学）的建设方案没有公开发布，因此，本研究的研究对象是38所"世界一流大学"建设高校的实施方案中的学科建设部分的文本内容。在研究方法上，采用扎根理论的编码方法，该理论提出通过对原始数据进行归纳概括，通过对文本进行开放式、主轴、选择性等三层编码方式，得出经验，形成理论框架。具体的原始数据处理分为5个步骤：对原始文本逐字逐句编码，提取文本中的概念，将相似概念划归同一类属；对所选取的概念进行范畴化处理；寻找与阐释概念之间的互为联结关系，在概念与范畴之间建构逻辑框架；理论饱和度检验；对主范畴进行频次统计。

（一）开放式编码

开放式编码是对原始资料给予概念化标签，实现原始资料概念化。在这一过程中，对采集到的38份文件文本中所有可供编码的文本句意进行概念化处理，并对所得的初始概念进行比较，将相似或重复的概念进一步提炼，得到高一级的概念范畴，并对其进行规范化命名。如对"学科进行了布局""根据'强势工科、优势理科、精品文科、特色医科'学科布局"等此类描述，将其提炼为"学科布局"这一初始范畴。经过反复的分析和对比，最后从原始文本中提取出456个初始概念，并将类似或者重复的初始概念进行归纳与凝练，最终提炼出18个初始范畴，如表3-4所示。

表3-4　　　　　　　　开放式编码范畴化（部分）

初始范畴	原始语句（初始概念）
学科按校区布局	A6 在中北、闵行两校区间合理调整学科，形成闵行校区以文理基础学科为主、中山北路校区以应用学科为主的格局 A11 对学科进行了布局，广州校区重点发展文、理、医等基础与优势学科；珠海校区主要发展深海、深空、深地等学科，深圳校区重点发展医科和新工科
学科按学科性质布局	A7 根据"强势工科、优势理科、精品文科、特色医科"学科布局 A9 确立"工医主干学科错位竞争、理学支撑学科厚植基础、特色人文社会学科精优发展、交叉学科占领领域制高点"的学科建设总体布局
学科体系为"学科—学科群—领域"	A7 学校构建了包括学科领域—学科群—学科三个层次的学科建设体系，制定分类分层次的学科发展路径 A10 以一级学科、学科群和学科领域为口径，按照"30+6+2"方式组织学科建设项目
学科体系为"学科—学科群"	A9 学校计划重点通过这5类11个一流学科（群）建设，以拟建学科为引领，分层级、按梯次建设带动学校整体目标的实现 A9 确定教育科学、地球科学2个优势学科群及软件工程、中国语言文学、数学、统计学4个特色学科为重点建设学科
学科体系为"学科—领域（板块）"	A13 推进学科板块和汇聚型学科领域发展 A11 经过慎重的研究和凝练，学校确定了以下拟建设学科和交叉学科领域
学科体系为"学科"	A5 按照优势特色学科、交叉领先学科、前沿探索学科、面向未来学科四大类重点建设如下学科 A8 实施"6+3"方案，形成以6个学科为代表的综合性大学一流学科建设布局，近期实现3个一流学科重点突破
重点建设优势特色学科	A7 结合学校相关学科优势与特色，以世界一流大学建设为目标，经过慎重的研究和凝练，学校确定了以下拟建设学科和交叉学科领域 A11 学校重点建设的优势学科群所包含的一级学科均为学校的优势和特色所在，能够引领和带动学校的整体发展 A14 以建设世界一流学科、发展高水平特色及优势学科为驱动，全力推进学科建设的快速发展

第三章 政策背景:"双一流"建设政策对大学学科建设的影响　　59

续表

初始范畴	原始语句（初始概念）
重点建设新兴交叉学科	A12 强化学科集群，促进学科交叉、集成与创新 A14 把培育新兴交叉学科放到战略位置 A13 鼓励交叉，促进新兴，培育新的学科增长点 A17 重点扶持一批特色学科、新兴交叉学科，培育新的学科生长点
按"扶优、扶特、扶需、扶新"选取拟建设学科	A12 按照"扶优、扶特、扶需、扶新"原则，学校重点建设民族学等5个特色鲜明、优势显著、具备冲击世界一流的学科或学科群
按"教育部'双一流'名单"选取拟建设学科	A16 在教育部公布的入选"双一流"建设学科名单的11个学科基础上，从优势特色学科中遴选15个学科（群）进行重点建设
按"基于一级学科口径/ESI"选取拟建设学科	A19 基于国内一级学科的规划 A16 基于国际ESI学科的规划
学科群资源共享	A25 学科群建设，使仪器设备、科研场所等教育科研资源实现共享 A21 共享学科建设资源，提升学校学科建设的整体水平
合理、有效利用资源/整合资源	A16 积极推进院系和学科结构调整与优化，提高资源利用效率 A19 通过资源优化整合，竞争择优方式 A24 进一步深度整合办学资源
资源重点倾向于重点建设学科	A27 实施差别化资源配置政策，对能够进入世界一流的学科，给予重点投入、重点支持 A31 统筹学科建设资源，集中配置到重点学科方向，保证重点方向能够得到重点支持
师资/人才队伍建设	A14 学校学科建设总体规划的指导思想是以队伍建设为核心 A24 汇聚一流师资队伍，培养一流人才，产出一流成果，打造学科高峰，不断提升创新能力和核心竞争力
体制机制建设	A26 聚焦建设任务，创新体制机制，汇聚一流学科人才队伍，构建学科平台，强化学术组织保障 A35 创新学科管理制度，逐步形成和完善有利于"双一流"建设的体制机制环境
智库/平台建设	A14 打造一批有重要影响力的原创性研究成果、若干高端智库 A17 打造多样化的学科交叉平台，进一步促进学科间的相互交叉和支撑，引领各学科协同发展 A24 通过一流学科建设带动产学研深度融合，建设一流智库，服务国家目标
跨学科机制建设	A26 支持计算科学、管理科学、工程科学、资源与环境、生物医学工程等学科跨学部协调机制的形成 A11 鼓励跨学科、跨学院联合，积极组建交叉学科研究平台，创新交叉学科管理机制

(二) 主轴编码

主轴编码是指根据初始范畴之间的逻辑关系进一步归纳和总结，凝练出主要范畴。根据38所"双一流"建设高校的学科建设方案的文本特征，将初始范畴精炼为"学科布局""学科体系""重点建设学科""拟建设学科选取标准""资源配置方式""学科建设路径"。各个主范畴与初始范畴的应对关系以及关系内涵如表3-5所示。

表3-5　　　　　　　　　主轴编码形成的主范畴

主范畴	初始范畴	关系内涵
学科布局	学科按校区布局	学校的学科发展按照不同校区发展不同学科进行建设，学校学科发展按照文、理、工、医的学科性质布局学科建设。
	学科按学科性质布局	
学科体系	学科体系为"学科—学科群—领域"	学科发展的体系，有单一的学科，有"学科+领域"，有"学科+学科群"，最完善的是形成"学科—学科群—领域"三个层次的学科体系。学科体系是学科发展纵向架构的搭建，是学校的重要战略。
	学科体系为"学科—学科群"	
	学科体系为"学科—领域（板块）"	
	学科体系为"学科"	
重点建设学科	重点建设优势特色学科	学校重点建设的学科分为优势特色的学科和新兴交叉的学科。优势特色是学校原有的发展成果，重点发展优势特色学科代表学校沿着已有优势发展学科；重点发展新兴交叉学科代表学校重点拓展的新领域。
	重点建设新兴交叉学科	
拟建设学科选取标准	按"扶优、扶特、扶需、扶新"选取拟建设学科	学校按照"扶优、扶特、扶需、扶新"原则，即选取学校优势学科、选取学校特色学科、选取社会急需学科或者选取新兴学科；选取本校列入教育部"双一流"名单之中的；选取学校已有的一级学科；选取ESI前1%等作为重点建设的学科。
	按"教育部'双一流'名单"选取拟建设学科	
	按"基于一级学科口径/ESI"选取拟建设学科	
资源配置方式	学科群资源共享	在学科建设中，资源分配主要是向学校重点建设学科倾斜，秉持资源节约原则要做到学科群内部资源共享、合理与有效利用资源。
	合理、有效利用资源/整合资源	
	资源重点倾向于重点建设学科	
学科建设路径	师资/人才队伍建设	建设一流的师资队伍支撑学科发展；完善学校体制机制的建设，建立现代大学制度；面向国家需要、社会需要建设新型智库平台，发挥学科的服务功能；建立跨学科机制促进新兴交叉学科的形成、促进学科融合等，这些都是学科建设的具体路径。
	体制机制建设	
	智库/平台建设	
	跨学科机制建设	

(三) 选择性编码

选择性编码是指挖掘出核心范畴，将归纳出的范畴逐步集中到与之相关的编码上，并剖析核心范畴、主范畴以及其他范畴之间的相关关系，通过故事线的方式描绘行为现象和脉络条件，进而发展成为一个新的实质理论框架。就本文而言，主范畴的典型关系结构如表3-6所示。

表 3-6　　　　　　　　　　主范畴的典型关系结构

典型关系结构	关系结构内涵
学科布局 →学科建设	按照不同的校区布局学科，按照学科的性质布局学科，都是学校对未来发展的战略规划直接决定学科建设的方向。学科布局是学科建设顶层设计的一部分，科学合理的学科布局是建设学科的基础。
学科体系 →学科建设	"学科—学科群—领域"是学科发展较为完整的学科体系，也有学校的学科体系为"学科—学科群"等。学校根据自身的发展状况和自身实力选择搭建什么样的学科结构，也是学科建设顶层设计的重要部分。
重点建设学科 →学科建设	学校的资源是有限的，把资源集中于发展优势学科、新兴学科、交叉学科还是特色学科，是学校差异化学科发展的体现。各个学校重点发展的学科不相同也是避免学科同质化发展的重要途径。
拟建设学科选取标准 →学科建设	学校拟定重点学科选取的标准决定了什么学科能够纳入重点学科的行列，学校是坚持发展已有的优势和强势学科，（包括教育部"双一流"名单、学校已有的一级学科和ESI前1%）还是舍弃原有优势，探索新兴的、交叉的学科，也决定着学科建设的战略方向。
资源配置方式 →学科建设	学科建设需要财政资源、政策资源、人力资源等资源的支持，资源的配置方式对学科建设来说至关重要。学科群内部资源共享、合理与有效利用资源、资源向重点建设学科倾斜等是一流大学学科建设资源配置的主要方式。
学科建设路径 →学科建设	建设一支优秀、一流的师资队伍能够提升学科建设的质量，完善学校体制机制的建设是保障人才能够充分发挥其作用，建立跨学科机制促进新兴交叉学科的形成与建设新型智库平台建设是给人才提供发挥才能的平台。这些措施都是学科建设的具体途径，能有效地提升学科水平。

(四) 理论饱和度检验

理论饱和度检验是指新收集的数据不能对理论构建做出新的贡献即理论饱和度。本书通过对3份原始的"一流大学建设方案"中关于学科建设的文本内容进行理论饱和度检验。结果表明，通过扎根理论分析归纳的范畴已经非常完善，对于学科建设的六个主范畴（学科布局、学科体系、重点建设学科、拟重点建设学科选取标准、资源配置方式、学科建设路径）均没有产生其他的重要范畴和关系。因此，理论饱和度较好。

(五) 主范畴频次统计

在原始文本中提取出对应的初始概念的关键词汇并进行频次统计，在统计方法上，每所大学建设方案中出现一次核心编码，频次则为"1"，同一所学校重复出现的核心编码不做重复统计，得到表3-7。

表 3-7　　　　　　　　　　　主范畴频次统计

主范畴	初始概念	频次
学科布局	学校按校区布局	3
	学校按学科性质布局	20
学科体系	学科—学科群—领域	5
	学科—学科群	24
	学科—领域（板块）	4
	学科体系为学科	4
重点建设学科	新兴交叉学科	25
	优势特色学科	35
拟建设学科选取标准	扶优、扶特、扶需、扶新	15
	教育部"双一流"名单	7
	基于一级学科口径/ESI	4
资源配置方式	学科群资源共享	5
	合理、有效利用资源	5
	倾向于重点建设学科	12
学科建设路径	师资/人才队伍建设	16
	体制机制建设	10
	智库/平台建设	24
	跨学科机制建设	12

二 "双一流"建设大学学科建设的特征

（一）从学科布局来看，大多数"世界一流大学"建设大学强调综合性

从学科建设战略整体布局来看，大多数一流大学整体布局全面，强调综合性。学科数量分布是反映一所学校重点建设的学科门类，也可以体现一所学校的综合性程度，体现学科数量分布的关键词有"文、理、工、医"，其中，理科、工科出现频次都为10、文科为9、医科为7。有3所

学校没有提到建设医科，分别是中国人民大学、东北大学和重庆大学，只有电子科技大学没有提到建设文科。由此可以看出，大多数的一流大学建设都是建设综合大学，但是也有一部分特色鲜明的学校，比如电子科技大学重点建设理科、工科、医科，中国人民大学、东北大学和重庆大学重点建设文科、理科、工科。

通过校区进行战略布局也成为许多学校的选择，例如，中山大学和华东师范大学对于学科的布局是从校区出发，中山大学根据不同校区的地理位置等优势，提出"广州校区重点发展文、理、医等基础与优势学科，珠海校区主要发展深海、深空、深地等学科，深圳校区重点发展医科和新工科"；华东师范大学则把基础学科和应用学科分开，提出"闵行校区以文理基础学科为主、中山北路校区以应用学科为主"的学科布局。

（二）从学科体系建设来看，组建学科群是共同的发展趋势

学科体系是针对于学科建设的具体目标，是一个学校表明要建设什么样的学科。学科体系反映了大学中各学科的发展水平以及相互之间关联的方式，其特点反映在学科数量分布、学科水平分布、学科支撑关系三个方面[①]。在38所学校中，有23所学校明确提出了学校要建设什么样的学科体系，因此，以"学科体系"做为核心编码对23所学校的建设方案的原文语句进行初始范畴的界定，得到"学科—学科群—领域""学科—学科群""学科—领域（板块）""学科"等4个初始概念，初始概念的出现频次如表3-7所示。

一流大学提倡学科群发展，不再是以前的单个学科的发展，原因是现代社会经济出现的问题更加复杂化，面对一个问题需要多个学科的知识结合才能有效解决。所以，鼓励学科之间打破学科壁垒，鼓励学科交叉融合是一流大学学科建设的新方向。在38所"世界一流大学"建设大学的建设方案中，有36所大学均在不同程度上提及了学科群建设，其中，北京大学、大连理工大学等21所学校明确提出了建设学科群的学科名称，一些学校还列出了支撑学科群发展的学科，并且规定了重点建设学科群的数量。单纯以"学科"为建设路径的学校较少，包括四川大学、中国人民大学、郑州大学等三个学校，其中，四川大学提出"按照优势特色学科、

---

① 晏湘涛：《世界一流大学学科体系建设的基本经验》，《研究生教育研究》2011年第2期。

交叉领先学科、前沿探索学科、面向未来学科四大类重点建设 12 个学科", 中国人民大学提出要建学科"珠峰"、学科"高峰"、学科"高原", 郑州大学提出"6+3"方案, 即在 6 个一流学科中重点突破 3 个学科。提出"学科—领域（板块）"建设路径的学校有西安交通大学、天津大学、同济大学和浙江大学,"板块"的概念通常指学科大类, 范围更加宽泛, 例如, 西安交通大学拟在 4 大板块（工学、理学、医学、人文社科）中建设 14 个学科; 天津大学拟建设 10 个学科领域, 包括化工能源、新材料、管理与经济、化学与生命科学等。24 所大学明确提出"学科—学科群"建设路径, 包括西北工业大学、中央民族大学、湖南大学、北京航空航天大学、北京师范大学、大连理工大学等, 例如, 大连理工大学要"以工程、化学为口径组建学科群", 湖南大学要建设"土木与环境工程、电气信息、经济与商学 3 个学科群", 北京航空航天大学要建设包括主干学科、支撑学科在内的 12 个学科群。提出"学科—学科群—领域"建设路径的学校主要包括中国科学技术大学、北京大学、南京大学、清华大学和上海交通大学等 5 所学校, 如, 中国科学技术大学提出"11+6+1"的学科布局, 即 11 个学科、6 个交叉学科和 1 个领域; 北京大学提出"30+6+2"的学科布局, 即 30 个学科、6 个综合交叉学科群和 2 个重大领域。

（三）从学科建设重点来看, 优势、特色、新兴、交叉学科成为多数学校的选择

在 38 所一流大学的建设方案中, 有 35 所大学都出现了关键词"优势学科"和"特色学科", 只有北京师范大学、中国科学技术大学与西北农林科技大学 3 所大学没有涉及关键词"特色"与"优势", 但是在具体学科规划中包含了特色发展、优势发展的思想。西北农林科技大学在学科规划中提到要着重发展植物保护、农业工程、林学等 3 个国内一级学科, 并且提出农业科学等学校优势学科要进入 ESI 全球前 1%甚至全球前 0.5%。北京师范大学对于学科建设的总体规划则是从两个计划展开, 一个是"高峰计划", 要全力打造教师教育领域的"珠穆朗玛峰", 另一个计划是"高原计划", 根据学校学科的已有优势重点建设 6 个学科群, 以提升学校的整体学科水平。

学科支撑关系反映的是学科之间的交叉融合, 以及学科之间相互促进、相互带动的关系, 体现学科支撑关系的关键词有"优势、特色", 出

现频次为35，是出现频次最多的关键词，表明重点建设优势学科、发展学校的特色学科是学校布局学科体系的重要举措。"新兴、交叉"出现频次为25，各学校都鼓励学科交叉融合，培育新的学科增长点以适应社会需求，满足国家战略的需要。在38所大学中，有郑州大学、中山大学、山东大学等24所学校提到了关键词"新兴学科"，要推动和鼓励新兴学科的发展。在方案中，各大学都提倡根据国家战略的需求、经济社会发展的需要，重点建设一批新兴学科，催生学科新的增长点。并且要求处理好新兴学科和传统学科、基础学科和应用学科的关系，优化学科布局。

（四）从拟建设学科的选取依据来看，选取依据呈现多元化特点

在38所大学中，有28所大学提及了拟建设学科的选取标准，其中，提及最多的是"扶优、扶特、扶需、扶新"，例如，华中科技大学、兰州大学、同济大学等14所学校拟建设学科的选取标准遵循了"扶优、扶特、扶需、扶新"的原则。这表明这些学校在选取重点建设学科时，会首先选取学校优势学科、特色学科，也注重为学校未来的发展布局新兴学科，更以需求为导向，围绕国家重大战略需求、经济社会发展需求，部分大学也会结合区域经济的需求选取拟建设学科。此外，东南大学、复旦大学等7所学校是以教育部公布的一流学科建设名单为基础，结合学校发展现状和基础，选取拟建设学科名单。中山大学等4所大学是以国内一级学科为主要参考依据，选取拟建设学科。还有哈尔滨工业大学是"以位居国内前列、具备冲击世界一流条件的学科为基础"，华东师范大学"依据学术引领性、社会贡献度和国际影响力三项标准"选取拟建设学科。

（五）从资源配置方式来看，差异化配置方式是共同的特点

在资源的配置方式上，各学校实行差异化的资源配置方式，有16所大学在学科规划中对资源配置方式作出安排，其中有10所大学明确表示要集中优势资源，重点支持优势、特色学科率先发展。例如东北大学提出"集聚资源，推动优势学科率先发展"；郑州大学提出"整合有效资源，重点建设若干优势突出、特色鲜明的学科"等。北京大学和大连理工大学2所学校则强调要合理配置资源，提高资源利用效率。其他学校的资源配置方式没有明显的倾向性，只是简单提及。

（六）从学科建设路径来看，平台/智库建设是主要路径

学科建设路径是指能够提升学科建设水平的方法或者手段，科学与有

效的建设路径直接影响着学科建设的水平。总体来看，"世界一流大学"建设大学主要从师资/人才队伍建设、体制机制建设、平台/智库建设和跨学科机制建设四个方面进行学科建设路径的设计。关键词"师资/人才队伍建设"在38所大学的建设方案文本中出现频次为16，文本中关于人才队伍建设的措施主要包括人才培养和引进，以及针对高素质人才/团队、创新型人才/团队的培养与建设等。关键词"体制机制建设"在文本中的出现频次为10，学科的体制机制建设是一个更加广泛的概念，它包括有关学科的所有的制度建设和改革，如学科规划、资源配置、学科建设过程管理、学科建设的绩效评估等。关键词"智库/平台建设"在38所大学的建设方案文本中的出现频次为24，同济大学、天津大学等6所大学明确提出要打造学科交叉平台，这些平台要以需求为导向，冲击世界一流，其中，北京大学最为重视平台和智库的建设，其建设方案中关键词"平台"出现了19次、"智库"出现了10次。关键词"跨学科"在38所大学建设方案中出现频次为12，跨学科机制是为了打破学科之间的壁垒，促进学科之间学术交流、教师互通、项目合作的制度建设，鼓励交叉学科的产生和发展。

三 "双一流"建设大学学科建设方案中应思考的几对关系

（一）个性与共性

我国高等教育资源配置模式属于国家主导型模式，在这一模式下，国家掌握高等教育资源的核心配置权，资源配置由上而下逐级进行，它要求大学必须恪守各种已规定好的标准和政策。在这一情况下，我国大学发展呈现出共性大于个性的现象，在学科建设上也是如此，不同类型、不同层次、不同历史、不同文化背景的高校在组织结构、目标定位、建设路径等方面表现出了很多共性。

从收集的38个学科建设文本来看，各个学校在建设方案的文本表述和建设目标上的趋同问题明显。首先，从学科建设方案的表述来看，延续国务院发布的《统筹推进世界一流大学和一流学科建设总体方案》的表述方式是多数大学学科建设方案的共同特点，大多从较为宏观的层面阐述"学科建设总体规划""学科建设体制机制"等"是什么"，而不是"怎么做"，如"开展协同创新，提高科技创新能力""全面提升综合管理水平""建立动态调整等资源配置模式"，因为多数"双一流"建设大学表述的形式和方式都非常相似,所以看起来好像"千人一面"。此外,学校发展目标定位趋同,除了中国人民大学以外,其他学校均与国家"双一流"建设时间划分一致,分为三步走,最终建成世界一流大学,对于学科建设的目标来说,基本以进入 ESI 前 1%为目标。这样的定位无法体现每个学校的特色,最终会导致大学的同质化发展。

根据公共政策的层次划分,一般可将政策划分为元政策、基本政策和具体政策。在"双一流"建设政策中,国务院颁布的《统筹推进世界一流大学和一流学科建设总体方案》属于基本政策,各地方政府颁布的"双一流"建设执行方案是地方政府为贯彻落实国务院颁布的《统筹推进世界一流大学和一流学科建设总体方案》所规定的行动目标、任务和准则的具体政策。以此类推,各"双一流"建设大学所制定的实施方案应该更加具体,不仅是对国务院颁布的政策的贯彻落实,也应该是对其所在的地方政府所颁布的"双一流"建设政策的执行细化。因此,各"双一流"建设大学的学科建设方案不应是对国务院和地方政府相关政策的简单重复,而应是依据校情所制定的具体的、具强操作性的行动方案。唯有此,各大学学科建设方案的同质化问题才能得以解决,个性才能得以彰显。

(二) 定位与目标

定位与目标是学科建设的方向,是学科建设举措的指向,其重要性不言而喻。所谓目标,是指学科建设最终要达到的规模、水平和成就;所谓定位,就是建设目标所处的位置。定位是目标的方向,目标是对定位的具体化。从 38 所一流大学的建设方案来看,学校的定位大多都比较明确,如定位为"世界一流大学""世界知名大学""亚洲知名大学""顶尖世界一流大学""世界一流大学前列"等。但是,因为对"世界一流"和"一流"的标准没有清晰界定,学科建设的目标就难以清晰表述。事实上,许多大学的定位依据是国内外具有一定影响力的大学/学科评价与排行榜,然而各大学排行榜因其排行的性质与目标客户的不同,其排行指标并不一定与学科建设的目标契合。学科建设的目标应该依据大学的三大基本功能而定,应该思考的是"培养什么层次、具有什么样的知识和能力结构的人才,发展什么学科以及在什么水平上发展这些学科,怎样服务社会和在什么领域、通过什么方式服务社会"[1]。当这些目标明确之后，大学学科建设方案的同质化问题也会迎刃而解。

（三）理念与制度

学科建设是一个系统工程，涉及大学管理的多层次、多主体、多内容。从层次来看，学科建设是"学校—学院—学科"相互协作的联动过程；从主体来看，学科建设非单一主体能够完成，而是需要学校党政领导班子、各行政职能部门、二级学院领导班子、学科带头人、基层教师等多主体参与的复杂工程；从建设内容来看，学科建设涉及人才队伍建设、资源配置等诸多事项。因此，学科建设不能只是停留在理念设计上，而应该将理念落实为切实可行的制度建设。目前，根据文本分析，38所一流大学对学科建设的目标、举措等方面的表述更多地体现为理念表达，如"建设一流的师资队伍支撑学科发展""完善学校体制机制的建设，建立现代大学制度""面向国家需要、社会需要建设新型智库平台，发挥学科的服务功能""建立跨学科机制、促进新兴交叉学科的形成、促进学科融合"，这些表述从宏观层面提出了要建立什么机制，然而这些机制的实施主体、参与主体、相关利益者权责等均未阐述，缺乏可操作性，因此，各一流大学要落实学科建设方案，应进一步出台配套的实施方案的细则。

在将学科建设理念转化为制度建设的过程中，尤其要关注学科群和跨学科的体制机制建设问题。在38所一流大学的实施方案中，"学科群"和"跨学科"是这些学校进行学科建设的共同的重点和发展趋势，但是，无论是学科群建设，还是跨学科建设，其内部"各要素之间都存在着复杂的非线性相互作用关系，其中任何一个因素的变化，都可能引起全部其他因素的变化，变化后的因素又必然会反馈到整个系统中去"[2]。这一复杂性导致学科间的资源分配与整合、人才考核与评价乃至人才培养等都面临着新的挑战，如果没有系统的、科学的和可行的制度设计，学科群建设和跨学科建设很可能会流于形式，难以达成既定目标。

（四）效率与公平

效率与公平是实施任何一项决策都无法绕开的基本问题。在一所学校的学科建设中，效率意味着对某些学科加大资源倾斜力度，以期在短时间

---

[1] 罗云：《论大学学科建设》，《高等教育研究》2005年第7期。

[2] 项延训、马桂敏：《对学科群建设的认识与实践》，《中国高教研究》2007年第1期。

内达到提升这些学科的规模和水平的目标；公平意味着应重视每一个学科的发展并进行相应的资源配置。不同学科的发展阶段与已有水平存在差异是学校进行学科建设面临的首要问题，选择差异化的建设策略是大多数学校的选择，在38所"世界一流大学"建设高校中，有22所学校提出了资源配置问题，其中12所学校明确提出要"倾向于重点建设学科"。差异化建设策略虽然追求的是"效率"，但是这并不意味着一定会丧失"公平"原则，因为"在学科建设领域，绝对的公平是不存在"[①]。但是要坚持"差异性公平"[②]原则，在整体宏观布局上既要重点发展成熟的、优势的学科使其能早日达成"一流"的目标，同时也要以前瞻性的视野布局新兴、边缘交叉学科以为学校未来发展的制高点打基础，还要以传承的精神更新改造传统学科、抢救和扶植濒危学科使其在学科生态中也有一席之地。因为一流学科是存在于学科生态系统中的，即使是世界一流大学，也无法做到所有学科都处于世界领先水平[③]，通常也只是选择在某些甚至某个学科领域确保其居于世界一流位置。但是，中外著名大学的办学实践又证明，"办大学，没有文科，办不出氛围；没有理科，办不出水平；没有工科，办不出效益"[④]。这就意味着，办大学是要办综合性的，学科建设应该不只是"点"的建设，而应该是"面"的建设，不仅是重点建设某个或者某些学科，而应该是学科生态系统的构建，唯有此，一流学科才有赖以生存的土壤和环境，才能够发展得枝繁叶茂。

---

① 王建华、朱青：《对我国大学重点学科建设制度的反思》，《中国高教研究》2013年第12期。

② 王建华、朱青：《对我国大学重点学科建设制度的反思》，《中国高教研究》2013年第12期。

③ 徐小洲、梅伟惠：《论世界一流学科建设的战略起点》，《高等教育研究》2007年第11期。

④ 罗云：《论大学学科建设》，《高等教育研究》2005年第7期。

第四章

布局特征：三类大学学科结构与水平的比较

学科布局决定了大学的特色，是大学竞争力的核心要素。辞海中对"布局"内涵有两种解释，一种是规划和安排，另一种是结构和层次。在时间维度上的解释是结构的现状和对未来结构的规划。衍生到学科布局中，学科结构和水平为主要构成要素。学科结构主要为学科分布、覆盖率和设置比重等；学科的水平为学科设置精度、不同水平层次学科的比例等。本章主要研究的内容为地方大学的学科布局特征：第一，分析地方大学主要参考的学科分类方式，并以国务院学位委员会2022年公布的12个学科门类和100个一级学科（除去军事学门类及其10个一级学科、法学门类中的公安学一级学科、交叉学科门类及其6个一级学科）为学科布局结构分析的依据。第二，根据"双一流"建设名单选取了9所"世界一流大学"建设大学、10所"世界一流学科"建设大学、10所地方大学，以各大学具有硕士学位授予权的一级学科情况（以下称"一级学科"）、教育部第四轮学科评估情况作为资料来源。第三，分别从学科布局的结构和水平两个角度与"世界一流大学"建设大学、"世界一流学科"建设大学的学科布局情况进行比较，总结地方高水平大学学科布局特征。第四，以浙江省为例，对浙江省地方高水平大学整体学科布局情况进行描述。

第一节 学科布局概述

学科布局的内涵是不断丰富和发展的，经历了从学科布局结构到学科布局水平的发展。苏均平认为学科布局为学科建设奠定基础，是对学科数量、专业结构、分布结构等动态调整的过程,尤其在世界一流大学建设过程中,要对学科门类、知识等进行渗透、交叉和融合[1]。李铁君认为,学科结构与学科布局是类似的,在学科布局中需要对不同层次和水平的学科进行规划,使之成为互动学科体系,主要由代表学校性质类型的基础学科、代表学校特色优势的主干学科、代表学科生命力和竞争力的支撑学科和交叉学科组成科学的布局结构[2],在布局中仍然强调的是学科的结构和类型。"双一流"政策实施后,水平和层次成为了学科布局的重点内容,如田健国提出一流学科的建设策略,在布局上要让少量学科形成集聚优势,通过特色优势学科的发展突破,带动相关学科的共同发展[3]。上海交通大学等"世界一流大学"建设大学在最新的学科建设规划中,提出根据学科发展水平,采取分层推进建设的发展策略。

近些年来,国内学者对学科布局的研究主要集中于国内外一流大学学科布局的特征、学科布局的生成机理等方面,对其他类型大学的学科布局问题研究较少。

关于国外一流大学学科布局的研究中,孙长智等通过对13所荷兰世界一流大学的学科规模、学科布局、学科建设水平和学科发展模式等方面特征的总结,认为注重学科交叉与融合、强调知识的应用性转化、紧密对接国家发展战略促进产学研深度融合和高度的国际化水平是我国在建设世界一流大学过程中需要效仿和学习的,并在建设原则上对我国世界一流大学建设提出了具体建议[4]。王宝玺以6所年轻的亚洲世界一流大学的学科布局结构和水平为切入点,分析了学科布局的特征,探讨了学科建设与院校发展之间的关系[5],对我国建设世界一流大学学科布局的发展方向提供了较好的参考路径,但遗憾的是样本量较少。卢猛对美国世界一流大学的学科布局结构和质量发展进行了系统的研究,通过建立学科竞争力的指标

---

[1] 苏均平主编:《学科与学科建设》,第二军医大学出版社2014年版,第32—33页。
[2] 李铁君、田丽、朴雪涛主编:《大学学科建设与发展论纲》,中国社会科学出版社2004年版,第22—23页。
[3] 田健国:《用新的发展理念构筑学科高峰》,《中国教育报》2015年12月3日,第7版。
[4] 孙长智、阮蓁蓁:《荷兰世界一流大学学科发展布局与特征研究——基于13所荷兰高校的案例研究》,《南通大学学报》(社会科学版)2019年第1期。
[5] 王宝玺:《亚洲全球顶尖年轻大学学科布局的量化分析》,《清华大学教育研究》2017年第6期。

体系,对不同学科布局的竞争力进行评价[1],对指导我国大学制定学科布局策略具有较大的理论和实践价值。王小力等人对 QS 排行榜评选出的不同类型的世界一流大学学科布局结构、发展形态和发展战略的特征做出了总结和分析,并对我国世界一流大学的建设提出了建议[2]。

关于国内一流大学学科布局的研究中,袁子晗等人对 42 所"世界一流大学"建设大学的学科布局建设方案进行研究,在数量和结构上对服务国家战略的学科布局情况进行分析,在学科布局的方向上提出了建议[3]。宋亚峰等人同样以 42 所"世界一流大学"建设大学的学科布局作为样本,通过对 111 个一级学科的设置情况进行量化分析,总结了当前我国"世界一流大学"建设大学学科布局结构特征,并以组织生态学的分析方法总结了学科布局的生成机理[4],对学科布局的实践具有较强的指导意义。

一 学科布局的依据

学科分类是学科布局的依据,学科划分形式多样,各国的学科分类标准并不统一,但基本可以按照学科层次、知识内容和知识结构划分。按照学科层级可将学科划分为一级学科、二级学科和三级学科,按照学科知识内容可以将学科分为人文科学、社会科学、自然科学,按照知识结构可将学科划分为交叉学科和单一学科。我国大学的学科设置一级学科数量和名称相对稳定,二级学科、三级学科可以根据学校自身发展需要进行特殊设置,为了与"双一流"建设大学进行比较,在研究地方大学学科布局特征时,以国务院学位委员会 2022 年发布的"学位授予和人才培养学科目录"中一级学科分类为参考标准。国务院学位委员会的学科分类体系按照一级学科学位授予进行划分,与联合国教科文组织划分的哲学、经济学、法学、教育学、历史学、理学、工学、农学、医学、军事学、管理

---

[1] 卢猛:《美国顶尖大学学科竞争力研究:结构布局与质量发展》,硕士学位论文,湖南大学,2017 年。
[2] 王小力、彭正霞:《世界一流大学的学科布局与选择——基于 2015QS 世界大学学科排名的分析》,《苏州大学学报》(教育科学版)2015 年第 4 期。
[3] 袁子晗、张红伟:《42 所在建世界一流大学学科群布局及对接国家战略的分析》,《科学管理研究》2018 年第 6 期。
[4] 宋亚峰、王世斌、郄海霞:《我国一流大学建设高校的学科布局与生成机理》,《江苏高教》2018 年第 9 期。

学、艺术学12个学科门类一致。经历了2011年、2018年和2022年3次调整后，一级学科总数达到117个，较之1997年学位办与教育部联合发布的专业学科目录相比，增加了军事学、艺术学和交叉学科三大学科门类。

此外，我国也有按照学科信息分类的方法。国家质量监督检验检疫总局、国家标准化管理委员会基于学科信息分类在2009年发布的《中华人民共和国学科分类与代码国家标准》（GB/T 13745—2009），将学科分为自然科学、农业科学、医药科学、工程与技术科学、人文与社会科学五大类，涵盖62个一级学科、748个二级学科和近6000个三级学科。

在"双一流"政策语境下，越来越多的高校使用国际上较为权威的第三方评估机构出具的评价结果。如《QS世界大学学科排名》是全球最具影响力的排行榜之一，目的是为了给学生在选择全球高水平学术领域时提供更具体的排名信息，将学科分为人文与艺术11个、工程与技术6个、生命科学与医学9个、自然科学6个、社会科学与管理15个，共5大学科门类，47个学科[①]，近些年随着参选的学科增多，该学科分类总数也在不断增加，我国高水平学科是否达到世界一流水平，大多参考此排行榜的排名情况。但遗憾的是，QS学科排名仅统计世界前200位的学科，地方大学能进入该排名的高水平学科数量稀少，难以用于分析学科水平的整体情况。

另外，美国科技信息所建立的ESI数据库共统计22个学科，大部分学科为理学范畴，如空间科学、材料科学、数学等，也涉及社会科学、经济学、医学等学科门类。ESI学科排名前1%或1‰，被我国很多大学或地方政府看作高水平学科的标志，近年来，随着"双一流"等教育政策的实施，这一指标也经常被地方政府用来考核地方大学的绩效。实际上，ESI数据库通过计量各学科、大学在SCI/SSCI数据库的论文情况，以此作为评价各机构的国际影响力的基础数据来源，反映的是科研方面的国际影响力，而非学科的整体水平。

二 地方高水平大学学科布局

地方出台相应的"双一流"实施意见后，结合"双一流"政策相关

---

① *QS World University Rankings by Subject*，https://www.topuniversities.com/subject-rankings/2022. 2022-09-10。

要求，地方高水平大学在学校内部也逐渐开始实施具体的建设方案。以高水平学科体系建设为主，加强"高原""高峰"等特色优势学科建设和培育，对标"世界一流学科"发展要求，结合地方"双一流建设实施方案"布局。

地方高水平大学的学科布局策略基本上按照重点支持"高峰""优势特色""区域发展紧缺"的学科，形成联动效应，带动学校整体学科建设水平的提升的发展路径进行高水平学科建设。因此，对于地方高水平大学来说，高水平学科布局策略是以"双一流"政策要求为发展目标，在实现路径上以学校传统的优势学科为基础，结合区域经济社会发展的需求，对高峰学科进行布局规划、重点扶持和发展。根据上文对高水平大学的定义"在'双一流'政策语境下，指在管理关系上属于地方，在办学水平上位于地方高校前列、接近或达到原'211工程'高校、未纳入'双一流'建设高校范围内、在办学定位上立足于引领地方区域经济发展且与区域经济联系最为紧密的大学"，本书中的地方高水平大学主要为省重点建设计划大学中除"双一流"建设学校之外的地方重点大学，如浙江省先后确定了12所重点建设大学，除去"双一流"建设学校中的中国美术学院和宁波大学之外，另外10所大学均作为本研究的样本。

以浙江省这10所地方高水平大学的学科布局战略为例，通过对各大学相关学科建设方案和重点学科建设工作推进方案的分析，发现10所学校全部在学科对标政策中一致提及了"双一流"政策，如浙江Z大学提出"以'双一流'建设为指引，瞄准国际学科前沿，强化顶层设计"的建设要求，浙江S大学提出"按照国家'双一流'建设要求，优化学科布局策略"，杭州D大学提出"建好省重点，争创双一流"总要求等。"双一流"政策作为地方大学学科布局的发展依据，对今后一段时期的发展策略起到深远的影响。

表4-1　　　　　10所浙江省高水平大学学科布局策略[①]

名称	高水平学科布局策略
浙江Z大学	"5+1"高峰学科发展战略
浙江S大学	"大商科"特色学科生态体系建设
浙江L大学	实施学科攀登计划，重点建成高峰、高原学科

① 资料来源于各高校官网。

续表

名称	高水平学科布局策略
浙江 F 大学	统筹推进一流大学、一流学科建设 调整优化学科专业布局，推进学科造峰
浙江 C 大学	对标一流、强化特色
浙江 N 大学	林学高峰学科建设、"一流学科建设计划"
浙江 Y 大学	对标"双一流"发展战略
杭州 D 大学	高峰+两翼发展战略（竞赛培养）
杭州 F 大学	"强化学科特色"发展战略
温州 Y 大学	"眼视光学高峰学科"战略

将目标瞄准于在下一轮"双一流"建设周期中，进入"世界一流学科"建设大学行列的有浙江 Z 大学、浙江 S 大学 2 所高校。浙江 Z 大学以"5+1"学科布局发展战略为核心，通过对综合实力较强，对接区域经济社会发展战略的高峰学科群的重点发展，来实现"世界一流学科"建设。浙江 S 大学以"大商科"特色学科生态体系建设，聚焦统计学、工商管理等省优势特色学科，以优势特色学科引领学校整体学科发展，推动学科建设水平的提升。其他 8 所地方大学在高水平学科布局发展中也采取了符合自身发展的策略，如杭州 D 大学的"高峰+两翼发展战略"围绕信息科技特色，优化以信息管理和智能制造为核心的信息经济管理学科群和现代装备制造学科群，形成学科高峰的"两翼"。浙江 L 大学的"学科攀登计划"、浙江 N 大学的"一流学科建设计划"皆以单一或数个特色优势学科的建设来实现高峰学科的突破发展。此外，温州 Y 大学、浙江 Y 大学以鲜明的学科特色为重点，通过"鲜明的个性和特色来取胜，在某些学科领域形成自己独有的优势，带动学校整体的可持续发展"的策略。

三 研究方法

对于大多数地方高水平大学来说，对标"双一流"建设大学进行学科布局，有利于发现自身学科布局的问题和不足。在一级学科分布总体情况、学科门类覆盖、学科设置比重上与"世界一流大学"建设大学、"世界一流学科"建设大学进行比较，也有利于指导地方大学根据自身学科布局的结构特征，制定阶段性的学科布局规划政策。

（一）样本的选择

按照样本的代表性、数据的可获得性、方法的科学性对样本和方法进行选择。

1. 样本的选择。共选择 29 所大学，其中"双一流"建设大学 19 所，地方高水平大学 10 所。从 42 所"世界一流大学"建设大学名单中选择 9 所，代表国内顶尖大学，选择依据为 C9 联盟大学成员，分别是 QH 大学、BJ 大学、ZJ 大学、SJT 大学、FD 大学、ZKJ 大学、NJ 大学、HGY 大学、XJ 大学；从 95 所"世界一流学科"建设大学中排除美术、音乐、军事类等 24 所高校后，在各地区分别抽取 1 所学校，根据数据的可获得性最终确定 10 所大学，分别是 SZ 大学、SH 大学、HFG 大学、HGC 大学、NB 大学、SS 大学、BG 大学、HN 大学、HG 大学、TG 大学等；浙江省在"双一流"政策发布之初是最早提出"重点高校建设计划"的地区①，地方大学的身份特征明显且具有一定的代表性，地方大学的样本选取则以该计划的 10 所大学为准，分别是 2015 年 4 月首批确认的浙江 Z 大学、浙江 F 大学、杭州 D 大学，2017 年 8 月以优势特色学科为遴选依据和建设基础的第二批 7 所地方大学，包括浙江 L 大学、浙江 S 大学、浙江 Y 大学、浙江 N 大学、温州 Y 大学、浙江 C 大学和杭州 F 大学。

2. 学科布局的比较内容。从学科结构和水平两个层面进行比较，学科结构从学科分布、学科门类覆盖、各学科设置比重角度来分析；学科水平从学科层次、各层次学科分布、学科设置精度等维度进行分析。

3. 参考的一级学科数量及学科门类划分类。在教育部学术委员会发布的一级学科目录中，军事学门类的 10 个一级学科和法学门类的公安学一级学科类型较为特殊，一般大学不会设置，且所选样本中未涉及，因此在统计时将这 11 个一级学科排除在外，最终分析 12 个学科门类，共 101 个一级学科的分布情况；在学科设置比重分析时为了体现比较结果的差异性，将一级学科数不足 5 个的哲学、经济学、法学、教育学、文学和历史学统一划分至人文社科类，最终将 12 个学科门类划分为人文社科、理学、工学、农学、医学、管理学、艺术学 7 类。

（二）工具说明

学科设置比重引入 K_a 的概念，用以表示各大学设置某学科门类的重要程度。一级学科总数与某一门类学科比代表每设置一个该门类的学科的

---

① 褚照锋：《地方政府推进一流大学与一流学科建设的策略与反思——基于 24 个地区"双一流"政策文本的分析》，《中国高教研究》2017 年第 8 期。

权重值；该门类一级学科数量与该校一级学科数量比为该门类学科在大学的设置总数比。单独使用权重值与学科设置总数比会受一级学科设置总数和学科门类一级学科数量影响，因此将二者乘积作为衡量学科设置比重的工具。

学科设置比重的公式为：$K_a = \dfrac{M}{m_a} \cdot \dfrac{n_a}{N_i}$（$K_a \geq 0$，值越大，则该类学科越重要）

其中 M 为固定值 101，表示一级学科总数；m_a 为各类一级学科总数，取值分别为（18、14、39、9、11、5、5）；N_i 表示的是各高校一级学科设置总数，n_a 表示的是高校设置的各类一级学科数；$\dfrac{n_a}{N_i}$ 为该门类一级学科设置数与所设置的一级学科总数比。

学科水平层次的衡量标准以教育部第四轮学科评估的结果为依据，引入学科设置精度的概念，即 C-及以上一级学科数量占一级学科设置总数比用来衡量学科设置的精度，占比越高精度越大。除工学的公安技术、网络空间安全、生物工程、医学的特种医学、医学技术、法学的公安学共 16 个一级学科外，共公布 95 个一级学科评选结果（虽与上述学科数值 101 的统计口径不同，但不影响最终结果），根据"学科整体水平得分"的位次百分位，将排位前 70% 的学科分为 9 档，前 2%（或前 2 名）为 A+，2%—5% 为 A（不含 2%，下同），5%—10% 为 A-，10%—20% 为 B+，20%—30% 为 B，30%—40% 为 B-，40%—50% 为 C+，50%—60% 为 C，60%—70% 为 C-，为了体现各大学之间的差距，将中、高、低相互组合为 5 个大层次，以 B 为中层次，2 个小层次为 1 个大层次，如 A+和 A 为高层次，A-和 B+为中高层次，以此类推。

学科总体分布采用三种类型大学与各学科门类一级学科设置数量的交叉表格显示。同时将学科设置比重 K_a、该门类一级学科设置数与所设置的一级学科总数比 $\dfrac{n_a}{N_i}$、一级学科设置总数、学科门类总数、学科门类占总学科门类比也置于该表格当中，将该表作为结构特征部分数据分析总表。与宋亚峰等人在研究 42 所"世界一流大学"建设大学的学科布局总体分布情况分析方法存在相似性，宋亚峰将 111 个一级学科的设置情况全部进行统计，通过设计 42×111 的学科布局矩阵①，在微观层面对整体一级学科的设置情况进行分析。

第二节　三类大学学科布局的结构特征比较

本节通过"世界一流大学"建设大学、"世界一流学科"建设大学和地方高水平大学三类高校的学科设置情况的比较得出普通地方高水平大学的学科布局特征，不同类型大学学科设置情况差异较大，以学科门类的设置数量进行分析，更能突显差异性。

学科门类覆盖情况采用雷达图的方式描述，即各学科门类在大学学科设置中出现的频率，反映的是大学整体的综合化程度，学科门类设置越齐全，雷达图覆盖面积越大，大学学科综合化程度越高。卢猛在描述学科门类覆盖情况时采用宽窄幅度来表示，即学科门类与总学科门类之比②。本文学科门类覆盖情况反映在数据上则为学科门类占比的数值，减少了军事学门类，在数据分析上增加了精确性。

学科设置比重情况同样采用雷达图的方式描述，各学科门类的雷达图形状表示整体学科设置比重偏好，越接近正多边形，表示各大学在各门类的学科设置比重情况越接近；越不规则，表示差异越大。与雷达中心连线上各学科门类之间的距离体现的是单个大学的学科设置比重差异，距离越大差异越大。需要明确的是，学科设置比重的学科分类与整体情况和学科门类覆盖情况的学科分类有所不同，为突显雷达图特征，将一级学科数量低于 5 个的学科门类归为一类，即将哲学、经济学、法学、教育学、文学、历史学统一归为人文社科类，共 18 个一级学科。李蕾（2018）在研究国内外学科分类方式时也提及过该种归类方法③，在数据分析和实践层面都有一定的合理性。

一　三类大学学科布局结构总体情况

表 4-2、表 4-3、表 4-4 分别是我国"世界一流大学"建设大学、

---

① 宋亚峰、王世斌、郄海霞：《我国一流大学建设高校的学科布局与生成机理》，《江苏高教》2018 年第 9 期。
② 卢猛：《美国顶尖大学学科竞争力研究：结构布局与质量发展》，硕士学位论文，湖南大学，2017 年。
③ 李蕾：《我国大学学科分类流变研究》，硕士学位论文，吉林大学，2018 年。

"世界一流学科"建设大学、地方高水平大学一级学科分布总体情况。

(一)"世界一流大学"建设大学的学科布局总体情况

由表4-2的面板数据可以看出,我国"世界一流大学"建设大学的学科设置总体情况有以下几个特征:一级学科设置总数大,总体较为齐全;理学、工学、人文社科类一级学科数量最多,呈现协同发展的趋势;少数学科门类存在明显缺失现象。

第一,一级学科设置总数大,一级学科设置总量平均值为48.8个,占一级学科总数的48.2%,ZJ大学一级学科设置总数最高为62个,ZKJ大学一级学科设置总数最低为34个,其他大学一级学科数量设置处于40到60之间。一级学科设置总体较为齐全,9所"世界一流大学"建设大学共存在17个学科门类未设置的情况,占比15.7%;除哲学外,共有9个学科门类仅设置1个一级学科的情况,占比9.1%;其他每个学科门类皆至少设置2个一级学科。

第二,理学、工学、人文社科类一级学科数量最多,呈现协同发展的趋势,三类学科总数占总一级学科设置总数的78.6%。工学一级学科设置的总量最多,在多数高校一级学科占比中较高,平均占比37.2%,但在BJ大学、NJ大学、FD大学中人文社科类学科设置比例超过30%,超过工学在该校一级学科数量的占比。理学的一级学科设置数量处于工学和人文社科类之下,平均占比18%,但总体在其他学科门类一级学科设置数量之上。

第三,除农学和历史学缺失明显外,其他学科门类学科分布较为齐全,农学仅有ZJ大学和SJ大学有设置,其他大学均未设置农学类一级学科。历史学一级学科设置缺失现象也较为明显,有4所大学未设置农学类一级学科。

表4-2　　"世界一流大学"建设大学一级学科分布总体情况

一级学科类型		QH	BJ	ZJ	SJ	FD	ZKJ	NJ	HGY	XJ
人文社科	哲学	1	1	1	0	1	1	1	1	1
	经济学	2	2	2	1	2	1	2	2	2
	法学	4	4	3	3	4	1	5	3	3
	教育学	3	2	3	3	2	0	3	0	2
	文学	3	3	3	3	3	1	3	1	2
	历史学	2	3	3	0	3	0	3	0	0

续表

一级学科类型	QH	BJ	ZJ	SJ	FD	ZKJ	NJ	HGY	XJ
总数	15	15	15	10	15	4	17	7	10
ka	1.48	1.72	1.36	0.98	2.05	0.66	1.77	0.96	1.28
占学科设置总数比	26.3%	30.6%	24.2%	17.5%	36.6%	11.8%	31.5%	17.1%	22.7%
理学	8	12	7	7	6	11	12	7	6
ka	1.08	1.89	0.87	0.95	1.13	2.50	1.71	1.32	1.05
占学科设置总数比	14.0%	24.5%	11.3%	12.3%	14.6%	32.4%	22.2%	17.1%	13.6%
工学	25	9	21	24	10	16	14	24	18
ka	1.14	0.48	0.88	1.09	0.63	1.22	0.67	1.52	1.06
占学科设置总数比	43.9%	18.4%	33.9%	42.1%	24.4%	47.1%	25.9%	58.5%	40.9%
农学	0	0	7	3	0	0	0	0	0
ka	0.00	0.00	1.27	0.59	0.00	0.00	0.00	0.00	0.00
占学科设置总数比	0.0%	0.0%	11.3%	5.3%	0.0%	0.0%	0.0%	0.0%	0.0%
医学	3	8	6	7	6	0	4	0	6
ka	0.52	1.60	0.95	1.21	1.44	0.00	0.73	0.00	1.34
占学科设置总数比	5.3%	16.3%	9.7%	12.3%	14.6%	0.0%	7.4%	0.0%	13.6%
管理学	3	4	4	4	3	3	4	2	3
ka	1.06	1.65	1.30	1.42	1.48	1.78	1.50	0.99	1.38
占学科设置总数比	5.3%	8.2%	6.5%	7.0%	7.3%	8.8%	7.4%	4.9%	6.8%
艺术学	3	1	2	2	1	0	3	1	1
ka	1.06	0.41	0.65	0.71	0.49	0.00	1.12	0.49	0.46
占学科设置总数比	5.3%	2.0%	3.2%	3.5%	2.4%	0.0%	5.6%	2.4%	2.3%
学科设置总数	57	49	62	57	41	34	54	41	44
占一级学科总数比重	0.5	0.4	0.6	0.5	0.4	0.3	0.5	0.4	0.4
学科门类总数	11	11	12	10	11	7	11	8	10
学科门类占比	91.7%	91.7%	100.0%	83.3%	91.7%	58.3%	91.7%	66.7%	83.3%

(二)"世界一流学科"建设大学的学科布局总体情况

由表4-3的数据分析,可以看出我国"世界一流学科"建设大学学科设置总体情况有以下几个特征:一级学科设置总数较大,总体不齐全;人文社科类一级学科数量最多,数量优势明显;理学、工学类一级学科数量差别不大,高于除人文社科类的其他学科门类一级学科设置数量;学科门类缺失现象明显，呈现出冷热不均现象。

第一，一级学科设置总数较大，一级学科设置总量平均值为32.3个，占一级学科总数的31.9%，SH大学一级学科设置总数最高为30个，HZ大学一级学科设置总数最低为8个，其他大学一级学科数量设置处于19到29之间。一级学科设置总体不齐全，10所"世界一流学科"建设大学共存在43个学科门类未设置的情况，占比35.8%；除哲学外，共有23个学科门类仅设置1个一级学科的情况，占比20.9%；其他每个学科门类皆至少设置2个一级学科。

第二，工学类一级学科在绝大多数大学中皆占有最高的比例，平均占比46.9%，数量优势明显，在BG大学、TG大学、HG大学、HGC大学中占比甚至超过了60%。NB大学、SZ大学的工学和人文社科类一级学科数量占比持平，为30%，SS大学人文社科类超过了工学类一级学科数量，占比达到35.3%。

第三，学科门类缺失现象明显，呈现出冷热不均现象。相比于理学、工学外，农学、医学、哲学、教育学、历史学、经济学等数量差别较大，且后者存在较多的一级学科设置缺失现象。医学和农学仅NB大学、SZ大学和HN大学有所设置，且NB大学、SZ大学农学一级学科数量为1，HN大学医学一级学科数量为1。此外历史学、教育学、哲学都有一半或超过一半的高校未设置。

表4-3　　"世界一流学科"建设大学一级学科分布总体情况

一级学科类型		BG	TG	HG	HFG	NB	HGC	SZ	HN	SH	SS
人文社科	哲学	1	0	0	0	0	0	1	0	1	1
	经济学	1	1	1	2	1	1	2	1	2	0
	法学	1	0	1	1	2	3	4	2	4	3
	教育学	1	0	0	0	3	0	3	0	0	2
	文学	1	0	0	1	2	1	3	1	3	3
	历史学	0	0	0	0	1	0	2	0	2	3
总数		5	1	2	4	9	5	15	4	12	12
ka		0.91	0.28	0.51	0.59	1.68	0.91	1.68	0.94	1.60	1.98
占学科设置总数比		16.1%	5.0%	9.1%	10.5%	30.0%	16.1%	30.0%	16.7%	28.6%	35.3%
理学		4	3	4	5	5	3	5	2	5	9

续表

一级学科类型	BG	TG	HG	HFG	NB	HGC	SZ	HN	SH	SS
ka	0.93	1.08	1.31	0.95	1.20	0.70	0.72	0.60	0.86	1.91
占学科设置总数比	12.9%	15.0%	18.2%	13.2%	16.7%	9.7%	10.0%	8.3%	11.9%	26.5%
工学	15	5	11	6	3	1	2	0	6	1
ka	1.34	0.81	1.58	0.91	0.27	0.32	0.22	0.00	0.97	0.37
占学科设置总数比	51.7%	31.3%	61.1%	35.3%	10.3%	12.5%	8.3%	0.0%	37.5%	14.3%
农学	0	0	0	0	0	0	0	0	5	0
ka	0.00	0.00	0.00	0.00	0.00	0.00	0.00	0.00	3.51	0.00
占学科设置总数比	0.0%	0.0%	0.0%	0.0%	0.0%	0.0%	0.0%	0.0%	31.3%	0.0%
医学	1	0	0	0	0	6	2	0	0	6
ka	0.32	0.00	0.00	0.00	0.00	6.89	0.77	0.00	0.00	7.87
占学科设置总数比	3.4%	0.0%	0.0%	0.0%	0.0%	75.0%	8.3%	0.0%	0.0%	85.7%
管理学	3	3	2	1	2	0	2	2	1	0
ka	2.09	3.79	2.24	1.19	1.39	0.00	1.68	6.73	1.26	0.00
占学科设置总数比	10.3%	18.8%	11.1%	5.9%	6.9%	0.0%	8.3%	33.3%	6.3%	0.0%
艺术学	1	1	0	3	3	0	3	0	1	0
ka	0.70	1.26	0.00	3.56	2.09	0.00	2.53	0.00	1.26	0.00
占学科设置总数比	3.4%	6.3%	0.0%	17.6%	10.3%	0.0%	12.5%	0.0%	6.3%	0.0%
学科设置总数	29	13	19	19	22	15	29	8	30	28
占一级学科总数比	26.1%	11.7%	17.1%	17.1%	19.8%	13.5%	26.1%	7.2%	2.7%	25.2%
学科门类总数	9	5	5	7	9	6	11	5	10	8
学科门类占比	75.0%	41.7%	41.7%	58.3%	75.0%	50.0%	91.7%	41.7%	83.3%	66.7%

（三）地方高水平大学学科布局总体情况

由表4-4的数据分析，可以看出10所地方高水平大学学科设置总体情况有以下几个特征：一级学科设置总数较少，总体设置不齐全，大学之间一级学科数量差别明显；工学类一级学科数量最多，但与人文社科类差别不大，同时，其他学科门类设置特征明显；学科门类缺失现象更为突出，学科设置呈两极分化趋势。

第一，一级学科设置总数较少，大学之间一级学科数量差别明显。一级学科设置总量平均值为17个，占一级学科总数的16.8%。浙江Z大学和浙江 F 大学一级学科设置总数最高为 29 个,浙江 C 大学一级学科设置总数最低为 6 个,处于 10 个一级学科以内的有 3 个、10—20 个之间的有 4 个、20 个及以上的有 3 个,相互之间差别较大。一级学科设置总体不齐全,10 所地方高水平大学共存在 56 个学科门类未设置的情况,占比 46.7%;除哲学外,共有 22 个学科门类仅设置 1 个一级学科的情况,占比 20%。

第二,工学类一级学科总数最多,平均占比 26.2%,有 4 所地方高水平大学工学类一级学科占有最高比例。人文社科类一级学科平均占比 22.4%,浙江 F 大学、杭州 F 大学、浙江 C 大学、浙江 S 大学人文社科类一级学科设置数量最高。同时,浙江 N 大学的农学、浙江 Y 大学和温州 Y 大学的医学一级学科数量占比高,占比分别达到了 31.3%、85.7% 和 75.0%。

第三,学科门类缺失现象更为突出,农学、医学、哲学、教育学、文学、历史学类一级学科设置缺失现象尤为突出,经济学、艺术学、理学、法学等存在较多学校仅设置 1 个一级学科的现象。且每一个学科在地方高水平大学的设置皆不齐全。

表 4-4　　　　地方高水平大学一级学科分布总体情况

一级学科类型		浙 Z	浙 S	杭 D	浙 L	浙 F	温 Y	杭 F	浙 C	浙 N	浙 Y
人文社科	哲学	0	0	0	0	1	0	1	0	0	0
	经济学	1	2	1	1	1	0	1	2	0	0
	法学	2	2	1	1	4	0	2	1	1	0
	教育学	1	0	0	0	3	0	3	0	0	0
	文学	2	2	0	0	2	0	2	0	0	0
	历史学	0	0	0	0	2	0	1	0	0	0
	总数	6	6	2	2	13	0	10	3	1	0
	ka	1.16	2.10	0.62	0.66	2.52	0.00	2.34	2.81	0.35	0.00
	占学科设置总数比	20.7%	37.5%	11.1%	11.8%	44.8%	0.0%	41.7%	50.0%	6.3%	0.0%
理学		3	1	3	5	8	1	5	1	2	0
	ka	0.75	0.45	1.20	2.12	1.99	0.90	1.50	1.20	0.90	0.00
	占学科设置总数比	10.3%	6.3%	16.7%	29.4%	27.6%	12.5%	20.8%	16.7%	12.5%	0.0%
工学		15	5	11	6	3	1	2	0	6	1

续表

一级学科类型	浙Z	浙S	杭D	浙L	浙F	温Y	杭F	浙C	浙N	浙Y
ka	1.34	0.81	1.58	0.91	0.27	0.32	0.22	0.00	0.97	0.37
占学科设置总数比	51.7%	31.3%	61.1%	35.3%	10.3%	12.5%	8.3%	0.0%	37.5%	14.3%
农学	0	0	0	0	0	0	0	0	5	0
ka	0.00	0.00	0.00	0.00	0.00	0.00	0.00	0.00	3.51	0.00
占学科设置总数比	0.0%	0.0%	0.0%	0.0%	0.0%	0.0%	0.0%	0.0%	31.3%	0.0%
医学	1	0	0	0	0	6	2	0	0	6
ka	0.32	0.00	0.00	0.00	0.00	6.89	0.77	0.00	0.00	7.87
占学科设置总数比	3.4%	0.0%	0.0%	0.0%	0.0%	75.0%	8.3%	0.0%	0.0%	85.7%
管理学	3	3	2	1	2	0	2	2	1	0
ka	2.09	3.79	2.24	1.19	1.39	0.00	1.68	6.73	1.26	0.00
占学科设置总数比	10.3%	18.8%	11.1%	5.9%	6.9%	0.0%	8.3%	33.3%	6.3%	0.0%
艺术学	1	1	0	3	3	0	3	0	1	0
ka	0.70	1.26	0.00	3.56	2.09	0.00	2.53	0.00	1.26	0.00
占学科设置总数比	3.4%	6.3%	0.0%	17.6%	10.3%	0.0%	12.5%	0.0%	6.3%	0.0%
学科设置总数	29	16	18	17	29	8	24	6	16	7
占一级学科总数比	26.1%	14.4%	16.2%	15.3%	26.1%	7.2%	21.6%	5.4%	14.4%	6.3%
学科门类总数	9	7	5	6	10	3	11	4	6	2
学科门类占比	75.0%	58.3%	41.7%	50.0%	83.3%	25.0%	91.7%	33.3%	50.0%	16.7%

综上所述，与"双一流"建设大学相比，地方高水平大学的学科分布总体呈现一种"相对独立的特色分布"趋势，与"世界一流大学"建设大学相比，各类学科之间的设置缺少相互协同发展的联系；与"世界一流学科"建设大学相比，学科设置冷热不均现象更为明显，学科分布缺失现象更为突出。

二 三类大学学科门类覆盖特征

图 4-1 (a)、(b)、(c) 分别表示"世界一流大学"建设大学、"世界一流学科"建设大学、地方高水平大学的学科门类覆盖情况，描述的是三类学校设置某门类一级学科的比例，体现的是三类大学学科设置的整体特征。在三类大学学科门类覆盖雷达图的显示中，面积越大代表该类大

学整体的综合性越高，离中心点越近表示该门类一级学科缺失越严重。

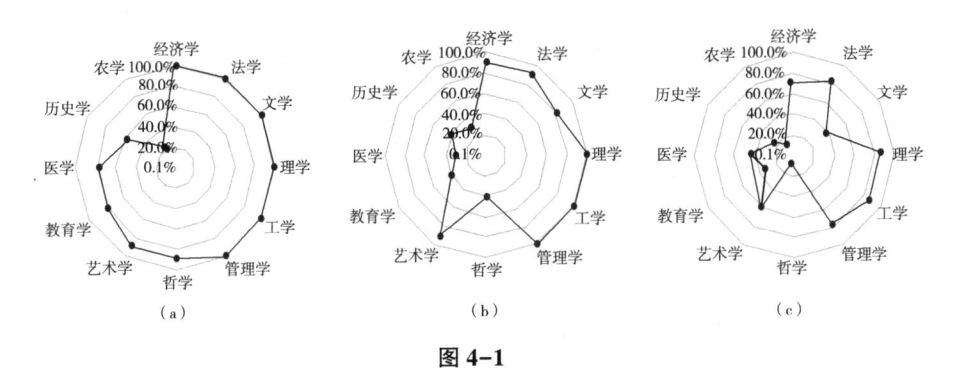

图 4-1

（a）9 所"世界一流大学"建设大学学科门类覆盖情况；（b）10 所"世界一流学科"建设大学学科门类覆盖情况；（c）地方高水平大学学科门类覆盖情况

（一）"世界一流大学"建设高校学科门类覆盖情况

对"世界一流大学"建设大学 12 个学科门类的设置比例进行计算，对所得结果进行降序处理，制作得到雷达图 4-1（a）。从图中可以看出，"世界一流大学"建设大学学科门类齐全，整体综合性较高，除农学、历史学覆盖率较低外，75%以上的高校皆设置了另外 10 个学科门类的一级学科。

经济学、法学、文学、理学、工学、管理学 6 个学科门类覆盖率达 100.0%；哲学、艺术学的覆盖率为 88.9%，SJ 大学未设置哲学一级学科，ZKJ 大学未设置艺术学一级学科；教育学、医学的覆盖率为 77.8%，ZKJ 大学、HGY 大学皆未设置医学类和教育学类一级学科；历史学的覆盖率为 55.7%，有 4 所高校未设置历史学类一级学科，分别是 SJ 大学、ZKJ 大学、HGY 大学和 XJ 大学；农学的覆盖率最低，仅为 22.2%，ZJ 大学和 SJ 大学设置有农学类一级学科。

（二）"世界一流学科"建设高校学科门类覆盖情况

对"世界一流学科"建设大学 12 个学科门类的设置比例进行计算，对所得结果进行降序处理，制作得到雷达图 4-1（b）。从图中可以看出，"世界一流学科"建设大学学科门类齐全，但综合程度不高，半数的学科门类覆盖率在 40%及以下，仅有少数的学科门类实现了全覆盖。

理学、工学、管理学 3 个学科门类覆盖率达到 100%；经济学、法学、艺术学类覆盖率为90%，SS 大学未设置经济学一级学科，TG 大学未设置法学一级学科，HG 大学未设置艺术学一级学科；文学类覆盖率为80%，TG 大学、HG 大学未设置文学一级学科；哲学、教育学、历史学类覆盖率为40%，BG 大学、SZ 大学、SH 大学、SS 大学设置了哲学一级学科，BG 大学、NB 大学、SZ 大学、SS 大学设置了教育学一级学科，NB 大学、SZ 大学、SH 大学、SS 大学设置了历史学一级学科；农学、医学覆盖率为30%，BG 大学、SZ 大学和HGC 大学皆设置了医学一级学科。

（三）地方高水平大学学科门类覆盖情况

对地方高水平大学12个学科门类的设置比例进行计算，对所得结果进行降序处理，制作得到雷达图4-1（c）。从图中可以看出，地方高水平大学学科门类齐全，综合程度低，覆盖率最高的学科为90%，半数的学科门类覆盖率在40%及以下。

理学、工学覆盖率最高，为90%，浙江 C 大学未设置工学一级学科、浙江 Y 大学未设置理学一级学科；法学、管理学覆盖率次之，为80%，温州 Y 大学和浙江 Y 大学皆未设置法学和管理学一级学科；经济学覆盖率为70%，温州 Y 大学、浙江 Y 大学、浙江 N 大学未设置经济学一级学科；艺术学覆盖率为60%，杭州 D 大学、温州 Y 大学、浙江 Y 大学、浙江 C 大学未设置艺术学一级学科；文学和医学覆盖率为40%，浙江 Z 大学、浙江 S 大学、浙江 F 大学、杭州 F 大学设置了文学一级学科，浙江 Z 大学、温州 Y 大学、杭州 F 大学、浙江 Y 大学设置了医学一级学科。

通过SPSS22.0对各类型大学的学科门类覆盖情况进行相关性检验，（将大学类型以度量的方式进行赋值：1代表"世界一流大学"建设大学；2代表"世界一流学科"建设大学；3代表地方高水平大学），检验发现，学科门类覆盖率与大学的类型在99%的置信区间内存在相关关系，则可以说明与"双一流"建设大学相比，地方高水平大学在学科门类覆盖率上存在着较大的差异，学科覆盖率低可以作为地方高水平大学的特征。

综上所述，与"双一流"建设大学相比，地方高水平大学综合程度低、学科覆盖率偏低、一级学科设置缺失情况明显。但在农学、医学、历史学三类学科覆盖比率上，三类大学覆盖比例皆较低，对于地方高水平大学来说，加强此三类学科的设置和布局可能存在一定的发展空间。

三 三类大学学科设置比重特征

图 4-2（a）、(b)、(c) 分别是"世界一流大学"建设大学、"世界一流学科"建设大学、地方高水平大学的学科设置比重 K_a 分布图，可以表示各大学不同学科门类设置比重情况。从单个学科门类 K_a 曲线所呈现的形状来看，越接近正多边形，表示该学科门类在各大学的设置比重越接近，差别越小；形状越不规则，表示该学科门类在各大学的设置比重区别越明显，差距越大；曲线折点与中心点的距离越大，该学科门类在该点所在该校的设置比重越高。从单个大学的各学科门类 K_a 曲线折点之间的距离来看，距离越大表示该校的各学科门类设置比重差别越明显，学科设置越不均衡。根据学科设置比重 K_a 分布图的特征，将各大学的学科设置总结为单领域突出型、多领域突出型、均衡布局型三类。

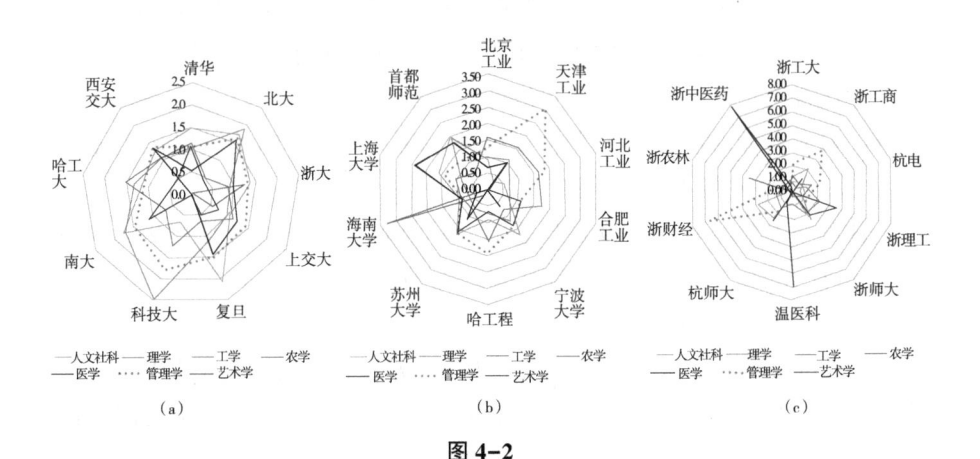

图 4-2

(a) 9 所"世界一流大学"建设大学各类学科的 K_a 分布；(b) 10 所"世界一流学科"建设大学各类学科的 K_a 分布；(c) 10 所地方高水平大学各类学科的 K_a 分布

（一）"世界一流大学"建设大学学科设置比重情况

以 9 所"世界一流大学"建设大学为横坐标、以学科门类 K_a 值为纵坐标形成雷达图，如图 4-2（a）。可以看出，"世界一流大学"建设大学的图形整体比较规则，各学科设置比重在 2.5 以内，大多集中于 0.5 到 2.0 之间。不同类型的学科设置比重差异较小，同一学校的不同学科设置比重差异较大；存在单领域突出型，多领域突出型、均衡布局型特征明显。

从单一学科在不同学校设置比重来看，人文社科类最高和最低点分别出现在 FD 大学（2.05）和 ZKJ 大学（0.66）位置，在其他大学中设置比重相差不大，处于 0.96 到 1.77 之间，分布均衡；理学类最高点和最低点分别出现在 ZKJ 大学（2.5）和 ZJ 大学（0.87）位置，BJ 大学（1.89）也较为突出，但特征不明显，在其他大学中设置比重差别不大，处于 0.95 到 1.72 之间；工学类最高点和最低点分别出现在 HGY 大学（1.52）和 BJ 大学（0.48）位置，在其他大学中设置比重差别不大，处于 0.63 到 1.22 之间；农学类仅有 ZJ 大学（1.27）和 SJ 大学（0.59）有设置，ZJ 大学设置比重更高；医学类最高点和最低点出现在 BJ 大学（1.44）和 QH 大学（0.52），除未设置医学的两所大学外，在其他大学中设置比重差别不大，处于 0.95 到 1.44 之间。管理学类设置比重最为均衡，最高点和最低点分别出现在 ZKJ 大学（1.78）和 HGY 大学（0.99）位置，在其他大学中设置比重差别不大，处于 1.06 到 1.65 之间；艺术学设置比重最小，最高点和最低点出现在 NJ 大学（1.12）和 BJ 大学（0.41）位置，除 1 所大学未设置外，在其他大学中的设置比重差别较大，处于 0.46 到 1.06 之间。

从单一大学的各学科设置比重看，单领域突出型的典型代表为 ZKJ 大学、FD 大学、HGY 大学和 ZJ 大学，分别仅有理学、人文社科、工学和农学设置比重最为突出；多领域突出型典型代表为 BJ 大学、XJ 大学等，虽然非全部处于最高点，但表现为 3 个及以上的高设置比重的学科门类较多；均衡布局型典型代表为 QH 大学和 SJ 大学，特征是学科门类设置齐全，设置比重较为均衡。

（二）"世界一流学科"建设大学学科设置比重情况

以 10 所"世界一流学科"建设大学为横坐标、以学科门类 K_a 值为纵坐标形成雷达图，如图 4-2（b）。可以看出，"世界一流大学"建设大学的图形整体呈现不规则趋势，各学科设置比重在 3.5 以内，大多集中于 0.5 到 2.0 之间。不同类型的学科设置比重差异较大，同一大学的不同学科设置比重差异较大；存在多领域突出型和均衡布局型，单领域突出型特征明显。

从单一学科在不同大学设置比重角度来看，人文社科类最高点和最低点出现在 SS 大学（1.98）和 TG 大学（0.28）位置，在其他大学中设比重相差较大，处于 0.51 到 1.68 之间；理学类最高点和最低点分别出现在 SS 大学（1.91）和 HN 大学（0.60）位置，在其他大学中设置比重差别不大，处于 0.70 到 1.31 之间；工学类最高点和最低点分别出现在 HFG 大学（1.70）和 SS 大学（0.61）位置，在其他大学中设置比重差别不大，处于 0.78 到 1.65 之间；农学类仅有 HN 大学（3.27）、SZ 大学（0.22）和 NB 大学（0.37）有设置，差别十分显著；医学类仅有 SZ 大学（1.10）、NB 大学（0.61）和 HN 大学（0.38）有所设置，差别不明显；管理学类设置比重最高，最高点和最低点分别出现在 TG 大学（3.03）和 HN 大学（0.84）位置，在其他大学中设置比重差别不大，处于 1.06 到 1.84 之间；艺术学最高点和最低点出现在 SH 大学（2.40）和 BG 大学（0.65），除 1 所大学未设置外，在其他大学中的设置比重差别较大，处于 0.84 到 1.78 之间。

从大学个体的各学科设置比重看，单领域突出型特征更为明显，SH 大学、TG 大学、HFG 大学、HN 大学分别在艺术学、管理学、工学、农学单一学科领域设置比重最为突出；多领域突出型、均衡布局型也少许存在，典型代表有 SS 大学，在 2 个学科领域学科设置比重最为突出；SZ 大学、NB 大学各学科门类设置较为齐全，学科设置比重不突出，较为均衡。

（三）地方高水平大学学科设置比重情况

以 10 所地方高水平大学为横坐标、以学科门类 K_a 值为纵坐标形成雷达图，如图 4-2（c）。可以看出，地方高水平大学的图形整体不规则，不同类型的学科设置比重差异十分明显，各学科设置比重在 8.0 以内，大多集中于 0.5 到 2.5 之间。同一大学的不同学科设置比重差异很大；单领域突出型特征明显。

从单一学科在不同大学设置比重来看，人文社科类最高点和最低点出现在浙江 C 大学（2.81）和浙江 N 大学（0.35），除了浙江 Y 大学未设置外，在其他大学中设置比重相差较大，处于 0.62 到 2.52 之间；理学类最高点和最低点分别出现在浙江 L 大学（2.12）和浙江 S 大学（0.45），除浙江 Y 大学未设置外，在其他大学中设置比重差别较大，处于 0.75 到 1.99 之间；工学类最高点和最低点分别出现在杭州 D 大学（1.58）和浙江 F 大学（0.22），除浙江 C 大学未设置外，在其他大学中设置比重差别较大，处于 0.27 到 1.34 之间；农学类仅有浙江 N 大学（3.51）有设置；医学类学科的设置在温州 Y 大学（6.89）、浙江 Y 大学（7.87）都很突出,此外,杭州F大学(0.77)、浙江Z大学(0.32)也有所设置,彼此之间差异显著;管理学类设置比重最高,最高点和最低点分别出现在浙江C大学(6.73)和浙江L大学(1.31),在其他大学中设置比重差别较大,处于1.26到3.79之间;艺术学最高点和最低点出现在浙江L大学(3.52)和浙江Z大学(0.70),除4所大学未设置外,在其他大学中的设置比重差别较大,处于1.26到2.53之间。

从大学个体的各学科设置比重看,单领域突出型特征十分突出,浙江Y大学、浙江L大学、浙江N大学、杭州D大学在医学、理学、农学、工学单一学科领域设置比重最为突出;多领域突出型、均衡布局型也少许存在,典型代表有浙江C大学,在2个学科领域学科设置比重最为突出,浙江Z大学各学科门类设置较为齐全,学科设置比重不突出,较为均衡。

(四)地方高水平大学与"双一流"建设大学的比较

将地方高水平大学与"世界一流大学"建设大学学科设置比重情况相比。总体来看,两类大学学科设置比重与学校类型无关,地方高水平大学各学科设置比重更加不均衡,学科设置之间联系较少,学科设置比重不均衡。

1. 与"世界一流大学"建设大学的比较

第一,将两类大学的各学科K_a值通过SPSS22.0软件进行双变量相关分析,发现在整体上两类大学在学科设置比重上并没有因为身份类别而对不同学科的设置比重造成影响,因此,可以从学科设置比重整体趋势上看,两类大学的学科设置比重与两种大学的类型不存在相关关系。

第二,从各个学科设置比重之间的相关性分析可以发现,地方高水平大学学科设置比重之间的相关关系较为简单,仅管理学和人文社科、理学和艺术学之间在95%的置信区间内存在着正相关关系。"世界一流大学"建设大学学科设置比重之间有三对存在相关关系,分别是人文社科与工学在99%置信区间内存在负相关关系,理学与管理学在95%置信区间内存在着正相关关系,工学与医学在95%置信区间内存在着负相关关系。因此,地方高水平大学各学科设置之间关系较为简单,相互之间联系较少。

第三,从图4-2(a)和图4-2(c)中可以看出,与"世界一流大学"建设大学相比,地方高水平大学学科设置比重类型特征表现单领域突出型十分显著,均衡布局型特征不明显,各学科设置比重不均衡,不同学科设置比重差异较大。

2. 与"世界一流学科"建设大学的比较

将地方高水平大学与"世界一流学科"建设大学学科设置比重情况相比，在"工学 K_a 值"上两类大学在95%置信区间内在相关性、学科设置之间联系较少、学科设置重点更为突出。

第一，同样将两类大学各学科 K_a 值放置于SPSS22.0软件进行双变量相关分析，除了地方高水平大学的工学设置比重明显低于"世界一流学科"建设大学之外，其他学科设置比重与两类大学的类型并不存在明显的相关性，在其他学科设置比重方面并未存在明显差异。

第二，"世界一流学科"建设大学学科设置比重之间也存在三类相关关系，分别是人文社科与工学在99%置信区间内存在负相关关系，人文社科与艺术学在95%置信区间内存在正相关关系，工学与艺术学在95%置信区间内存在负相关关系，地方高水平大学缺少相互支撑和有所侧重设置的趋势。

第三，从图4-2（b）和图4-2（c）可以看出，与"世界一流学科"建设大学相比，地方高水平大学学科设置比重类型特征表现为，单领域突出型更为显著，均衡布局型特征不明显，各学科设置比重更为不均衡，不同学科设置比重差异更大。

综上，与"双一流"建设大学相比，地方高水平大学在学科设置比重上存在较大差异，主要表现在各学科设置比重的关系较为简单，较为缺少内部的合作与制约机制、学科设置比重结构不均衡，不同学科设置比重差异较大。但由此带来的学科设置比重存在十分突出的现象，有利于地方高水平大学学科特色的体现。

第三节 三类大学学科布局水平特征比较

学科水平是学科布局的重要构成要素，对地方大学高水平学科体系的建设具有重要意义。学科水平特征体现的是大学学科布局的层次，主要从各层次学科的数量分布、高水平学科设置的数量即学科设置精度来展开。以教育部第四轮学科评估结果为基础，分别将地方大学各层次学科的数量与各高校形成10×29的矩阵，如表4-5所示。

通过类间平均距离链接法（即分层聚类分析），将学科水平分布类型进行聚类，通过与"双一流"建设大学学科布局水平特征的比较，得到普通地方大学的学科水平分布类型主要有非均衡中水平型、非均衡中低水平型、均衡中低水平型三种。

表 4-5　　29 所大学学科水平总体分布情况①

学校类型	高校名称	学科排名 前 2% A+	2%—5% A	5%—10% A-	10%—20% B+	20%—30% B	30%—40% B-	40%—50% C+	50%—60% C	60%—70% C-	C-以上学科数	一级学科总数	学科设置精度
"世界一流大学"建设大学	BJ	20	11	3	8	3	2	1	0	0	48	49	98.0%
	ZJ	11	11	17	9	6	2	1	0	2	59	62	95.2%
	XJ	2	4	8	6	5	7	4	2	3	41	44	93.2%
	QH	21	8	8	10	0	2	2	0	2	53	57	93.0%
	FD	5	8	10	9	2	1	1	1	0	37	41	90.2%
	HGY	3	5	9	5	6	1	4	3	0	36	41	87.8%
	SJ	5	9	11	8	4	4	7	1	1	50	57	87.7%
	ZKJ	7	2	8	2	1	2	0	0	1	28	34	82.4%
	NJ	3	10	7	10	3	4	2	1	0	40	51	78.4%
"世界一流学科"建设大学	SH	0	0	2	7	10	5	6	4	1	35	43	81.4%
	BG	0	1	1	7	4	5	1	3	2	24	31	77.4%
	SZ	0	0	1	11	5	8	2	6	6	39	50	78.0%
	HGC	1	0	1	5	6	2	1	2	4	22	31	71.0%
	HFG	0	1	0	4	7	5	3	0	5	25	38	65.8%
	TG	1	0	0	0	2	5	4	1	0	13	20	65.0%
	HG	0	0	0	1	4	2	4	1	2	14	22	63.6%
	SS	0	0	5	5	3	3	2	2	1	21	34	61.8%
	HN	0	0	0	0	2	0	3	3	6	14	24	58.3%
	NB	0	0	0	0	4	0	3	4	2	14	30	46.7%
地方高水平大学	温 Y	0	0	0	0	0	2	2	2	2	8	8	100.0%
	浙 C	0	0	0	1	1	1	1	1	1	6	6	100.0%
	浙 Y	0	0	0	0	2	1	2	0	1	6	7	85.7%
	浙 L	0	0	0	0	3	2	4	5	0	14	17	82.4%
	浙 S	0	0	1	2	2	2	2	3	0	12	16	75.0%
	浙 F	0	0	0	3	1	6	7	2	2	21	29	72.4%
	杭 F	0	0	0	0	2	4	5	2	4	17	24	70.8%
	浙 Z	0	0	1	2	5	3	4	5	0	20	29	69.0%
	杭 D	0	0	0	0	3	0	3	1	0	8	18	44.4%
	浙 N	0	0	0	0	1	1	0	3	1	1	7	16	43.8%

① 中国学位与研究生教育信息网：《全国第四轮学科评估结果的公示》，2017 年 12 月 28 日。

一 地方高水平大学学科设置精度特征

学科设置精度为一定水平层次的学科数量占总学科数的比,可以用来描述大学学科整体的水平层次,数值越大,学科设置精度越高。以各大学教育部第四轮学科评估 C-及以上的一级学科数与各高校设置的一级学科总数比为学科设置精度的数据来源。

第一,"世界一流大学"建设大学前 70% 的一级学科总数大、水平高,以 QH 大学和 BJ 大学尤为突出,分别占一级学科设置总数的 93% 和 98%。除了 XJ 大学外,其他"世界一流大学"建设大学高层次学科在三个层次中占比最高。

第二,"世界一流学科"建设大学前 70% 的一级学科占比平均在 65%,以中层次学科为主,高层次学科在该类大学出现率为 70%,总量较少,且大多处于前 5%—10% 区间。

第三,地方高水平大学前 70% 的一级学科占比平均在 70%,以中低层次学科为主,精度较高。但水平结构出现了两级分化现象,如浙江 C 大学、温州 Y 大学 C-及以上学科数量占一级学科数量的 100%,而浙江 N 大学、杭州 D 大学 C-及以上学科数量仅占一级学科数量的 44% 左右,学科水平的精度有待提升。

与"世界一流大学"建设大学相比,地方高水平大学在一级学科设置总量、C-及以上学科数量、B 及以上学科数量上存在巨大差距。将学科类型和各水平层次学科数量做双因素变量相关性检验,结果发现在 B-及以下水平的学科数量与大学类型不存在相关关系,B 及以上水平的学科数量与学科类型在 99% 的置信区间内存在相关关系,由表 4-5 也可以直观地看出,两类大学在中、高水平层次的学科数量上差异巨大;C-及以上学科占学科设置比也存在明显差异,地方高水平大学学科设置精度明显低于"世界一流大学"建设大学。

与"世界一流学科"建设大学相比,B+、B、C-三个层次的学科设置数量与大学类型在 95% 的置信区间内存在相关关系,C-及以上学科占学科设置比与大学类型不存在相关关系。因此,对于地方高水平大学来说,与"世界一流学科"建设大学差距主要在于中层次学科数量不足,进而导致内生动力的缺乏。

二 地方高水平大学学科水平分布特征

水平分布特征主要体现在学科层次与各层次学科数量上,根据教育部第四轮学科评估结果可以将学科层次分为高、中高、中、中低、低五个层次;根据各层次学科数量的分布可以描述为均衡和非均衡型,均衡表示处于某一水平层次的学科数量超过其他水平层次的学科数量总和。

分类方法采用分层聚类的方式,将表4-2的数据导入SPSS22.0中,并将大学作为个案进行系统聚类分析,将"世界一流大学"建设大学、"世界一流学科"建设大学分别与地方高水平大学进行聚类分析,得到图4-3和图4-4。

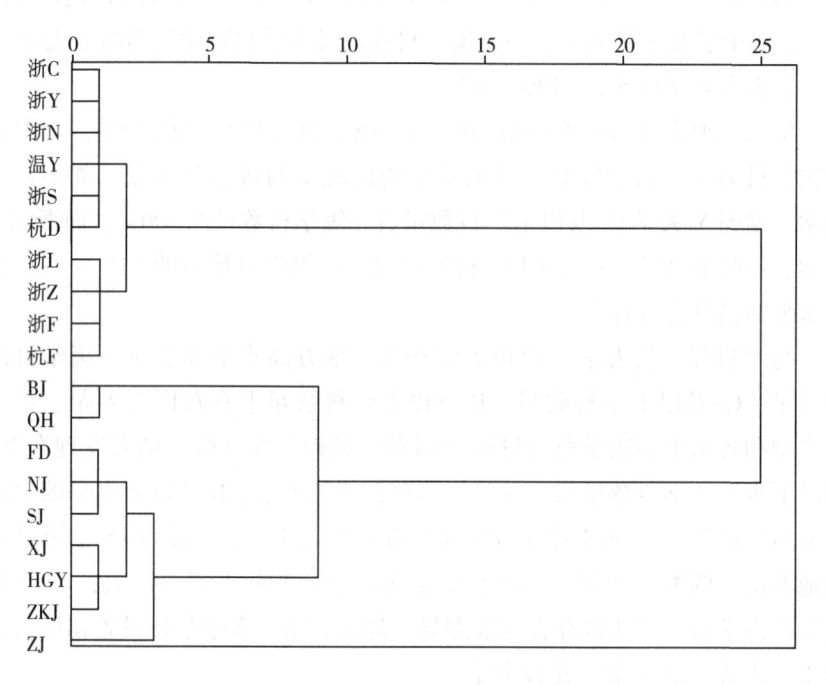

图4-3 "世界一流大学"建设大学与地方高水平大学分层聚类情况

如图4-3的分层聚类图所示,"世界一流大学"建设大学与地方高水平大学学科水平分布类型不存在相似性,因此,可以证明与"世界一流大学"建设大学相比,地方高水平大学的学科水平层次低,差距明显。在该种比较方法下,10所地方高水平大学的学科水平分布类型主要可以分为两类,但是相互之间的差别并不明显,不能形成有效的分析。"世界一流大学"建设大学的学科水平分布特征可以总结为两种类型，第一种是以 QH 大学和 BJ 大学为代表的均衡高水平型，特点是高水平层次的学科占大多数；第二种是其他大学组成的非均衡中高水平型，特点是以中、高层次学科占大多数但分布较为分散。

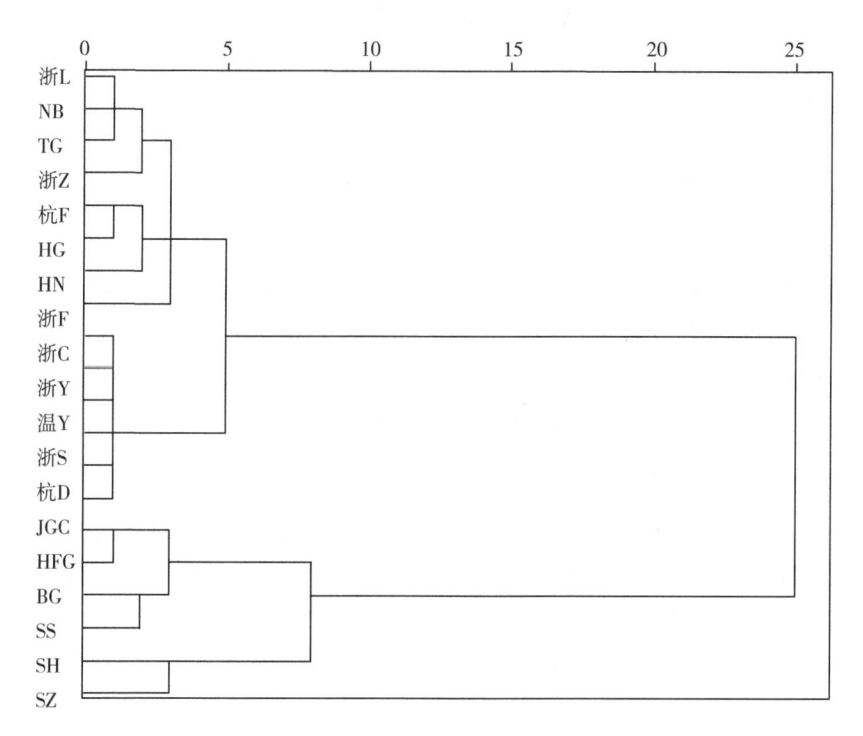

图 4-4 "世界一流学科"建设大学与地方高水平大学分层聚类情况

如图 4-4 所示，NB 大学、TG 大学、HG 大学、HN 大学与地方高水平大学的学科水平分布特征具有共同点，19 所大学的学科水平分布特征可以分为三类。第一类以浙江 C 大学、浙江 Y 大学等 6 所大学组成的非均衡中低水平型，特点是以中低层次水平的学科为主，学科总数少且分布较为分散；第二类以浙江 F 大学、浙江 Z 大学、NB 大学、HG 大学为代表的均衡中低水平型，特点是以中低层次水平的学科为主，学科总数多且集中于中低水平层次；第三类以 SZ 大学、SS 大学、HGC 大学代表的非均衡中水平型，以中层次学科为主，学科总数较多，且分布不均衡。

综上所述，通过与"世界一流大学"建设大学和"世界一流学科"建设大学的对比发现，地方高水平大学的学科水平主要呈现学科设置精度偏低、学科整体水平层次不高、中高层次学科缺乏、中层次学科数量明显不足的特征。

中高层次学科数量的缺失给地方高水平大学带来的学科发展问题在于学科内部生长能力和外部竞争能力的缺乏，因此对于某些具备一定学科内部成长条件和外部竞争优势的地方高水平大学而言，考虑优势学科的特色发展之路是有效的突破策略，全面推进学科水平的提升不利于地方高水平大学的发展。

三 地方高水平大学学科布局特征的案例呈现

以浙江省重点高校建设计划的10所地方大学为例，根据《浙江省教育厅关于开展省一流学科遴选工作的通知》（浙教高科〔2015〕126号)[①]对各校一流学科遴选结果的公示，对除宁波大学外的57个"省一流学科A类"的学科布局特征进行分析，分别从各大学的分布情况、学科结构布局、学科水平布局等方面进行呈现。

（一）浙江省重点建设学科的基本情况

浙江省一流学科的遴选以浙江省经济社会发展需要和学科发展的综合实力为原则，除1所"世界一流学科"建设大学外，在10所省重点建设大学中，分批次共遴选了"省一流学科A类"57个，涉及39个一级学科和11个学科门类、"省一流学科B类"46个，涉及46个一级学科和11个学科门类。

表4-6 浙江省"一流学科A类"学科在各大学分布情况

学校名称	数量	"一流学科A类"学科名称
浙Z	11	材料科学与工程、动力工程与工程热物理、工商管理、化学工程与技术、环境科学与工程、机械工程、计算机科学与技术、控制科学与工程、生物工程、药学、应用经济学
浙F	11	化学、教育学、马克思主义理论、软件工程、生物学、数学、物理学、心理学、政治学、中国史、中国语言文学
杭F	8	公共管理、化学、生物学、外国语言文学、心理学、艺术学理论、数学、中国语言文学
浙S	6	工商管理、应用经济学、统计学、食品科学与工程、管理科学与工程、外国语言文学

---

① 浙江省教育厅：《浙江省教育厅关于开展省一流学科遴选工作的通知》，2015-12-2。

续表

学校名称	数量	"一流学科A类"学科名称
浙L	6	材料科学与工程、纺织科学与工程、机械工程、化学、数学、设计学
杭D	4	电子科学与技术、计算机科学与技术、控制科学与工程、数学
温Y	3	临床医学、药学、医学技术
浙Y	3	中医学、中药学、中西医结合
浙N	3	林学、生态学、林业工程
浙C	2	统计学、应用经济学

学科在大学中的分布呈现出分布不均衡的特点，在"省一流学科A类"学科数量上差别明显，其中以浙江Z大学、浙江F大学的"省一流学科A类"数量最多，达到11个，浙江C大学数量最少，为2个。在学科门类的覆盖上，也存在着较大差别，除了浙江Y大学、温州Y大学外，其他大学涉及的学科种类皆超过2个学科门类，尤其以浙江F大学涉及的学科门类最广，有法学、历史学、文学、教育学、理学、工学等6个学科门类，综合性特征显著。浙江Z大学、杭州D大学、浙江L大学以理学、工学学科为主，医药类、农林类大学以特色学科入选。

（二）地方高水平大学重点建设学科布局特征

以第四轮学科评估和一级学科分类为依据，将"省一流学科A类"的39个一级学科的数量和水平分布情况进行统计，如表4-7。布局结构呈现出以工学为主，基础理论和应用技术学科并举，理、工、社会科学共荣的结构特征；水平层次呈现以中低层次的学科布局为主，中、中高层次的学科占比高的特征。

表4-7　　　　　　　　浙江省"省一流学科A类"布局情况

		个数	A-	B+	B	B-	C+	C	C-	其他
经济学	应用经济学	3		2		1				
法学	政治学	1						1		
	马克思主义理论	1			1					
教育学	心理学	2				1		1		
	教育学	1		1						
文学	中国语言文学	2		1			1			
	外国语言文学	2			2					

续表

		个数	A-	B+	B	B-	C+	C	C-	其他
历史学	中国史	1							1	
理学	数学	4		1			2			1
	物理学	1					1			
	生态学	1					1			
	统计学	2	1							1
	生物学	2				1	1			
	化学	2					2			
工学	材料科学与工程	2					1	1		
	动力工程及工程热物理	1					1			
	化学工程与技术	2	1							1
	环境科学与工程	1			1					
	机械工程	2			1			1		
	计算机科学与技术	2		1		1				
	控制科学与工程									
	生物工程	1								1
	食品科学与工程	1				1				
	电子科学与技术	1			1					
	林业工程	1					1			
	纺织科学与工程	1				1				
	软件工程	1				1				
农学	林学	1		1						
医学	中西医结合	1				1				
	中医学	1			1					
	中药学	1			1					
	医学技术	1								1
	临床医学	1				1				
管理学	药学	2			1	1				
	管理科学与工程	1					1			
	公共管理	1				1				
	工商管理	2		2						
艺术学	艺术学理论	1			1					
	设计学	1				1				

续表

		个数	A-	B+	B	B-	C+	C	C-	其他
总数		57	2	12	12	9	12	4	1	5
占比		100.08%	3.6%	21.4%	21.4%	16.1%	21.4%	7.1%	1.8%	8.9%

如表4-7所示，浙江省"省一流学科A类"的学科门类布局上除军事学之外，仅有哲学的一级学科未设置，学科门类较齐全；在各学科门类的设置比例上明显趋向于工学和理学类，设置比例达到31.6%和21.1%，经济学、法学、文学、教育学、历史学等人文社科类设置比例也较高，共占22.8%；农学和艺术学类一级学科设置较少，农学仅遴选了1个一级学科，艺术学仅遴选了2个一级学科。

从学科水平的分布情况来看，C+到B+层次的学科比重最高，占总数的80.4%；C-到C的低水平层次学科占比为8.9%；A-层次的学科仅有2个，占比3.6%。因此，学科水平的分布表现为非均衡低水平特征，高水平层次学科稀缺，"省一流学科A类"学科整体水平不高。

可以看出，地方高水平大学的学科布局整体情况并不乐观，将浙江省地方大学与"双一流"建设大学相比，在一级学科设置总量、学科水平等方面，地方高水平大学明显处于弱势地位，从不同层次的学科数量来看，地方大学发展的底蕴也比较薄弱，学科体系整体水平提升内生动力不足的问题显著。

第五章

个案呈现:"双一流"背景下地方高水平大学学科建设的困境

本部分主要以浙江 Z 大学(以下简称"Z 大学")为例,从地方高水平大学学科布局的影响因素及存在的问题两个层面展开讨论。第一,对学科布局决策者的深度访谈,采用"学科关联度"和"系统关联度"两个影响因子设计访谈提纲,并对访谈结果进行描述。第二,对 Z 大学各学科在发展过程中的存在困境和自身发展路径进行描述。第三,通过归纳整理,对地方高水平大学学科布局存在的问题进行描述。

第一节 研究样本与分析框架

一 研究样本:Z 大学简介

Z 大学是浙江省一所综合性的省属重点大学,2009 年浙江省政府与教育部达成共建协议,正式进入省部共建大学行列。在近几年的国内大学综合实力排名中为稳定处于前 100 名范围内,是一所国内具有一定影响力的研究型大学。2015 年 4 月,浙江省人民政府发布《关于实施省重点高校建设计划的意见》,将该校纳入首批重点高校建设计划高校行列,由于在化学工程与技术、生物工程等学科具有较强的竞争力,因此在"双一流"政策发布后,学校将目标定位于进入"世界一流学科"建设大学。2016 年 9 月,Z 大学发展规划处(省部共建办公室)发布了《Z 大学关于实施目标责任制(2016—2019 年)的若干意见》,明确指出要围绕《中长期发展规划纲要(2011—2020 年)》和"省重点高校建设计划"发展目标来实现学校战略规划的突破,学校的发展目标和战略要结合"双一流"政策的要求和外部政策环境的变化。2017年11月，该校召开一流高峰学科建设推进工作会议，指出"'双一流'建设已成为学校学科建设今后一段时期的标杆"，为快速拉近与标杆学校的差距，实现高峰突破，在学科布局上有了新的要求，遴选了5个高峰学科，分别是化学工程与技术、机械工程、生物工程（未参加第四轮学科评估）、药学、控制科学与工程，并在后期的调整中增加了工商管理，因此形成了"5+1"高峰学科群，并形成了高峰、高原、支撑、特色、基础学科的学科布局。

从各类学科设置情况来看，工学学科有11个，总数最多，理学类、管理学类各2个，其他学科各1个。具有硕士学位授予权的一级学科分布在22个学院，C-以上的一级学科分布在14个学院中，占63.6%。

从各类学科水平分布来说，为了更好地展示总体水平和各类学科的水平，将A+到C- 9个水平段从9到1进行赋值，A+赋予9分依次递减1分，通过加权平均值的方式得到平均水平。可以发现，20个一级学科的加权平均值为3.85，处于平均分以下的为理学、教育学和文学类，分别是2.5、2、2，平均值最高的为医学，为5分；其次是经济学、管理学和艺术学，为4分；而工学学科得分为3.92分，稍微高于总体平均值。因此，从学科门类水平角度来说，Z大学的医学最强，工学处于中间水平，理学、教育学、文学等处于较低水平。从各学科水平来讲，A-、B+、B、B-、C+、C的数量分别是1、2、5、2、5、5，高峰学科的学科水平分布于B等以上，化学工程与技术为A-、工商管理和机械工程为B+、药学和控制科学与工程为B。高原学科处于B的有计算机科学与技术、软件工程、环境科学与工程；处于B-的有设计学和应用经济学，其他支撑学科或基础学科基本处于C档。

由上文的分析可知，此学科布局特征为非均衡中水平型，代表在综合实力上处于地方大学前列的特征，因此，以该校的学科布局作为案例进行剖析具有较高的实践参考价值。

二　分析框架

学科布局是与外界环境相互作用的结果，按照组织生态学的理论，学科布局是学科在学科生态体系中资源利用过程中的阶段稳态，受学科关联度与系统开放度两个关键因素的影响①。访谈分析的框架如图 5-1 所示，学科关联度主要表示为学科与其他学科关系、内部治理结构、学科布局战略等，系统开放度主要表示国家战略、地方政府要求、区域经济社会发展需要等。

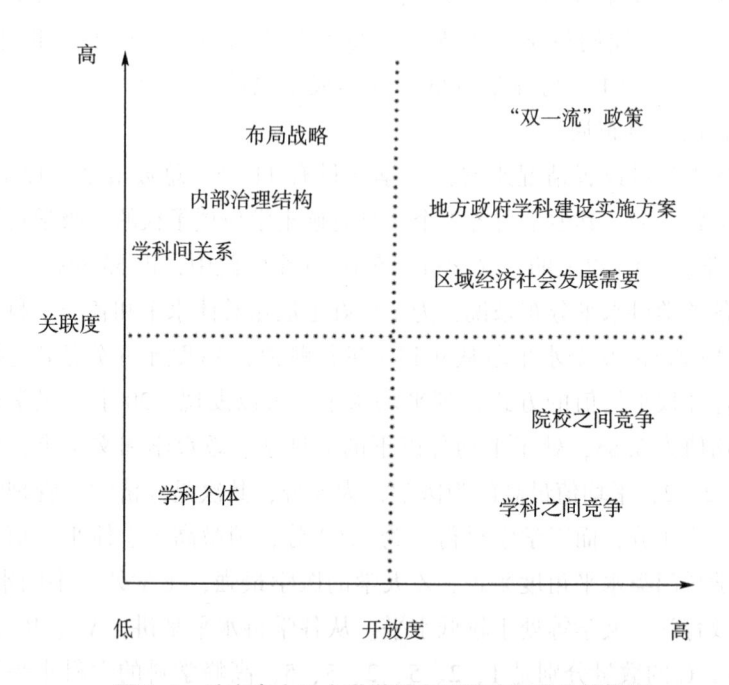

图 5-1 地方高水平大学学科布局影响因素分析框架

获取地方高水平大学学科局部的外部影响因素时，采取结构化访谈的方式。对 Z 大学发展规划处和学科建设办公室的主要负责人进行访谈，总访谈时间为 2.5 小时，经过访谈对象的同意，全程录音并整理文字约 2 万字，以此作为学科建设影响因素的主要来源。通过访谈分析，总结出"双一流"政策背景下地方高水平大学学科布局的影响因素主要有"双一流"政策、区域社会经济发展需要、大学竞争、大学内部学科关系、重点学科发展困境等。

访谈提纲的拟定。采用访谈的方式主要目的在于从决策者的角度获取

---

① 武建鑫：《学科生态系统：论世界一流学科的生长基质——基于组织生态学的理论建构》，《江苏高教》2017 年第 4 期。

地方高水平大学学科建设各因素的实际影响。根据影响因素的构成要素和Z大学学科建设的实践拟定访谈题目，访谈提纲如下：

（1）"双一流"政策对学科布局战略有什么影响？

（2）"高峰"学科布局（即"5+1"战略）的形成影响因素有哪些？

（3）学校层面上支撑"高峰"学科发展的政策有哪些？

（4）"高峰"学科发展存在什么问题？

（5）"高峰"学科与"普通"学科之间是什么关系？

（6）学校学科布局的治理结构（学校、二级学院、学科在学科建设中的高效协作问题）是什么？

（7）与"双一流"建设大学相比，"高峰"学科布局的优势和劣势有哪些？

学科发展困境的分类及编码。个体学科发展的困境也是学科建设的重要影响因素，数据来源于2019年1月Z大学召开的"任期目标责任制2018年度机关部门工作考评会议"中，13个教育部第四轮学科评估评价在C及以上的一级学科和1个未参加评估的化学工程与技术"高峰"学科，共包括6个"高峰学科"和8个普通学科，对学科发展的困境的介绍。因为会议级别较高，数据有效性可以得到有效保障。

学科发展困境的分类主要参考第四轮学科评估的评价指标体系，分别是师资队伍与资源、人才培养质量、科学研究水平、社会服务与声誉[①]。

编码方式主要采用两级编码的方式，将学科发展困境分类作为第一级分类，a师资队伍的困境、b科学研究的困境、c人才培养的困境、d社会服务与声誉的困境四类。将各一级编码下各学科发展的具体困境进行整合归类作为二级分类，分别有4、7、4、4个二级分类。

第二节 地方高水平大学学科建设的影响因素

在"双一流"语境下，地方高水平大学以特色优势的高峰学科的建设作为突破口是实现"世界一流学科"建设要求的主要路径，与"双一流"建设大学相比，在教育资源的配比、社会声誉、学术圈影响力等方面处于劣势，因此高峰学科如何能够在重点建设下实现超越，学科体系之

---

① 中国高等教育学生信息网：《全国第四轮学科评估工作概览》，2013-03-06。

间形成有效互动、共同发展的良性局面是当前地方高水平大学面临的主要问题，在实践中有多种因素对学科布局产生影响，尤其是在国家、省部级等高端人才的引进、重大科研项目的申报、科研平台的建设、学科体系的互动等方面都存在实际的困难。个体学科发展面临的主要困难为资源的有限性与需求的无限性之间的矛盾，大部分学科都希望在资源配置上能得到更多的支持。面对上述困难，需要从实证角度获取数据，对各学科发展中的策略、困难以及诉求进行掌握，为地方高水平大学的学科布局优化策略提供有价值的参考意义。

一　地方高水平大学学科建设的外部影响因素

（一）"双一流"建设政策的影响

"双一流"政策的实施对 Z 大学等地方高水平大学的影响主要在于遴选原则和标准让地方高水平大学认清自身的定位，以"世界一流学科"建设为牵引，将发展目标定位于地方区域经济发展的需求，通过特色学科布局提升核心竞争力和综合能力。

从"双一流"实施委员会对"世界一流大学"建设大学、"世界一流学科"建设大学的遴选原则上来看，不接受高校自主申报的原则降低了拥有区域特色学科的地方高水平大学彰显优势特色学科的机会。从"双一流"的评选标准来看，"地方高校成为一流学校是没有可能的，现在主要考虑一流学科进入的条件"，评选标准主要参考学科的排名、国家科学技术奖、学术影响力、国际地位、一级学科博士学位点等方面的指标，而地方高水平大学的发展根基在于区域经济社会发展的外部需求，地方高水平大学定位根本上需要与地方经济发展相适应，产出的应用性成果较多，基础理论研究较少，同时在学科的国际影响力层面竞争力较弱。

地方高水平大学的发展基础在于与区域经济的紧密结合，Z 大学的化学工程与技术专业的发展依赖于浙江省小型化工企业、化学制药企业的发展，学科和企业之间的密切合作，服务于区域产业经济的发展。同时，由于与产业的密切合作，化学工程与技术、生物医学工程、药学、机械工程等学科取得的科学技术发明奖项与区域产业的应用联系紧密，但类型为应用型奖项，以自然科学奖获奖等级为依据的基础理论研究能力仍较为薄弱。

"双一流"政策评选的指标本质上并不利于地方高水平大学的发展,因此,在不利的政策环境下,学科建设采取了重点发展的策略,并将学科建设周期与"浙江省重点高校建设"政策的建设周期保持一致,充分利用地方政府的建设资金促进学科发展。通过学科布局的聚集效应,形成了"5+1"重点学科布局体系,加大资金投入力度,保障重点建设的学科优先发展,发挥学科特色,提升学科核心竞争力和综合实力,如重点培育化学工程与技术学科、工商管理等学科取得国家奖的突破,以提升学科的核心竞争力。

(二) 区域社会经济发展需要的影响

区域社会经济发展需要对地方高水平大学学科布局的影响在于引领特色高峰学科的遴选与布局。Z大学的"5+1"高峰学科布局中的"5"代表的是与浙江省八大万亿产业对接的化学工程与技术、药学、控制科学与工程、机械工程、生物医学工程5个学科,"+1"代表的是对接浙江省产业经济发展趋势的工商管理一级学科。

浙江省产业经济的发展布局的重点是以生命健康产业、数字经济核心产业、规模以上节能环保制造业、规模以上高端装备制造业等八大万亿产业为龙头,牵引产业经济社会的发展,5个高峰学科的布局紧密对接了区域产业经济发展的重心。如药学、生物医学工程学科对接生命健康产业布局;化学工程与技术学科对接规模以上节能环保制造业,浙江省的绿色化工和"大石化"战略为该学科的布局起到了引领作用;机械工程、控制科学与工程学科与规模以上高端装备制造业相结合,同时控制科学与工程学科也对接部分数字经济核心产业。

浙江省的产业经济以中小企业的块状经济为特征,但同时也造成了产业上下游合作不足、同类企业之间不当竞争等问题,与浙江省未来经济发展战略方向不符,为破解不利局面,急需引领条块资源经济发展向链式资源经济发展转型的高端人才。工商管理学科成立的中小企业研究院作为政府智库,专门研究浙江省产业经济的发展现状、特征和趋势,为政府经济决策提供参考,具有一定的发展基础,因此也被确认为重点建设的高峰学科。

此外,在区域经济社会发展需要的引领下,学科水平层次也是地方高水平大学高峰学科布局的主要影响因素。根据教育部第四轮学科评估结果,化学工程与技术为A-,机械工程、工商管理学科为B+,控制科学与工程、药学为 B，在 Z 大学的各学科水平分布中处于领先地位，未参加第四轮学科评估的生物医学工程学科是传统优势学科，科研团队拥有学科自我生长的中国科学院院士作为领军人才，学科综合实力领先，因此也被确定为重点建设的高峰学科。

（三）大学之间竞争的影响

大学之间的竞争主要影响支撑高峰学科发展策略的选择。与省内"双一流"建设大学相比，地方高水平大学在学科发展基础和外部资源获取能力上处于劣势，通过采取优势资源的整合与集中，首先保障高峰学科发展的策略，来应对大学之间的竞争。

在高峰学科的水平上，缺少顶尖的学科带头人，国家奖项数量少，学科发展基础也存在劣势。在人才集聚效应上，"双一流"建设成为地方政府工作的重要内容，"双一流"建设大学进而成为地方政府人才引进的阵地，而如 Z 大学等地方高水平大学的高峰学科在人才引进上，地方政府的保障力度较弱，高端人才引进困难。在资源配套上，"双一流"建设大学资金配套更加充足，除了省政府每年固定的建设资金支持外，各级地方政府给予更多的配套资源，如宁波市政府为宁波大学建设共增加了近 3 亿元的配套资金，高端人才队伍建设配套资金增加 1 亿元，平均拨款共增加 2 亿元。在学科错位发展上，与省内"双一流"建设大学相比，一级学科设置趋同，竞争力不强，只能"扬长补短"，扩大优势，在二级学科的某些研究领域实现一流，提升竞争力。为此，Z 大学采取"人文社科繁荣计划"和"一流高峰学科建设计划"支撑高峰学科的发展，在资源整合、管理体制、经费投入、人才引进、科研成果转化五个方面具体实施。

资源整合的保障。按照"双一流"建设的导向进行学科布局上的整合，物理层面的整合主要体现在学科之间的合并或重组、在学科评估中将优势力量进行整合；机制层面的整合在于优势学科群的建设，在重大科研成果奖项的培育上形成攻坚合力。

管理体制的保障。针对"5+1"高峰学科，采用"学校—学院—学科"三级管理体制和目标责任制的管理方式，与学院领导班子成员、学科带头人签订学科建设目标责任协议，采取周期性考评的方式，根据考评结果问责，保障学科建设目标的达成。Z 大学于 1999 年进行了校内管理体制改革，1999 年改革后，"学校—学院—学科"的三级管理制度架构已经形成，目前该管理体制的实施困境主要在于管理人才的缺失，学院、学科负责人视野宽度不够,限制了管理体制的高效运作;改变科研经费的管理制度,在学科建设经费的用途上,学科负责人有20%的自主调配比例,保障学科发展的积极性;改变绩效考核方式,在每个学科设置5—6个重点科研项目,任务下放到各个科研团队,根据绩效考核按年度下放经费,并根据科研项目完成情况采取相应的奖惩措施。

经费投入的保障。经费来源主要为地方政府的"一流学科"建设经费,每年1.75亿元。每个二级学院重点建设一个学科,二级学院院长负责学科建设经费的分配,以项目的形式追加至校内遴选的高峰学科,重点支持和保障高峰学科的发展。

人才引进政策的保障。Z大学重点建设学科的人才引进"不设门槛",采取一事一议、一人一议的方式,引进条件包括但不限于工资待遇、安家费、实验室建设经费等方面的优待。针对国家限制西部人才流动至中东部的政策,强化学科在人才引进过程中的主观能动性,鼓励以学科为单位到科研机构中引进人才、通过团队引进的方式引进人才团队。

科研成果转化的保障。将科研成果的转化提升到重要地位,目的在于拓宽科研经费来源以反哺高峰学科的发展。Z大学工业技术研究院与地方研究院、技术转让中心合作,提升技术转化为成果的能力,渗透地方经济,打通地方经济需求与高校科学研究的合作通道,鼓励教师根据地方经济需求产出科研成果。

(四) 重点布局学科与普通学科之间关系的影响

重点布局学科与普通学科之间的关系呈现发展不均衡、相互支撑作用不够的特征,对地方高水平大学学科布局的影响在于高峰学科布局的成效不显著,学科体系水平整体提升能力不足。

地方高水平大学处理两类学科关系原则是整合资源,集中力量办高峰学科,兼顾普通学科的发展。学科布局的模式处于全面布局整体推进和学科收缩、集聚发展模式的中间状态,不主张大范围拆迁式的整合与拆分。在优势学科资源的集聚发展上,通过采取优势学科群的建设,支撑高峰学科的快速发展,带动普通学科持续发展的策略,推进学科造峰,夯实学科基础。

Z大学采取做强工科、做精人文社科、做优理科三大学科建设计划,学科实力强的重点建设,学科实力弱的适当投入。但在实际操作中,学科的布局在逐渐走向固化,高峰学科与普通学科之间的差距会不断增大,比如"5+1"高峰学科每年配套建设经费在 2000 万，公共管理学科每年配套建设经费 60 万，优势资源不断向高峰学科聚集，会导致学科体系发展不均衡的现象加剧。这种不均衡现象在学校对学科建设目标的要求上体现得尤为明显，如要求"5+1"高峰学科在每个学科建设周期实现一定数量"单个项目经费在 1000 万以上"的科研项目、"国家自然科学基金项目""国家重大科技专项或国家重点研发计划Ⅰ、Ⅱ、Ⅲ类科技项目"等重大科研项目的增加，普通学科则要求相对较低，如一定数量"单个项目经费在 100 万以上"的科研项目的增加等。

（五）重点布局学科发展问题的影响

重点布局学科的发展遭遇瓶颈，提升空间受限、经费投入有效性得不到保障、学科特色淡化、新人才与旧人才矛盾、学科专业与难以引领区域经济社会发展等问题普遍存在。实现进一步的突破较为困难的问题，对地方高水平大学的学科布局的精准性提出更高要求。

高峰学科在全国同类学科中的地位、自身特征、知识结构等方面限制了上升空间。如化学工程与技术学科第四轮学科评估为 A-，处于全国第 11 名，虽然整体实力较强，但和一流学科的差距仍然较大，与排名之前的其他学科相比，除南京工业大学以外全为原"985 工程"大学，想要实现超越十分困难。同时，高峰学科特色偏应用型，主要应用于小装置，如工业催化剂、制药等领域，缺少核心竞争力，大规模协作能力较弱。Z 大学的特色是与地方经济社会发展紧密结合，且应用创新能力较强，入选了"2011 协同创新计划"，但"双一流"遴选标准更多参考基础理论研究水平，与应用性研究相矛盾，在瞄准"双一流"建设要求过程中，导致了"工科理科化"的现象突出。

经费投入的有效性得不到保障的主要原因在于学术成果的产出不完全与经费的投入成正比。Z 大学有省重点建设学科 A 类、B 类共 18 个，建设经费采取项目申报制，高峰学科建设经费相对充足，"5+1"高峰学科共有 1.75 亿经费，但在重大科研项目、国家/省级重点实验室、国家/省级科研获奖等方面成效较小，对区域社会经济发展的引领作用并不突出，社会声誉影响力未有明显提升。

学科发展不平衡主要体现在两个层面，一个是高峰学科与普通学科之间的不平衡，另一个是"高峰"学科内部一级学科与二级学科发展的不平衡，Z 大学高峰学科特色集中体现在二级学科上，如化学工程与技术一级学科下的数个二级学科与化工制造企业密切合作，在各个小领域形成了二级学科的特色，可以体现优势，但是内部竞争的劣势明显，学院与学科之间缺少协作，各自为政，合力较弱。

由于激进的"不计成本"的人才引进做法随着高等教育体系的发展逐渐退出历史舞台，"双一流"政策的实施加剧了地方政府人才引进的竞争压力，同时，引进的人才往往难以匹配高峰学科发展的需求的问题也十分普遍。如新引进的人才，侧重于理论层面的研究，以学术论文产出为主，缺乏实践经验，难以向应用实践转变；"旧人才"侧重于应用层面的研究，工作重点在于产业化和申报奖项，学术论文等理论产出较少。这样的矛盾导致"工科理科化"现象加剧，学科原有的特色正在逐渐地淡化。

"高峰"学科专业与浙江经济发展需求的匹配性不足。Z大学的基础学科是化学工程学科相关专业，以及由此衍生出来的海洋、生工、制药、机械专业等，而浙江发展的重点是高端装备制造、绿色化工、数字经济、人工智能等，学科基础与新兴产业的发展需要不匹配，引领新兴产业发展的能力不足。

二　地方高水平大学学科建设的内部影响因素

除了外部环境的因素影响学科建设之外，学科自身的发展情况也对学科建设起到重要的影响作用，对地方高水平大学来说，有必要了解学科发展的困境及实现学科发展目标的路径。

（一）学科发展的困境

通过对Z大学14个一级学科中期考核总结中对各学科发展困境内容整理编码，将"5+1"高峰学科与"普通"学科进行区分。将发展困境分为师资队伍、科学研究、人才培养、社会服务与声誉四个维度的困境，共19个小类。将上述困境编码后，用SPSS22.0统计分析，某种维度的困境存在用"1"表示，不存在用"0"表示，对不同学科的身份进行识别，"1"代表Z大学的"5+1"高峰学科，"2"代表普通学科。具体编码方式及参考依据如下。

第一，师资队伍的困境用α_n（n的取值范围为1-4的整数）表示，共4个小类。分别为，教授数量少、领军人才少、高端人才少、教学名师少。其中，将院士、长江、国千人、杰青等统称为领军人才；将青千、优青、青年长江、省千、钱江、"151"人才等统称为高端人才。

第二，科学研究的困境用 b_m（m 的取值范围为 1-7 的整数）表示，共 7 个小类。分别为，科研经费不足、学科特色不鲜明、学科方向不凝练、高层次论文发表数量少、国家/省级科研平台缺乏、国家/省级重大科研项目缺乏、国家/省级科研获奖缺乏等共 7 类。其中，高层次论文在人文社会科学领域与自然科学领域划分标准有所差别，但基本以 "UT Dallas 24 种期刊、Science 和 Nature 系列各个子刊、管理世界" 等高影响因子的期刊为主。

第三，人才培养的困境用 c_i（i 的取值范围为 1-4 的整数）表示，共 4 个小类。分别为，国家/省级教学成果奖缺乏、教材建设不足、人才国际化培养水平低、人才科研能力不足。其中，人才国际化培养水平主要表现在 "三个月以上海外修学和联合培养的学生占比"；人才科研能力主要表现在 "学生为第一作者的高层次论文数量"。

第四，社会服务与声誉的困境用 d_o（o 的取值范围为 1-4 的整数）表示，共 4 个小类。分别为，学科服务地方经济社会发展代表性不强、学科在同行中影响力不足、教师的影响力不足、高质量毕业生数量不足。服务地方经济社会发展代表性主要体现在 "引领地方经济社会发展、行业或产业发展的最高贡献度"；学科在同行中影响力主要表现为 "学术前沿领域中的话语权、主办或协办国内外知名会议的数量"；教师的影响力主要体现在 "教师在国内外知名期刊担任主编、副主编或编委的数量"；高质量毕业生主要表现为 "毕业生攻读博士学位的比例较高、成长为学术/行业领军人才的数量较多"。

表 5-1　　　　　　　　　学科发展困境编码及频率表

一级编码	二级编码	频率
α 师资队伍的困境	α_1 教授数量少 α_2 领军人才少 α_3 高端人才少 α_4 教学名师少	21.4% 42.9% 28.6% 7.1%
b 科学研究的困境	b_1 科研经费不足 b_2 学科特色不鲜明 b_3 学科方向不凝练 b_4 高层次论文发表数量少 b_5 国家/省级科研平台缺乏 b_6 国家/省级重大科研项目缺乏 b_7 国家/省级科研获奖缺乏	14.3% 21.4% 42.9% 7.1% 35.7% 35.7% 42.9%

续表

一级编码	二级编码	频率
c 人才培养的困境	c_1 国家/省级教学成果奖缺乏 c_2 教材建设不足 c_3 人才国际化培养水平低 c_4 人才科研能力不足	21.4% 7.1% 35.7% 7.1%
d 社会服务与声誉的困境	d_1 服务地方经济社会发展代表性不强 d_2 学科在同行中影响力不足 d_3 教师的影响力不足 d_4 高质量毕业生数量不足	14.3% 42.9% 21.4% 14.3%

如表 5-1 所示，从学科发展困境频率来讲，科学研究和师资队伍的困境是学科发展最主要的问题。首先，科学研究的困境出现频率最高，表示各学科在科学研究上存在最多的挑战，主要表现在学科方向不凝练（42.9%）、国家/省级科研获奖缺乏上（42.9%），同时国家/省级科研平台缺乏（35.7%）、国家/省级重大科研项目缺乏问题也较为突出（35.7%）。其次，师资队伍的困境、社会服务与声誉的困境出现频率接近，主要表现在领军人才少（42.9%）、学科在同行中影响力不足（42.9%）两方面，同时高端人才少（28.6%）、教师影响力不足（21.4%）也较为突出。最后，人才培养的困境出现频率最低，但人才国际化培养水平低（35.7%）问题同样较为突出。

为探究"5+1"高峰学科与普通学科之间的发展困境是否存在差异，对学科类型与各困境进行相关性检验。结果发现"5+1"高峰学科与"普通"学科相比，仅在人才培养国际化水平低的困境上与学科类型存在相关关系，即意味着"5+1"高峰学科的人才培养困境更为突出，在其他方面学科发展困境中两类学科与整体情况基本一致。但由于数据来源的限制，并不能简单地意味着"普通"学科人才培养国际化水平低的情况较好，更加注重人才培养的国际化水平的问题也可能对分析结果造成影响。

为探究学科发展困境之间的关系，将学科类型作为控制变量，对学科发展困境做偏相关检验，共得出 5 种相关关系，如图 5-2 所示。表示学科发展困境之间存在着相互的联系。分别是学科方向不凝练与学科特色不鲜明、教师的影响力不足在 95% 的置信区间内存在正相关关系；教授数量少、国家/省级科研平台缺乏与国家/省级科研获奖缺乏在 95% 的置信

```
┌─────────────────┐      ┌─────────────┐       ┌──────────────────┐
│学科在同行中影响力不足│      │学科特色不鲜明│       │国家/省级科研平台缺乏│
└────────┬────────┘      └──────┬──────┘       └────────┬─────────┘
         │                      ┊                        │
┌────────┴────────┐      ┌──────┴──────┐       ┌────────┴─────────┐
│  教师影响力不足  │┈┈┈┈┈┤学科方向不凝练│       │    教授数量少    │
└─────────────────┘      └─────────────┘       └────────┬─────────┘
                                                        │
┌─────────────────┐      ┌─────────────┐       ┌────────┴─────────┐
│高层次论文发表数量少│─────│人才科研能力不足│       │国家/省级科研获奖缺乏│
└─────────────────┘      └──────┬──────┘       └──────────────────┘
                                │
                         ┌──────┴──────┐
                         │服务地方经济社会│
                         │发展代表性不强│
                         └─────────────┘

┌─────────────────┐      ┌─────────────┐    ──── 99%置信区间内相关
│    教学名师少    │──────│高质量毕业生数量不足│    ┈┈┈┈ 95%置信区间内相关
└─────────────────┘      └─────────────┘
```

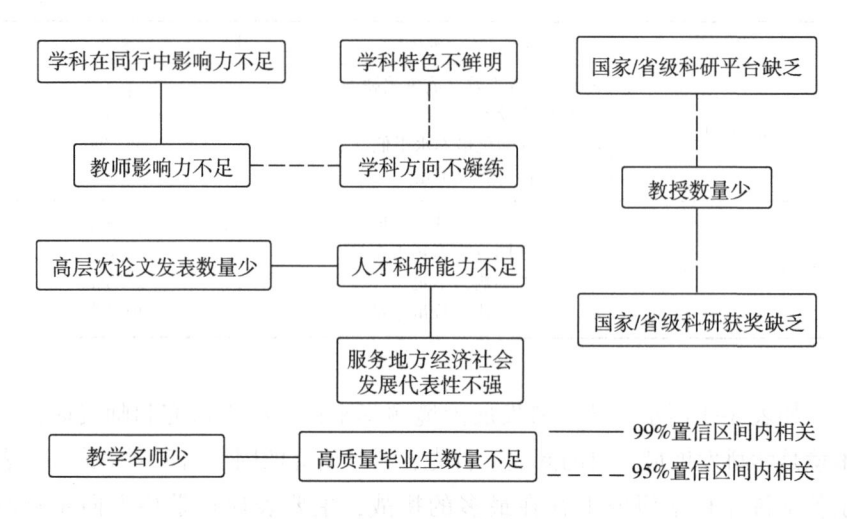

图 5-2　学科发展困境相关关系

区间内存在正相关关系；人才科研能力不足与高层次论文发表数量少、服务地方经济社会发展代表性不强在 99% 的置信区间内存在正相关关系；学科在同行中影响力不足与教师的影响力不足在 95% 的置信区间内存在正相关关系；教学名师少与高质量毕业生数量不足在 99% 置信区间内存在正相关关系。

综合学科发展困境出现的频率以及困境之间存在的相关性，将单一学科的发展困境特征总结如下。

第一，领军人才的缺乏是各学科发展普遍存在的问题，高端人才、国家/省级科研平台的缺乏，也会对国家/省级科研获奖产生影响。

第二，学科方向、学科特色与教师的影响力关系紧密，学科的发展与教师的发展密不可分，相互影响。学科的方向不凝练、特色不鲜明，教师学术声誉的提升也较为困难，教师的学术声誉低反过来也难以反哺学科的发展，不利于学科方向的凝练和特色的彰显。

第三，人才、学术、地方经济社会服务的输出困境往往同时出现，反映出学科的整体水平不高，服务区域社会经济发展的能力不强。

(二) 学科发展的路径

地方高水平大学的学科发展的路径很大程度是基于学科发展困境分析而提出的具有针对性的解决方案，因此本部分对各学科发展路径的分析仍以各学科发展困境中的四个维度进行分析。但与困境的定量分析不同，发展路径的选择是多样且各自有所侧重，为了尽量保证各学科发展路径特征的全面性，采取定性的分析方法对Z大学的"5+1"高峰学科和普通学科的发展路径分类描述。

通过总结学科发展的路径发现，在师资队伍、科学研究、人才培养方面的学科发展路径指标化特征较为明显，学科发展以达成指标为最终目的，与外部环境的互动较少，缺少学科发展的愿景目标。

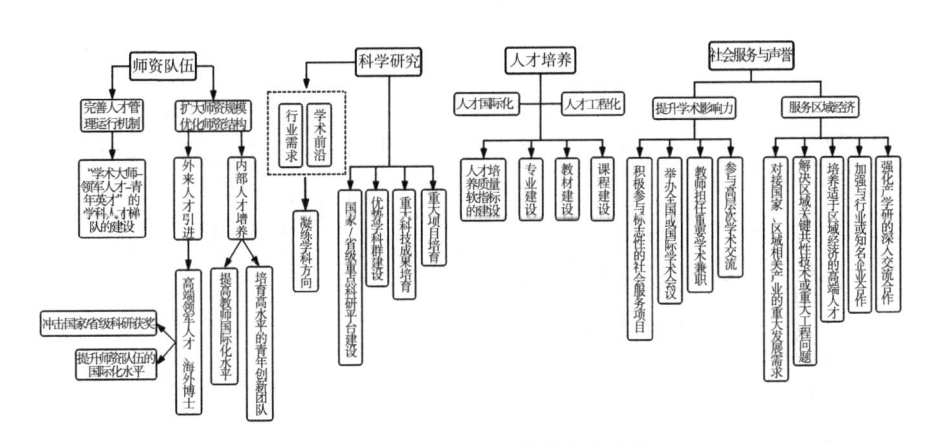

图 5-3　"5+1"高峰学科发展路径

如图 5-3 所示，"5+1"高峰学科师资队伍发展路径，主要有扩大师资规模、优化师资结构和完善人才管理运行机制两种路径，扩大师资规模有外来人才引进、内部人才培养两种方式，外来人才引进主要为高端领军人才、海外博士，主要用于冲击国家/省级科研获奖和提升师资队伍的国际化水平；内部人才培育方向为国际化、高水平的青年创新团队的培育。人才管理运行机制为"学术大师—领军人才—青年英才"的学科人才梯队的建设。科学研究发展路径主要有瞄准学术前沿和行业需求凝练学科方向，加强优势学科群建设、国家/省级重点科研平台建设、重大项目和科技成果的培育等方面。人才培养发展路径主要采取高起点推进课程、教材、专业建设，实现人才国际化和工程化的整体跨越等重视人才培养质量软指标的建设方式。社会服务与声誉的发展路径主要有提升学科的学术影响力和服务区域经济社会发展两种形式。两类学科的发展路径基本一致，学术影响力提升通过举办全国或国际学术会议、参与高层次学术交流，扩大学术影响力；鼓励和支持教师担任重要学术兼职、积极参与标志性的社会服务项目，提高社会服务的显示度和贡献度。服务区域经济社会发展都强调对接国家、区域相关产业的重大发展需求，强化产学研的深入交流合作、加强与行业或知名企业合作，解决区域关键共性技术或重大工程问题、培养适于区域经济的高端人才，为支撑区域地方经济发展输送高端人才。

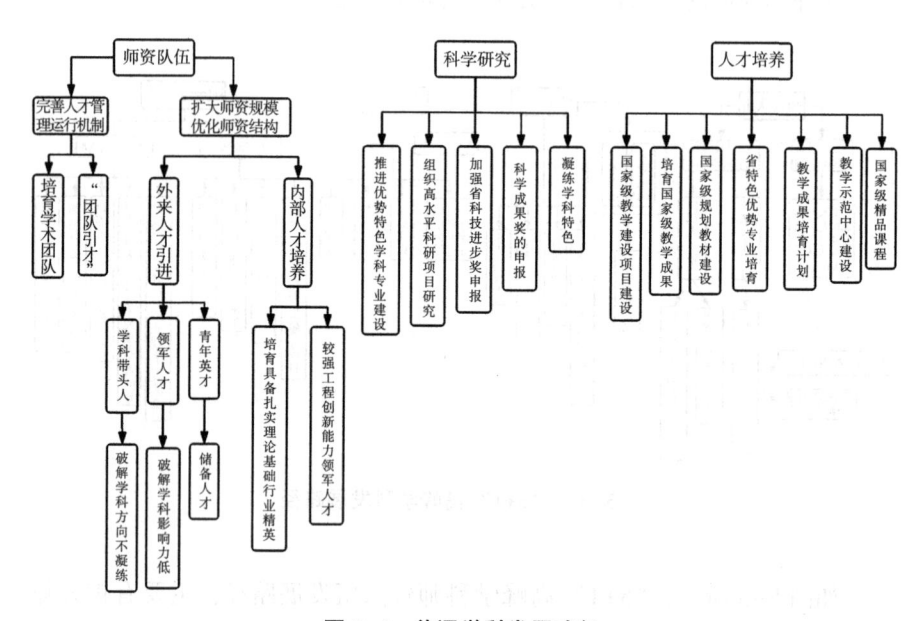

图 5-4 普通学科发展路径

如图 5-4 所示，"普通"学科师资队伍发展路径，主要有扩大师资规模、优化师资结构和完善人才管理运行机制两种路径，扩大师资规模有外来人才引进、内部人才培养两种方式，外来人才引进主要为有一定影响力的领军人才、学科带头人、青年英才，主要破解学科方向不凝练、学科影响力低的困境，为学科未来发展储备人才。学科内部人才培养方向为培养具备扎实理论基础、较强工程创新能力的行业精英和领军人才。学科的人才管理运行机制为以"团队引才"，以科研团队方式引进或培育学术团队。科学研究发展路径主要有凝练学科特色、推进优势特色学科专业建设、组织高水平科研项目研究、加强省科技进步奖和科学成果奖的申报等方面。人才培养发展路径，主要采取教学成果培育计划、积极培育国家级教学成果、推进国家级教学建设项目建设、国家级规划教材建设、国家级精品课程建设、省特色优势专业培育、省重点国家实验室/教学示范中心建设等硬指标的建设的方式。社会服务与声誉发展路径与"5+1"高峰学科基本一致。

第三节 地方高水平大学学科建设的困境

通过对 Z 大学的学科建设现状的分析，结合前文中与"双一流"建设大学的学科建设情况的比较分析，地方高水平大学学科建设的影响因素和学科发展问题可以归纳出地方高水平大学学科建设主要存在外部竞争力不足和内部发展动力不足两个层面的问题。

一 外部竞争能力不足

（一）学科发展基础薄弱，核心竞争力弱

与"双一流"建设大学相比，地方高水平大学的学科布局整体呈现出学科总量少、学科门类覆盖率低、综合化程度不明显、以中低层次学科为主的特征，表现在学科发展困境上的问题是学科的声誉不高，在同类学科中的影响力不足。高峰学科的布局在发展中也存在经费投入效率不足、建设成效不明显、学科体系内部竞争激烈，欠缺协作，难以形成有效合力、学科方向不凝练，应用性成果对接产业发展的能力不足、"工科理科化"现象严重，学科原有的特色正在逐渐淡化等问题，学科自我生长的条件不充分，发展遇到较大的阻力，难以形成强有力的核心竞争力。此外，特色优势学科的设置往往仅限于区域范围内的特色与优势，与全国同类学科相比特色和优势不明显。

（二）外部资源获取难度大

外部资源获取困难主要体现在政策支持力度不足和学科自身获取资源的能力不足。第一，落实"双一流"政策要求作为地方政府工作的重要内容，地方政府给予"双一流"建设大学更多的优质资源，由于遴选标准更倾向于基础研究领域和学科的综合实力，不利于地方高水平大学获取政策资源的支持。第二，"双一流"建设大学挤占了地方高水平大学与地方政府、行业、企业的合作空间、增加了优质生源竞争压力、提升了高端人才引进的难度，人才和资源的集聚效应使得地方高水平大学获取外部资

源的难度增加。第三，高峰学科布局与区域社会对接不紧密，获取社会资源的能力不足，如政府智库建设、产业核心技术支持等方面能力较弱，学术资本转化能力不够。

二 内部发展动力不足

（一）学科建设战略目标的定位出现偏差

地方高水平大学普遍存在为了学科建设而建设的问题，以学科本身发展过程中所展现的数据指标来衡量学科发展的水平，难以有效衡量学科的价值和能力。将学科布局战略瞄准于学科排名和数据的提升不能根本性地解决学科自身发展的问题，也难以与区域地方经济社会发展的需要相结合。就浙江省而言，学科建设战略应该以建设"行业精英和领军人才培养基地、应用基础研究和产业核心技术的创新高地、科研成果和思想智慧的转化阵地"为目标，精准对接区域社会经济发展的需要，掌握产业创新发展的核心技术，充分发挥支撑区域经济发展的作用。

（二）重点建设学科的遴选缺乏科学性

战略目标定位的偏差会导致学科建设的策略发生偏差，主要体现在对重点建设的优势特色学科的选拔上缺乏科学性，在遴选指标上需要进一步明确。主要体现在遴选的方式上，学科发展水平过于侧重学科评估的结果，对是否为区域经济社会发展所急需和必需的论证不充分，表现在遴选指标上的唯数据论，而非学科服务区域发展的能力。

（三）学科发展缺乏明确的愿景

从学科发展路径来看，用以破解师资队伍、科学研究、人才培养困境的发展路径缺乏明确的愿景，即学科发展的最终目标的缺乏，学科发展唯指标论的问题严重。如师资队伍建设层面的发展路径的目标在于提升教师国际化水平、增加领军人才的数量、破解学科方向不凝练困境；学科建设层面的发展路径的目标在于凝练学科方向、加强科研平台的建设、重大科研项目和科研成果的培育等；人才培养层面的发展路径的目标在于培育教学成果、精品课程建设、教学示范中心建设，混淆了方法和目的之间的关系。

（四）高峰学科布局发展的决心不够

高峰学科布局是用于破解地方高水平大学发展困境的主要手段，在

"双一流"政策环境下，同类学科的竞争剧增，实现高峰学科布局的目标需要学科的跨越式发展，对学科发展的路径和方式提出更高的要求，而当前高峰学科布局的影响力不足，成效并不明显。在科研水平、社会服务等评价上仍然采用传统的考核指标体系，人才培养模式和方法未有明显优化。

第六章

制度创新：目标责任驱动下地方高水平大学学科建设策略

2015年，国务院发布的《关于印发统筹推进世界一流大学和一流学科建设总体方案的通知》指出，要推动一批高水平大学和学科进入世界一流行列或前列，加快高等教育治理体系和治理能力现代化[1]。"双一流"建设方案的出台与实施，对大学的学科建设提出了更高的要求。在过去重点建设的政策背景下，由于资源短缺、办学历史短等因素，大部分大学的整体竞争力很难满足重点建设的准入标准。而"双一流"建设着眼于质量提升和内涵发展，破除传统的身份固化格局和积弊，这为大学提质进位创造了政策条件。但与此同时，这也对大学学科的内涵建设提出了更高的标准。因此，大学建设一流大学和一流学科的任务依然十分艰巨。2018年，教育部、财政部、国家发展和改革委员会印发《关于高等学校加快"双一流"建设的指导意见》，意见中要求坚持高校主体原则，要明确主体责任，聚集各方面有利因素确保"双一流"各项建设工作完成[2]。在推进"双一流"建设的进程中，大学既要考虑到外部环境的竞争压力，也要重视自身内部的发展问题。我国大学的学科发展主要依托于院系实体，学科建设是院系的主体责任。院系作为学科发展的载体和大学四大基本职能的实践者和承担者，其学科建设策略的选择对学科的建设与发展具有重大影响，优化二级学院学科建设的策略有利于学科发展获得更好的平台。在我国积极建设世界一流大学、促进高等教育强国战略实现的当前，我国

---

[1] 中华人民共和国教育部：《国务院关于印发统筹推进世界一流大学和一流学科建设总体方案的通知》，http：//www.moe.gov.cn/jyb_xxgk/moe_1777/moe_1778/201511/t20151105_217823.html. 2015-10-24。

[2] 中华人民共和国中央人民政府：《关于高等学校加快"双一流"建设的指导意见》，http：//www.gov.cn/xinwen/2018-08/27/content_5316809.htm. 2018-08-08。

大学二级学院在进行学科建设时能否适应新形势的变化、突破传统体制的窠臼、采用适合学科发展的策略至关重要。

因此，本章从地方高水平大学学科建设着手，运用目标管理理论，以Z大学为分析对象梳理学校学科建设基本情况和相关政策。同时，聚焦Z大学实施的目标责任制，厘清目标责任驱动下二级学院学科建设过程。面向学校职能部门负责人和二级学院院长或副院长开展访谈，结合二级学院学科建设相关的政策文本，分析在学校实行目标责任制管理方式下二级学院学科建设的策略、成效及特征。进一步对访谈文本进行编码分析，探究目标责任驱动下二级学院学科建设的问题，基于目标管理理论、大学学术组织的特性和访谈文本内容挖掘二级学院学科建设策略实施的困境。

第一节　核心概念、相关研究与理论基础

一　概念界定

（一）目标责任制

"目标责任制"，也称为"目标管理法""目标管理责任制"，简单来说，是指逐步分解和细化上级组织确立的总目标，形成一套指标体系，层层分解落实，上下级部门之间以书面形式签订责任书，作为考核、评定和奖惩各级组织的依据[①]。目标责任制是将目标管理理论作为理论基础的一种管理方法和制度，集管理、控制、激励等机制于一体，能有效提升组织的战略达成度和工作效率[②]。目标管理理论最早广泛应用于企业，于20世纪80年代在政府机关、事业单位等公共部门得到运用，逐渐形成目标责任制这一组织制度形式，因此，这一制度主要被用于政府绩效管理，而后也成为大学内部管理体制改革的重要内容之一。

从现有文献看，对"目标责任制"的概念理解大致可以从以下两个方面进行把握，分别是压力型模式和激励型模式。

第一，该观点将目标责任制视为压力型模式，认为目标责任制是压力

[①] 王汉生、王一鸽：《目标管理责任制：农村基层政权的实践逻辑》，《社会学研究》2009年第2期。

[②] 袁旦、於建明：《地方高校实施目标责任制的探索与思考——以浙江工业大学为例》，《浙江工业大学学报》（社会科学版）2020年第2期。

型体制下倒逼出来的一种特殊制度，压力型体制最初是政府为实现经济赶超和发展进而形成的压力环境，上级政府将经济和政治任务分解为各项指标，采取量化的管理模式和评价体系。以信访目标责任制为例，在制度运行过程中，为保证任务顺利完成，量化目标和责任压力在科层体制内从上而下传递，且层层加码，逐级扩大，分解到基层的目标可能难以甚至无法完成[1][2]。

第二，该观点认为目标责任制为激励型模式，目标本身具有绩效评价作用，考核结果作为实施奖惩的依据，其目的也是发挥激励效用[3][4]，有效提升了基层组织的自主性和积极性，因此目标责任制是一种"激励—绩效—满意"模式[5]。

大学四大基本职能为人才培养、科学研究、社会服务和文化传承与创新，因此，本文认为大学目标责任制是指学校围绕教学、科研、队伍建设和学生管理等制定总体战略目标，将其进行分解形成系统的量化目标体系，并分配至二级组织，学校党政责任人与二级组织责任人签订目标责任书，在一定的时间周期内基于相应的资源和权力完成本组织目标任务的一种管理制度。

（二）二级学院

"学院"最早源于公元11世纪的欧洲，学者们为学习专业知识技能、研究共同的学术问题聚集在一起，从而形成"学者行会"，这种"学者行会"可以被视为学院的早期样态。12世纪80年代，法国巴黎大学建立了第一所正规的学院——迪克斯惠特学院（the Collge of Dixhuit），也称为18人学院，其设立目的是为18位贫困生免费提供食宿的场所。中世纪的大学为单科性大学，如研究神学的巴黎大学（University of Paris）和研究法学的波隆那大学（University of Bologna）。13世纪后，大学间国际交

---

[1] 侣传振：《农村基层政府的信访目标责任制及其实践逻辑——基于 C 县的调查研究》，《湖南农业大学学报》（社会科学版）2014 年第 6 期。

[2] 朱新峰：《县级目标管理责任制探疑》，《"落实科学发展观推进行政管理体制改革"研讨会暨中国行政管理学会 2006 年年会论文集》，2006 年。

[3] 蒙艺、彭佳林、陈平等：《人口计划生育目标责任制审思：现状与未来》，《中国卫生事业管理》2016 年第 6 期。

[4] 胡水华：《高校院系工作目标责任制评价体系初探》，《高等工程教育研究》2003 年第 4 期。

[5] 张汝立：《目标责任制与手段选择的偏差——以农村基层政权组织的运行困境为例》，《理论探讨》2003 年第 4 期。

流日益频繁，来自同一地域或研究同一学科问题的学者与学生们汇聚一地，进而形成了不同类型的学院。由此，大学以知识为基础设立医学院、神学院、法学院和文学院，这种模式随后逐渐在世界范围内产生影响力①。

在我国，"二级学院"的发展历程可回溯至清末，20世纪20年代后期，中国国民政府教育部出台《大学组织法》，首次从法律意义上明确大学内部要划分出文、理、法等8类学院，并提出具备3个以上学院者才可被称为大学。建国初期，我国大学主要实行"校—院—系"或"校—院"体系。1952年，我国开始效仿苏联模式，进行高等学校院系调整，构建了"校—系—教研室"的三级办学体制。直到20世纪90年代中期，为满足社会发展的需要，大学再次实行体制改革，校、院两级管理模式使二级学院成为具有相对自主权的运行组织。

目前学界对"二级学院"的内涵研究主要分为两类：一是大学内部按照学科或专业进行分类设置，承担着行政、教学和科研工作且具备一定办学自主权的二级单位；二是大学与地方政府、社会机构或者个人合作举办的具有自主招生办学、颁发学历学位证书资格的独立学院②，其运行依赖母体大学，根据民办模式进行运作，开展本科学历教育。本文中的二级学院是指第一种含义的学院，指的是大学为实现办学目标按照不同学科或专业划分的基层组织，拥有教学和行政的双重特性，承担着大学的基本职能，在大学内部管理体制中位于中间层次。

二 相关研究

目标管理在大学中的应用最初是为解决大学问题，并按照合乎需要、实用高效的原则而提出的。目标管理（Management by Objects，MBO）作为激励、评价和有效管理工具，确定了最高级别的目标，以衡量该政策的实现情况，各部门与最高管理层协商，确定了各部门的目标。当人们有特定的目标时，他们比仅仅被要求努力时表现更好。目标的完成程度也被用

---

① 刘恩允：《治理理论视阈下的我国大学院系治理研究》，博士学位论文，苏州大学，2014年。

② 田宇杰：《我国普通高校二级学院治理结构优化问题研究》，硕士学位论文，河北大学，2019年，第7页。

作一种评价工具,并与激励措施挂钩[1]。1972年,福尔曼大学开始实施目标管理全面计划,为优化其管理流程,发展出一种可供其他组织使用的模型,包含以下几个步骤:一是明确和评估任务、目标和目的;二是制定和执行行动纲领;三是分配必要资源。在实施目标管理的过程中,每个教学部门和所有教师都要自觉地完成工作量。同时,学校管理部门进行适当的管理和监督,科研管理部门在学年结束时检查每位教师的工作量。如果超过工作量,则给予预先确定的适当奖励,否则给予适当的惩罚[2]。

西方对大学目标考核理论的相关研究最早开始于20世纪70年代中期,根据美国高等学校人事协会的调查,大概有1/4的美国大学对其校长实行绩效考核[3]。随后,美国许多州政府的官员更加倡导学院和大学进行绩效指标评估。绩效指标评估被许多州作为管理手段,并用来调整拨款政策。南卡罗来纳州是其中一个最为极端的例子,该州将所有的高等教育拨款和大学绩效指标紧密挂钩[4]。Kallio K-M等指出,现行的按成果管理制度并没有取得良好效果,这一现象基于芬兰大学教师的调查数据,数据显示基于定量而非定性的绩效评估对教师的工作动机具有负面影响[5]。Ofojebe W. N. 等研究了目标管理的规定和愿景将在多大程度上被尼日利亚东南部的高等教育机构所接纳[6]。Wilkesmann U. 等指出目标管理对实际的教学绩效没有直接影响,作为一种选择性激励措施,其在新治理中对德国大学教学的影响讨论中效果甚微[7]。然而,Zhao C. 等人的研究认为,

---

[1] Satyashankar P, Rinkoo A. V., Somu G., "Management by objectives as a motivational, appraisal and effective management tool: Experience of a tertiary care teaching hospital", *Journal of Health Management*, 2007, 9 (3), pp. 459-465.

[2] Liu X., "On Application of MBO in College Management", *International Education Studies*, 2010, 3 (2), pp. 219-223.

[3] Schwartz, Merrill Pellows. "A National Survey of Presidential Performance Assessment Policies and Practices", Association of Governing Boards of Universities and Colleges, 1998. No. 34.

[4] Howard, Richard D., "Institutional research: Decision support in higher education", Association for Institutional Research, 2001.

[5] Kallio K-M, Kallio T. J., "Management-by-Results and Performance Measurement in Universities—Implications for Work Motivation", *Studies in Higher Education*, 2014, 39 (4), pp. 574-589.

[6] Ofojebe W. N., Olibie E. I., "Management by Objectives (MBO) Imperatives for Transforming Higher Education for a Globalised World", *Journal of International Education and Leadership*, 2014, 4 (2).

[7] Wilkesmann U., Schmid C. J., "The Impacts of New Governance on Teaching at German Universities. Findings from a National Survey", *Higher Education: The International Journal of Higher Education and Educational Planning*, 2012, 63 (1), pp. 33-52.

目标管理的实施与学校各部门和成员密切相关，有必要鼓励教师和学生参与决策、评价、反馈等目标管理环节。客观公平地对待客观评价结果，建立适当的奖惩机制，确保目标管理的良好效果，促进教学质量的进一步提高[1]，它提高了行政和教师的士气，并确保了更充分的规划[2]。

国内关于目标管理在大学中的运用的研究大多采用目标管理的表达，从研究内容看，主要包括大学目标管理的特点、原则、问题和建议。

一是大学目标管理特点的相关研究。目前，国内学者对大学目标管理特点的研究多从属性、内容和流程等角度出发。马国强等指出，基于目标管理理论的体系建设、基于目标引导绩效奖励的自我管理、基于目标任务完成的短期目的性以及基于目标完成的动态调整构成大学目标管理特点[3]。顾纪忠认为系统性、规定性、效益性和操作性为大学目标管理所具有的四个特点[4]。董泽芳等认为主客体关系的辩证性、条件的适应性与设计的整体性、目标的一致性和多元性、全员的参与性与手段的灵活性等构成了高校目标管理的特征[5]。王鲜萍指出，在导向效应、集聚效应和协作效应的共同作用下，目标管理的整合性使其成为大学实现跨越式发展的有力保障[6]。从具体研究对象来看，李景国等认为目标管理内容规范化、管理制度保障化、灵活性与时代性、工作程序系统化以及完善的评价与考核机制构成了大学思想政治教育目标管理的特点[7]。而朱中华以人作为切入点，认为注重激发人的动机、实行按目标分权与自我控制、全员参与、按成果评价、调动人的积极性构成了大学教学工作目标管理的特点[8]。

---

[1] Zhao C., Gudamu A., "Ranking of Teaching Evaluation Index System of Public Physical Education Curriculum Based on Management by Objectives Using Analytic Hierarchy Process", *Mobile Information Systems*, 2021.

[2] Baldridge J. V., "Impacts on college administration: Management information systems and management by objectives systems", *Research in Higher Education*, 1979, 10 (3), pp. 263-282.

[3] 马国强、王磊、鲍玉斌：《基于多种评价机制的高校目标管理体系创新》，《实验室研究与探索》2020年第7期。

[4] 顾纪忠：《心理契约视阈下的高校目标管理责任制》，《江苏高教》2009年第6期。

[5] 董泽芳、张继平：《高校目标管理的主要特征及实施策略》，《高等教育研究》2008年第11期。

[6] 王鲜萍：《目标管理在高校跨越式发展进程中的作用：整合的视角》，《科技管理研究》2009年第4期。

[7] 李景国、何独明：《略论目标管理在高校思想政治教育中的运用》，《学校党建与思想教育》2009年第23期。

[8] 朱中华：《论高校教学工作目标管理》，《上海高教研究》1998年第S1期。

二是大学目标管理原则的相关研究。现有对大学目标管理原则的研究主要有三元论、四元论和五元论等。在三元论方面，熊德明等提出大学目标管理实践中所需要坚持的且兼顾公平与效率的三个原则，分别是整体性原则、实质性原则和发展性原则[①]。徐茵等认为，全面性与重点性相结合、先进性与可行性相结合和定性与定量相结合的原则是大学二级学院党组织实施目标管理所需要坚持的[②]。肖勇等认为，全面与重点相结合、先进性与可行性相结合、明确性和可操作性相结合的原则是党建工作目标编制所需要依循的[③]。在四元论方面，张善英等认为，唯实性原则、引导性原则、系统性原则和自主性原则是构建大学生班级目标管理体系所要遵循的[④]。熊德明等认为，责权一致、上下贯通、任务归一、管理幅度适中原则是大学目标管理机构设置中所应遵循的[⑤]。在五元论方面，赵志军认为，目标的统一性、系统性、预见性、科学性和时限性原则是大学德育工作目标所需遵循的[⑥]。

三是大学目标管理问题的相关研究。学者们普遍认为大学目标管理在价值认同、目标体系、信息交换、绩效考核等方面有所欠缺。有学者认为，大学在实施目标管理中目标体系缺乏科学性、目标不明确、权责利不统一[⑦]、缺少双向沟通、参与者积极性不高、重目标制定轻管理实施[⑧]、考核激励方式欠合理[⑨]。杨慷慨等指出，考核主体的单一体现出管控主义倾向、考核指标体系存在内容和权重失衡、考核结果与问责机制的衔接度

---

① 熊德明、董泽芳：《论高校目标管理中公平与效率的关系》，《现代教育管理》2009年第4期。
② 徐茵、陈聪诚、岑淑儿：《高校二级学院党组织目标管理初探》，《学校党建与思想教育（上半月）》2008年第12期。
③ 肖勇、李泽忠：《高校党建工作目标管理的探索与实践》，《中国成人教育》2007年第20期。
④ 张善英、邓永奎：《高校辅导员班级目标管理体系初探》，《教育与职业》2009年第18期。
⑤ 熊德明、董泽芳：《论高校目标管理中的机构设置》，《黑龙江高教研究》2008年第7期。
⑥ 赵志军：《推进高校德育目标管理的实施》，《中国高等教育》2006年第7期。
⑦ 董泽芳、何青、熊德明：《关于75所高校目标管理实施现状的调查》，《高教发展与评估》2009年第2期。
⑧ 郭必裕：《高校目标管理存在的问题及对策》，《黑龙江高教研究》2005年第1期。
⑨ 陈岳堂、胡勤高：《地方高校实行目标管理的现状与对策》，《高等农业教育》2012年第11期。

不够、考核方式存在多重失衡这四类问题存在于大学内部目标考核制度中①。熊德明等指出，机构设置不合理、指挥系统失灵、目标达成缺乏科学性、目标分解失衡、过程管理不到位、信息反馈失真、考核程序缺乏严密性、考核结果失效、奖惩依据不充分、奖惩方式失当等问题存在于所调查研究的10所大学目标管理的实施中②。从教师管理上看，高玮玮指出大学教师管理中存在总体目标不明确、长远目标缺乏持久性、短期目标时效性不强、管理理念不成熟、沟通渠道不畅通和监督检查执行不到位等问题③。董泽芳等指出，教条式的大学目标管理会对教师产生困扰，教师的学术自由被单向度的目标所分解抹杀、教师的个性被科层式的目标实施所压抑以及教师的自律底线被数字化的考核标准所挑战④。袁志政指出，教师绩效考核标准不全面和教师绩效考核控制不到位的问题存在于目标管理背景下的教师绩效考核之中⑤。从教学管理上看，毕灵敏指出目标管理缺乏一致认同、教学过程反馈不详细和教学评价结果与教师职业发展脱节等问题存在于高校目标管理模式下的教学管理中⑥。从党建工作看，张芝和指出，缺乏开展党建目标管理重要性和作用的认识、高校党建目标管理体系过程缺乏完整性、高校党建目标管理指标体系缺乏规范性、严谨性及科学性等问题存在于高校党建目标管理工作中⑦。

四是高校目标管理对策及建议的相关研究。高校目标管理的策略问题是最终目的，具有鲜明的政策意义和实践意义。胡水华发现，加强院系的工作重点可以通过科学合理地设计院系工作目标责任制评价体系的方式，同时能够调动院系办学的积极性，督促院系工作的完成⑧。也有学者指出，强化学科建设的目标责任制，加快学科建设机制的落实。合理而完善的目标责任制加快学科建设机制的落实，缩短高校学科建设的时间，提升

---

① 杨慷慨、蔡宗模、张海生：《从"目标考核"到"治理绩效评估"——我国大学内部管理范式转型研究》，《江苏高教》2018年第5期。
② 熊德明、董泽芳：《十所院校目标管理实施现状的调查与分析》，《黑龙江高教研究》2011年第11期。
③ 高玮玮：《目标管理在高校教师管理中的应用研究》，《中国成人教育》2015年第10期。
④ 董泽芳、张继平：《高校目标管理的刚柔相济》，《高校教育管理》2013年第5期。
⑤ 袁志政：《基于目标管理的高校教师绩效考核研究》，《中国成人教育》2012年第6期。
⑥ 毕灵敏：《高校目标管理模式下的教学管理体制探究》，《学校党建与思想教育》2011年第35期。
⑦ 张芝和：《高校党建目标管理工作的完善》，《江苏高教》2010年第6期。
⑧ 胡水华：《高校院系工作目标责任制评价体系初探》，《高等工程教育研究》2003年第4期。

高校学科建设的效能，有利于学科资源的开发和建设[1]，促使学科目标任务在短时间能高效完成[2][3]。张立彬指出为建设高水平的教学研究型大学提供制度保障，学校内部管理体制改革应着眼于创新体制机制上，即实行任期目标责任制[4]。别荣海等从目标管理思想宣传、目标制定、目标实施和目标考核等各环节的工作出发分析了高校目标管理的路径与方法[5]。孙柏璋等指出，推进分类管理、坚持目标导向、深化管办评分改革、强化办学绩效考评是推进高校绩效目标管理的主要方向[6]。有学者指出，高校目标管理应从注重沟通、全员参与、全程反馈和全方位考核等方面改善[7]。也有学者针对高校实行目标管理指出，要制定科学合理的目标体系、建立任期工作目标的运行机制、做好过程监控与绩效反馈[8][9]，从工作体系、目标设置和过程关注三方面构建高校"督导—评估—目标管理"三位一体管理模式[10]。

从具体工作来看，朱晓明等指出，为充分调动各单位开展科研活动的积极性、主动性和创造性，应建立健全的科研目标管理和绩效考核体系，以完善地方高校二级单位科研工作[11]。就科研管理中目标管理存在的问

---

[1] 毛晓华、孙方裕：《浅议 PDCA 循环管理法在学科建设中的应用》，《学位与研究生教育》2004 年第 6 期。

[2] 傅雷鸣、陈一飞：《学科"品牌特色"的构建与形成路径》，《黑龙江高教研究》2016 年第 8 期。

[3] 张爱珠、贾长胜：《新升本科师范学院学科建设的意义、阻力与策略》，《现代教育科学》2010 年第 5 期。

[4] 张立彬：《以科学发展观为统领 加快建设高水平教学研究型大学》，《中国高教研究》2009 年第 4 期。

[5] 别荣海、任义：《高校目标管理的路径与方法》，《河南师范大学学报》（哲学社会科学版）2011 年第 2 期。

[6] 孙柏璋、林素川：《一校一策：本科高校绩效目标管理探析》，《中国高校科技》2015 年第 11 期。

[7] 董泽芳、何青：《高校目标管理面临的困惑与思考》，《高教发展与评估》2009 年第 4 期。

[8] 洪港、吴立保：《行业特色型高校实行目标管理的思考——以南京信息工程大学为例》，《黑龙江高教研究》2011 年第 1 期。

[9] 吴淑娟、白宗新：《推进院（系）目标管理 提高人才培养质量》，《高教发展与评估》2009 年第 4 期。

[10] 黄振菊：《论高校"督导—评估—目标管理"三位一体的管理模式》，《教育与职业》2013 年第 32 期。

[11] 朱晓明、张贞齐、李凌云：《地方高校二级单位科研工作目标管理——以青岛大学为例》，《中国高校科技》2019 年第 4 期。

题,谢为群等认为要抓准学校发展定位,充分了解学校科研资源,制定合理的目标,实施年度科研工作方案,建立、完善科研目标的考核和奖惩机制,根据目标完成情况及时调整科研方案①。

三 理论基础

(一) 目标管理理论

目标管理理论 (Management by Objects,MBO) 最早是 1954 年现代管理学大师彼得·德鲁克 (Peter Drucker) 在《管理实践》(The Practice of Management) 一书中提出的。该理论基于目标设置理论,强调组织群体共同制定可实行的、具体的且可衡量的目标。彼得·德鲁克认为,目标管理是激励员工的有效方式,它将组织目标与个人成就感相结合,也就是当员工共同参与目标制定时,组织目标的实现将满足员工个人的成就感。此外,他还指出,目标管理应先于计划,只有当组织确立了目标,才能制订出各项计划。目标是行动的先导,而非行动的一部分。彼得·德鲁克还提出目标管理的 SMART 原则,指出组织制定的目标必须为明确性(Specific)、可衡量性(Measurable)、可实现性(Attainable)、与其他目标具有相关性(Relevant)以及时限性(Time-bound)②。如此一来,根据 SMART 原则分解所得的目标更具可操作性、可实现性和可评估性。

管理的本质是制定目标,即构建以目标为中心的完备的管理体系,这决定管理者做什么,它应是什么样,以及如何实现标准,将管理视为一种围绕目标决策的实践③。乔治·奥迪奥恩 (George S. Odiorne) 在此基础上指出目标管理指高层与低层管理者共同参与制定组织的目标,根据组织目标对员工个人的期望确定组织个体的分目标,从而指导每个组织单元实际的运作,最终评估组织个体的目标实现情况④。目标管理理论及由此形成的一系列原则、方法和方式协调了"人"与"工作"之间的关系,很好

---

① 谢为群、施利毅:《高校科研管理工作中目标管理体系建设初探——以上海大学试行全系统目标管理为例》,《研究与发展管理》2014 年第 5 期。

② 王文、吕晓岚、姚震:《适应绩效管理的地质调查成果评价研究》,《科研管理》2016 年第 S1 期。

③ 李睿祎:《论德鲁克目标管理的理论渊源》,《学术交流》2006 年第 8 期。

④ [美]彼得·德鲁克:《管理实践》,毛忠明、程韵文、孙康琦译,上海译文出版社 1999 年版,第 143—148 页。

地把"工作为中心"和"以人为中心"结合起来①。

目标管理理论将目标管理的实施分成了三个部分：目标的制定、目标的实施与目标的评价。第一，在目标制定阶段，组织高层管理人员与员工通过分析组织内外环境和资源情况，共同参与协商确定契合组织实际且上下认同的整体目标，以此作为组织成员的职责和方向，并根据各个部门的职责分工将组织的整体目标分解细化为各层级的行动目标，最后分配至组织各个成员。第二，在目标实施阶段，强调组织成员实现自我控制，自行规划并完成分配到的目标任务。若目标在实现过程中发生问题，组织的管理人员将对各单位成员的任务进行动态监督管理，共同商议推进方式，解决存在的问题。第三，在目标评价阶段，根据前期下达的目标，通过一定的方式对组织各成员的目标实现过程和最终成效进行综合考核，发现并纠正目标实现过程中出现的偏差行为，总结有效的改进方式，为下一阶段目标管理工作提供有益借鉴。同时，对考核结果的测量评价将作为奖惩组织内成员的依据。这一阶段结束意味着一个完整的目标管理周期结束，也代表下一阶段的开始②。

从目标和组织的关系看，任何组织都有其自身的目标，目标也必须以组织为依托和载体。组织是为实现某一目标，相互协作、共同行动形成的集合体，如企业、社会团体和事业单位等。组织的根本目的是实现组织特定的目标，对组织进行管理的本质也是完成组织目标，因此管理的目标和组织的目标具备同一性。目标管理强调的目标正是组织的核心要素，以目标引领协调并实现组织中的各项任务，促使管理效果最大化。在目标管理中，目标的制定、实施和评价三个环节贯穿组织发展的全过程，涉及计划、组织、领导、协调和控制等多项管理职能。

（二）目标管理在大学中的应用

目标管理最早是企业管理的重要手段，后逐渐引入政府机关和包括大学在内的事业单位等组织的管理中。目标管理在大学中的应用与大学的性质、组织结构以及权力运行适应情况紧密相关，本文将目标管理理论运用于地方大学二级学院学科建设的分析。

首先，目标管理理论坚持"以工作为中心"和"以人为中心"相

---

① Odiorne G. S., Management by Objectives: A System of Managerial Leadership [M]. Pitman Pub. corp, 1965.

② 薄贵利:《建立和推行地方政府绩效管理制度》，《国家行政学院学报》2009 年第 3 期。

统一，发挥积极性和创造性，强调自我控制与自我实现。大学学科建设的关键也在"人"，学科的可持续发展能力和创新能力皆有赖于学科成员，如何有效调动学科成员的主动性和创造性决定着学科建设管理效能。两者对"人"的需要和"以人为本"的管理原则相契合。其次，实施目标管理的程序与大学组织架构相适应。大学作为一个正式组织，具有学术性和科层性双重属性，包括围绕知识体系构成的组织结构和与发展规划、人事分配、财务基建及对外交流等相关，以满足内外部环境资源合理配置要求为目的的科层组织结构[1]，这种组织结构清晰划分了各部门的职责，有利于提高决策和办事效率。目标管理要求组织拥有明确的边界和个人职责，这与大学的组织架构相吻合。最后，目标管理理论注重组织成员共同参与目标制定的过程，大学学科建设是一项综合性和基础性工作，牵涉大学内部多个相关职能部门和二级学院，因此学校需要协调综合多方协商意见，共同建立切实可行、科学合理的目标体系。在大学的组织框架之下，学校基于战略发展目标制定学科建设目标，学科建设目标经由大学及职能部门、二级学院、学科或团队等流程层层分解传递，从而形成学科建设目标体系，最终主要由基层学术组织承担着学科建设目标任务实现的重任。

第二节 目标责任驱动下 Z 大学学科建设现状

学科建设是大学的基础和命脉，关乎大学的发展前景和核心竞争力。为更全面直观地了解地方大学学科建设的现状，本文将 Z 大学作为分析案例，梳理该校学科建设相关政策和在学校实施目标责任制管理方式下二级学院学科建设相关文件，分析 Z 大学学科建设情况、学科建设相关政策发展脉络及学校目标责任制的运行过程，并将 Z 大学 H 学院作为典型案例阐述在学校实施目标责任制过程中二级学院学科建设情况。

近些年，Z 大学充分认识到科研在学校内涵发展和质量提升中的重要作用，将"建成区域特色鲜明、国内一流的研究型大学"作为发展目标，以"立地顶天"为科研理念，坚持"做有用的科研"的科研价值观，倡导"做有组织的科研"的科研组织模式，积极对接国家发展战略和区域

---

[1] 阎光才：《高等学校内部的组织特性探析》，《清华大学教育研究》1999 年第 1 期。

经济发展需求，推动应用研究和应用基础研究发展。2015 年 4 月，浙江省政府发布《浙江省人民政府关于实施省重点高校建设计划的意见》，将该校纳入首批重点高校建设计划行列，由于在化学工程与技术、生物工程等学科具有较强的竞争力，因此，在"双一流"政策发布后，学校将目标定位于进入"世界一流学科"建设高校。为更好实现学校发展战略目标，自 2009 年起，学校开始实施目标责任制，目前已实施四轮任期目标责任制。通过该制度，学校建立"分类管理、分类评价、特色发展"的运行机制，基于学校发展目标和规划，结合不同学科的特点与发展阶段，针对性地为不同二级学院制定差异化的目标指标体系及考评方式，考评分为分项评优，分项包括学科建设、科研工作和队伍建设等八项。在 2016 年 9 月，Z 大学发展规划处（省部共建办公室）发布了《Z 大学关于实施目标责任制（2016—2019 年）的若干意见》，明确指出要围绕《中长期发展规划纲要（2011—2020 年）》和"省重点高校建设计划"发展目标来实现学校战略规划的突破，学校的发展目标和战略要结合"双一流"政策的要求和外部政策环境的变化。2017 年 11 月，该校召开一流高峰学科建设推进工作会议，指出"'双一流'建设已成为我校学科建设今后一段时期的标杆"。为快速拉近与标杆的差距，实现高峰突破，在学科布局上有了新的要求，遴选了 5 个高峰学科，分别是化学工程与技术、机械工程、生物工程（未参加第四轮学科评估）、药学、控制科学与工程，并在后期的调整当中增加了工商管理，因此形成了"5+1"高峰学科群，并形成了高峰、高原、支撑、特色、基础学科的分类学科布局。

一　学校层面：Z 大学学科建设发展脉络

（一）学科建设现状概述

本部分主要分析 Z 大学学科建设的现状，围绕五个方面展开，分别为学科布局、师资队伍、科研平台、科研经费和学科评估表现。

1. 学科布局

学科布局反映了大学对不同类型和功能的学科在结构和层次上的安排情况，决定了大学发展的特色和方向。Z 大学的一级学科类型涵盖经济学、法学、教育学、文学、理学、工学、医学、管理学、艺术学 9 大门类（详见表 6-1），设置总数为 29 个，工学类一级学科总数上最多，有 15 个，占比 51.72%，其次是理学和管理学，分别有 3 个，占比 10.34%，法学和文学一级学科总数分别为2个,排第三,占学科总比重6.90%,最后是医学、教育学、艺术学和经济学,总数都为1个,占比3.45%。

表6-1　　　　　　　　Z大学一级学科总数及比重

学科门类	一级学科总数（个）	占学科总比重（%）
理学	3	10.34
工学	15	51.72
医学	1	3.45
管理学	3	10.34
法学	2	6.90
教育学	1	3.45
文学	2	6.90
艺术学	1	3.45
经济学	1	3.45

2. 师资队伍

高水平师资团队决定人才培养质量和科研成果水平。近年来,Z大学积极制定一系列师资队伍建设政策,吸引大量高层次人才,培育了一批顶尖的学科团队,如《Z大学"高层次创造性人才计划"实施办法》《Z大学"创新团队发展计划"实施办法》和《Z大学"青年英才支持计划"实施办法》等。截至2024年4月,学校有教职工3378人,专任教师2488人,其中拥有正高级职称的教师有540人,拥有副高级职称的教师有970人,具有博士学位的教师1834人。从图6-1中看出,Z大学国家级有突出贡献中青年专家和人社部"百千万人才工程"入选者数量最多,为10人[①]。

3. 科研平台

科研平台是学校产出高水平科研成果的重要载体,也是学校对外交流的窗口。Z大学将服务国家和区域发展的重大需求作为导向,整合多方资源,构建科研创新平台,积极推进产学研用深化合作与发展。Z大学目前

---

① 《Z大学学校概况》,http://www.zjut.edu.cn/ReadClassDetail.jsp? bigclassid = 5&sid = 80.2024-04-01。

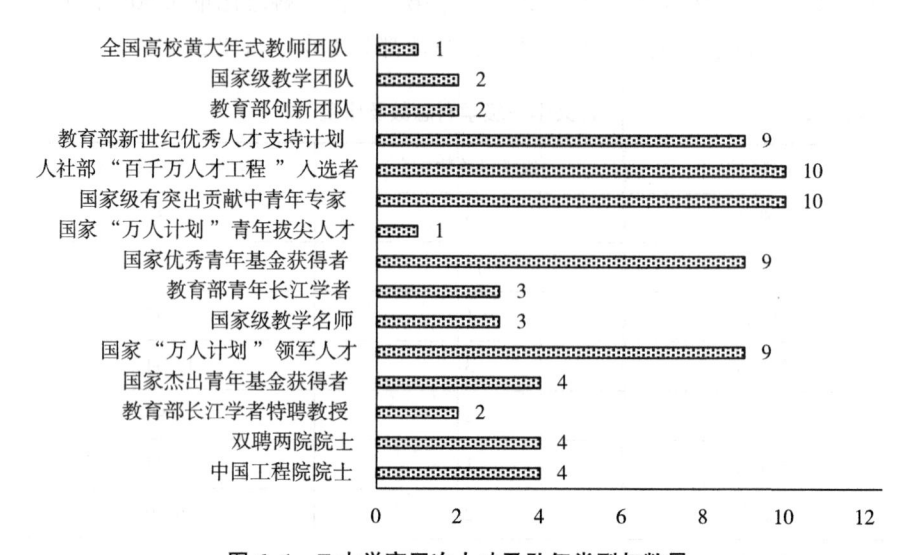

人才/团队类型	数量
全国高校黄大年式教师团队	1
国家级教学团队	2
教育部创新团队	2
教育部新世纪优秀人才支持计划	9
人社部"百千万人才工程"入选者	10
国家级有突出贡献中青年专家	10
国家"万人计划"青年拔尖人才	1
国家优秀青年基金获得者	9
教育部青年长江学者	3
国家级教学名师	3
国家"万人计划"领军人才	9
国家杰出青年基金获得者	4
教育部长江学者特聘教授	2
双聘两院院士	4
中国工程院院士	4

图 6-1　Z 大学高层次人才及队伍类型与数量

有国家级 2011 协同创新中心 1 个、国家工程技术研究中心 1 个、省部共建国家重点实验室（筹）1 个、省部共建 2011 协同创新中心 1 个、国家地方联合工程实验室（研究中心）2 个、国家级国际科技合作基地 3 个、国家级大学科技园（牵头建设）1 个，以及教育部重点实验室（工程研究中心）、浙江省重点实验室、省级协同创新中心、浙江省新型智库等省部级科研平台 75 个[①]。

4. 科研经费

科研经费是科研人员顺利开展科研活动的要素之一，发挥着引导和激励科研人员的作用。表 6-2 显示，从 2016 年到 2020 年，Z 大学的科研经费、专任教师数量和人均科研经费都在逐年上升，其中科研经费增加了 4.01 亿元，占 5 年以来科研经费总数的 11.85%，专任教师数量增长了 200 人，占 5 年来专任教师总数的 1.84%，人均科研经费提高了 15.36 万元，占 5 年来人均科研经费总数的 9.93%。

---

① 《Z 大学学校概况》，http：//www.zjut.edu.cn/ReadClassDetail.jsp? bigclassid = 5&sid = 80. 2024-04-01。

表 6-2　　　　　　　　　Z 大学科研经费情况

年份	科研经费（亿元）	专任教师（人）	人均科研经费（万元）
2020	9.01	2300	39.17
2019	7.68	2214	34.69
2018	6.32	2140	29.53
2017	5.82	2118	27.48
2016	5	2100	23.81
合计	33.83	10872	154.68

5. 学科评估表现

根据中国学位与研究生教育信息网，第四轮学科评估结果根据参与评选的学科整体水平对其进行排名，并分 9 档呈现[①]。Z 大学共有 24 个一级学科参与此次评估，整体看，Z 大学作为理工科优势大学，工科类学科评估情况总体较好，人文社科类学科评估结果相对较弱（详见表 6-3）。具体而言，学校传统优势学科化学工程与技术学科评估等级最高，获得 A-等级。机械工程学科和工商管理学科获得 B+等级，工商管理学科是学校人文社科类学科中评估表现最佳的学科。控制科学与工程、计算机科学与技术、环境科学与工程、软件工程和药学学科位于 B 等级，设计学和应用经济学处于 B-等级。

表 6-3　　　　　　　Z 大学第四轮学科评估结果

学科门类	学科名称	学科评估结果
工学	化学工程与技术	A-
	机械工程	B+
管理学	工商管理	B+
工学	控制科学与工程	B
	计算机科学与技术	B
	环境科学与工程	B
	软件工程	B

① 中国高等教育学生信息网：《全国第四轮学科评估结果公布导言》，http：//www.cdgdc.edu.cn/xwyyjsjyxx/xkpgjg/283498.shtml. 2022-01-13。

续表

学科门类	学科名称	学科评估结果
医学	药学	B
艺术学	设计学	B-
经济学	应用经济学	B-
理学	物理学	C+
	材料科学与工程	C+
	动力工程及工程热物理	C+
工学	土木工程	C+
	食品科学与工程	C+
理学	数学	C
工学	信息与通信工程	C
管理学	管理科学与工程	C
教育学	教育学	C
文学	中国语言文学	C

（二）学科建设政策及目标管理

Z大学始终将学科建设作为学校发展的主线，明确学科建设的发展路线。1993年以来，学校共召开三次学科建设工作会议。在第一次学科建设工作会议上，学校提出学科建设的指导思想是"以任务带学科，以学科促进学位点建设"。1995年的第二次学科建设工作会议上，学校强调"以学科建设为龙头"，并将学科建设模式确定为"学位点—研究所—学科性公司三位一体"。1999年，第三次学科建设工作会议提出"人人进学科，人人有学科归属，构建新的学科建设体系"，"建立学校—学院—学科二级机构三级管理的运行模式"。2001年，学校制定《Z大学中长期（2001—2010年）发展规划纲要》，提出"以学科建设为主线"，强调"学科建设的标志是学位点建设，基础是科学研究，核心是队伍建设"[1]。

迈入21世纪，知识经济迅猛发展，新技术快速迭代，教育事业的高

---

[1] 钱佩忠、宣勇：《学科成长：问题与策略——以浙江工业大学学科建设为例》，《浙江工业大学学报》（社会科学版）2009年第1期。

质量发展成为推动党和国家各项事业发展、提高国际竞争力的保障和支撑。2010年，党中央、国务院出台《国家中长期教育改革和发展规划纲要（2010—2020年）》，提出"优化学科专业、类型、层次结构，促进多学科交叉和融合""以重点学科建设为基础，继续实施'985工程'和优势学科创新平台建设，继续实施'211工程'和启动特色重点学科项目"①，确定了新世纪学科建设的方向和目标，也强调了学科建设在高等教育中的地位，并以重点学科建设为引领，带动大学的改革和发展。2012年，Z大学制定《Z大学中长期发展规划纲要（2011-2020年）》，强调"创建特色鲜明和优势突出的学科，增强学科自主发展能力和创新活力，增强学科核心竞争力，为国家与区域经济社会发展提供大量高层次人才和重要的科技和文化支撑，为学校建成区域特色鲜明的综合性研究型大学奠定学科基础"。通过梳理Z大学2012年至2021年18份与学科建设相关的政策文本，发现学科建设政策主要分为以下几个方面。

表6-4　　2012年至2021年Z大学学科建设相关政策文件

印发时间	拟稿部门	政策名称	政策主要内容
2021年11月02日	研究生院（学科建设处）、科学技术研究院、社会科学研究院	《Z大学学科建设与科学研究规划（2021—2035年）》	基础和现状、指导思想和发展目标、三项路径举措、六项保障措施
2021年09月23日	研究生院（学科建设处）、科学技术研究院、社会科学研究院	《Z大学"十四五"学科建设管理办法》	学科建设的管理体系与职责、组织实施与绩效评价、经费使用与管理
2021年11月18日	研究生院（学科建设处）	《Z大学一流学科攀登工程实施方案》	建设思路与总体目标、建设原则、建设目标与入选标准、支持办法与绩效管理、实施路径
2021年02月07日	科学技术研究院	《关于推进"一年一大事"科研目标任务工作暂行办法》	科研目标任务设置、强化过程管理、突出绩效导向
2020年07月23日	发展规划处（省部共建办公室）	《Z大学关于实施第四轮任期目标责任制（2020—2023年）的若干意见》	目的意义、基本原则、考评对象、组织机构、考评方式、结果应用
2020年06月02日	科学技术研究院	《关于推进"一年一大事"科研目标任务工作暂行办法》	科研目标任务设置、强化过程管理、突出绩效导向

---

① 中华人民共和国中央人民政府：《国家中长期教育改革和发展规划纲要（2010-2020年）》，http://www.gov.cn/jrzg/2010-07/29/content_ 1667143.htm.2010-07-29。

续表

印发时间	拟稿部门	政策名称	政策主要内容
2018年09月17日	学术委员会秘书处、学科建设办公室	《Z大学一流高峰学科建设管理办法》	建设目标、立项流程、目标成果管理、过程管理、期满验收制度、动态调整机制、激励政策、经费管理
2018年07月31日	发展规划处	《浙江G大学关于印发任期目标责任制（2016—2019年）调整与考评实施补充办法的通知》	原则和依据、调整部分任期目标任务、实施重大标志性指标管理
2018年02月02日	学术委员会秘书处、学科建设办公室	《Z大学"人文社科类学科繁荣计划"建设方案》	建设目标、建设原则、建设分类、项目分类、遴选办法与程序、保障措施
2017年08月17日	学术委员会秘书处、学科建设办公室	《Z大学"一流学科高峰建设计划"建设方案》	建设目标、建设原则、建设思路、遴选办法与程序、政策保障、组织管理
2017年04月26日	学术委员会秘书处、学科建设办公室	《Z大学学科建设工作管理办法》	组织体系、管理职责、过程管理
2015年11月09日	科学技术研究院	《Z大学"学术交流繁荣计划"实施办法》	计划设置、计划管理
2015年	发展规划处	《Z大学"十三五"发展规划实施方案》	发展思路、重要任务与实施路径、保障措施
2015年	发展规划处	《Z大学任期目标责任制（2016—2019年）考评实施办法》	考评对象与考评组织、考评方式与考评程序、目标任务考评事项、资源配置、考评奖惩
2015年	发展规划处	《Z大学关于实施目标责任制（2016—2019年）的若干意见》	目的意义、基本原则、组织机构、战略目标与目标责任的设定、考核评价、保障与奖惩
2013年03月11日	发展规划处	《Z大学目标责任制考评实施办法》	基本原则、考评对象与考评组织、考评方式与考评程序、目标任务考评事项、分项考评、资源配置、考评奖惩
2012年11月30日	研究生院/研究生工作部	《Z大学学科建设工作管理办法》	组织体系、管理职责
2012年	发展规划处	《Z大学中长期发展规划纲要（2011—2020年）》	总体战略、发展目标、发展重点、专项计划、保障措施

1. 学科建设管理

2012年，Z大学制定《Z大学学科建设工作管理办法》，确立2010年到2020年学校学科建设的总体目标是"学科特色更加明显，结构更加优化，布局更加合理，人才培养、科学研究、社会服务和文化创新能力明显增强，为国家和浙江省经济社会发展提供大量高层次人才和提供重要的科技和文化支撑，为学校初步建成区域特色鲜明的综合性的研究型大学奠定学科基础"，坚持"做强工科、做优做精理科和人文社科、大力扶持新兴交叉学科"的建设思路，以"学校—学院—学科"为管理体制对学科建设实行目标管理。2015年，学校发布《Z大学"十三五"发展规划实施方案》，指出要坚持"分层分类"推进一流学科建设，打造五大优势学科群，包括"绿色化工"学科群、"生命健康"学科群、"先进制造"学科群、"经济管理"学科群、"文创设计"学科群，完善学科评价体系和学位点动态调整机制。为形成良好的学术交流氛围，学校还颁布《Z大学"学术交流繁荣计划"实施办法》，设立"学术交流繁荣计划"，重点支持自然科学领域高层次国内外学术交流活动。

2017年4月，为对接"双一流"建设，Z大学又出台《Z大学学科建设工作管理办法》，确定2016—2020年学科建设的总体目标为"聚焦一流学科和五大优势学科群，建设形成与国家和区域重大战略相适应、与浙江省支撑未来发展的'七大万亿产业'相对接、与学校高水平大学建设的功能及地位相匹配的重点学科体系"。2021年，学校出台《Z大学"十四五"学科建设管理办法》和《Z大学学科建设与科学研究规划（2021—2035年）》，提出通过"实施'学科高原造峰计划''学科交叉繁荣计划''学科特色提升计划'等3大计划、9项工程"，促进"学科建设整体水平取得明显进步，力争进入国家'双一流'建设行列"。

2. 重点学科建设

2017年，根据国家建设"世界一流"学科的相关要求，Z大学出台《Z大学"一流学科高峰建设计划"建设方案》，将建设目标定为：到2020年，若干学科达到"世界一流学科"建设的标准，第五轮学科评估成绩名列全国前茅，学科核心要素实现重大突破。主要分三个层次建设：一是面向学科基础好的学科，通过高投入、快突破，建成世界一流学科；二是面向现有学科基础好的学科，通过适度加大投入，建成国内一流知名的高水平学科；三是面向学科基础较好、有一定特色或满足战略需要或对前两个层次起助推作用的学科，建成省内一流学科。同时，为建优人文社科，特制定《Z大学"人文社科类学科繁荣计划"建设方案》，将建设目标定为"到2020年，若干人文社科类学科达到国内先进水平"，并按学科整体特色水平实力提升型和学科方向重点项目成果突破型两种进行建设，将项目分为人才类、科研类、教学类成果。学校最终遴选出6个学科形成"5+1"高峰学科群，分别为化学工程与技术、机械工程、生物工程、药学、控制科学与工程以及工商管理。

2018年，学校为进一步落实"一流学科高峰建设计划"，出台《Z大学一流高峰学科建设管理办法》，明确了"一流高峰学科"的立项流程、目标成果管理、过程管理、期满验收制度、动态调整机制、激励政策和经费管理。2021年，为了在"十四五"期间有效提升学科实力与水平，学校制定《Z大学一流学科攀登工程实施方案》，此方案将建设目标定为"到2025年，力争1个学科进入国家'双一流'建设行列，2—3个学科进入全国排名前10%，1个学科具有重要国际影响力"，具体来看，一流学科攀登工程主要分四个层次：第一层次为最新一轮学科评估成绩A-档及以上的学科，冲击国家"双一流"或学科评估A及以上；第二层次为最新一轮学科评估成绩B档及以上的省优势特色学科、省一流学科A类学科，冲击学科评估A-及以上学科；第三层次为最新一轮学科评估成绩C+档及以上的省一流学科A类、B类学科，冲击学科评估B+及以上学科；第四层次为最新一轮学科评估成绩C档及以上的省一流学科B类、校重点学科，冲击学科评估B-及以上学科。

3. 学科建设目标管理

2009年，学校出台《关于进一步深化和完善校内管理体制改革的意见》，实施新一轮校内管理体制改革。随后，学校开始全面实行目标责任制（履职责任制），作为学校管理体制改革的重要内容，目标责任制围绕学校中长期发展战略和近几年的发展目标，体现"分类管理、分类发展"的管理思想，也给予了二级学院更多的自主空间。

截至2022年，学校共开展四轮任期目标责任制：①学校党政负责人与各院部党政负责人签订首轮目标责任书和履职责任书，任期为2009年7月到2012年6月，明确了学校和学院的责任关系。②2012年，学校开展2009—2012年学院（部）任期目标责任制期满考核，并开展了第二轮目标责任制（2012—2015年）。2013年，学校在《Z大学关于实施目标责任制的若干意见》的指导下出台《Z大学目标责任制考评实施办法》，该办法指出以二级学院等为考评对象，将考评分为目标任务考评和综合工作分项考评，由不同部门组织开展考评，考评方式分为即时单项考评、年度分项考评和任期综合考评，前两类考评以定性为主，后一类考评是定量评价。在学科建设方面，通过年度考评量化体系评选出优秀奖 1 名、优良奖 1 名、鼓励奖 1—3 名。最终学院（中心）考评分为目标任务得分、年度分项评优加分和基础分的总和。③2015 年，该校开展新一轮任期目标责任制，制定《Z 大学关于实施目标责任制（2016—2019 年）的若干意见》和《Z 大学任期目标责任制（2016—2019 年）考评实施办法》，确立该任期的具体目标任务。2018 年，为更好应对外部形势对学校各项事业发展的影响，结合实际，学校出台《Z 大学关于印发任期目标责任制（2016—2019 年）调整与考评实施补充办法的通知》，调整部分任期目标任务，实施重大标志性指标管理。④2020 年，为突破学校发展战略规划的关键科研指标，学校制定《关于推进"一年一大事"科研目标任务工作暂行办法》，根据各单位层次和水平差异，分层设置科研目标任务，通过签订任务落实责任书，加强过程管理。同时，制定《关于实施第四轮任期目标责任制（2020—2023 年）若干意见》，将考评方式修改为年度考评和任期考评。2021 年，学校修订并出台了新的《关于推进"一年一大事"科研目标任务工作暂行办法》，修改了部分科研目标任务和业绩认定方式。

（三）学校目标责任制运行过程

Z 大学目标责任制的实施过程涉及目标任务的制定、实施和评价三个方面，本部分对上述环节进行详细阐述，详见图 6-2。

1. 目标任务的制定

Z 大学专门成立非常设机构目标责任制管理与考核工作委员会（以下简称"考评委"），负责学校目标责任制的组织实施。考评委由学校党委书记和校长担任组长，分管副书记和副校长担任副组长，学校发展规划处牵头学校其他职能部门共同负责，职能部门包括研究生院（学科建设处）、社会科学研究院、科学技术研究院、计财处、教务处和人事处等。发展规划处负责日常管理和考核的统筹协调工作，包括各单位的任期目标责任制考评和年度工作考评等工作。研究生院内设学科建设处，负责制定冲击国家重点建设学科行列、教育部学科评估排名等指标。社会科学研究院主要根据国家相关的方针、政策和规定，以及学校总体事业发展规划与目标，拟定人文社会科学发展目标指标体系。科学技术研究院通过对标对表目标院校，结合学科评估的结果，制定科学合理的与科学研究、合作与成果转化、地方合作、平台建设等相关的目标任务指标体系。人事处负责设定不同类别高层次人才引进的目标任务。此外，上述部门也承担着统筹推进的职责。以第四轮任期目标责任为例，不同类型的目标责任指标体系对应不同的"责任部门"，其中，"责任部门"中列第一位的为牵头部门，负责统筹推进相关指标的达成。与学科建设相关的指标的责任部门为发展规划处、研究生院（学科建设处）、社会科学研究院、科学技术研究院和人事处。

目标的制定包括学校总体目标和二级学院目标，学校总体目标按照职能和性质划分为学科建设、科学研究、人才培养等，根据对战略目标的支撑程度可分为重大、重点和重要等不同层次，二级学院目标主要由学校总体目标分解所得。就具体的目标制定过程，通常要经过多轮协商讨论。首先由考评委提出初步目标任务方案，并以座谈、书面等方式与二级学院党政负责人、学科负责人等进行协调、修订，后续经考评委研讨审核，最终递交学校党委会确定。在学校整体目标体系确立以后，各相关职能部门根据学校确定的总体目标，进行一定程度的"目标放大"、再分解，经与二级学院反复沟通后，形成二级学院目标任务指标体系[①]。

2. 目标任务的实施

Z大学目标责任制中目标任务的实施包括目标分解、责任落实与过程管理。在目标分解过程中，学校各个职能部门将学校制定的目标任务进行科学细化分解，制定二级学院目标任务，二级学院依据学校人事聘用制度，将目标分解至学科、团队、教师，在这一过程中，学校与学院之间，以及学院与学科、团队、教师之间不断沟通、交流与博弈。同时，明确责任部门与责任单位、同级同类单位以及部门之间的责、权、利配置，促进协同履责。

责任落实指学校党政负责人和二级学院党政负责人签订目标责任制，其目的是将责任落实到每一个主体身上，明确学校和学院各自的责任内容、管理权限和利益大小，实现责权利相统一。学校以制度形式与学校职能部门代表、二级学院代表签订目标任务书，根据目标任务的差异分配人、财和物等资源，二级学院承担实现目标任务的主体责任。

过程管理是多渠道收集信息了解目标任务落实情况，并及时进行检查

---

① 袁旦、於建明：《地方高校实施目标责任制的探索与思考——以浙江工业大学为例》，《浙江工业大学学报》（社会科学版）2020年第2期。

督促的过程。首先，Z大学采取定期搜集学院发展数据、实行年度考评、开展战略研讨会、阶段性检查等方式，及时了解、记录和掌握各项目标任务的推进情况，对照各个阶段目标任务，找出差距和问题，提出整改举措和推进建议。其次，灵活调整目标任务，针对难度过高、过于容易或不合理等目标任务，及时实行增减或修订，同时，根据外部环境的变化快速调整目标指标体系，以提高目标任务的对标性、精准性和可行性。最后，注重建设成效宣传，在目标任务建设过程中，及时对目标任务实施过程中获取的标志性成果或成效进行宣传，为学校全体教师全力完成目标任务营造良好的氛围。

3. 目标任务的评价

目标任务的评价包含评价的分类、开展与反馈。根据评价的功能，评价可分为诊断性评价、形成性评价和总结性评价。在Z大学目标责任制实施过程中，目标任务的考评分为形成性评价和总结性评价，形成性评价是在目标责任制实现过程中为了解二级学院目标实现情况，及时发现、解决实施中发生的问题所进行的评价，可作为学校调整目标指标体系的依据。总结性评价是在任期目标责任制实施后，为了解目标任务完成情况而进行的评价，这一结果呈现出目标责任制实施成效，也是学校实施奖惩的依据。具体而言，Z大学考评分为年度考评和任期考评，年度考评为形成性考评，以定性评价为主，任期考评为总结性考评，以定量评价为主。

评价的开展指实施目标任务的考评工作。在Z大学，考评主要由发展规划处联合学校其他相关职能部门开展，目标任务考评由考评办具体组织实施，综合工作分项考评由相关部门具体组织实施，考评办协调与统筹。不同类型的考评侧重点不同：①年度考评分为任期目标责任制年度进展情况考评和年度综合工作分项评优。任期目标责任制年度进展情况考评指考评办依据任期目标责任书分解确定的年度进展指标进行考评，年度考评重在"等级"，分为A、B、C、D四个级别，考评委根据总分排名情况综合评定当年考评等级。年度综合工作分项评优重在"优秀"，学校根据考评内容分为教学、科研、队伍等8项，由相关部门组织开展，最终由考评委审核，每类单项评选出优秀奖、优良奖、鼓励奖。与学科建设相关的专项有科研工作、队伍建设、战略管理与学科建设，其中，科研工作分为理工科类学院、人文社科类学院两类学院分别进行考评，理工科类学院由科研院、发规处负责考评,人文社科类学院由社科院、发规处负责,队伍建设由人事处、人才办、发规处、学科处、国际处负责,战略管理与学科建设的考评部门则为发规处、学科处和国际处。②任期考评指任期结束时,综合任期目标任务完成情况和年度评优结果整体考评,其重在"结果",考评办组织汇总各年度评优结果、目标任务得分或目标完成率等,分为优秀、达标和不达标3个等级评定。

在评价反馈阶段,Z大学考评委认定后公示年度或任期考评结果,对结果进行对比分析,深刻剖析原因,及时反馈给二级学院以制定出相应的改进措施。同时,报经学校党委批准后,实施相应的年度或任期考评奖惩:①在年度考评中,任期目标责任制年度进展情况考评的结果作为二级学院1—7级专业技术岗位下一年度的岗位绩效津贴总量核拨的依据。按照考评结果A—D四个等级,将核拨标准分别定为上浮10%、上浮5%、不变和下调5%。在年度综合工作分项评优中,对考核获优秀奖、优良奖和鼓励奖的学院分别奖励每单位5万元、3万元和2万元。②任期考评中的激励分为:一是物质激励,根据任期考评结果,给予二级学院及其领导班子奖励,若完成重大突破性指标,激励力度大;二是岗位激励,任期考评结果与干部任用紧密挂钩;三是精神激励,对任期考评优秀的单位在各类先进或荣誉评选中给予一定名额倾斜,同时,对获得任期优秀的单位适时进行表彰。任期考核达标的学院既不奖励也不惩罚。对于任期考核不达标的学院,惩罚与激励一一对应,分为三个方面:一是物质惩罚,对学院及领导班子处罚一定金额;二是岗位惩罚,对学院领导班子进行调整;三是精神惩罚,取消学院干部和职员在当年度内评选优秀中层干部、先进工作者和各类先进集体的资格。

二 学院层面:目标责任驱动下Z大学二级学院学科建设

(一)二级学院学科建设目标:以学校发展战略为建设主线

学校与学院之间的关系是指大学管理层和学院基层教学科研单位间的组织关系①,在这一组织关系中,学校作为决策中心,将主要精力放在学校改革和发展等相关重大事项的决策上,通过目标责任制的实施,赋予学院相应办学自主权以实现基于学校发展战略分解而来的目标任务。学院既

---

① 石中英:《大学办学院还是"学院办大学"》,《光明日报》2016-05-10。

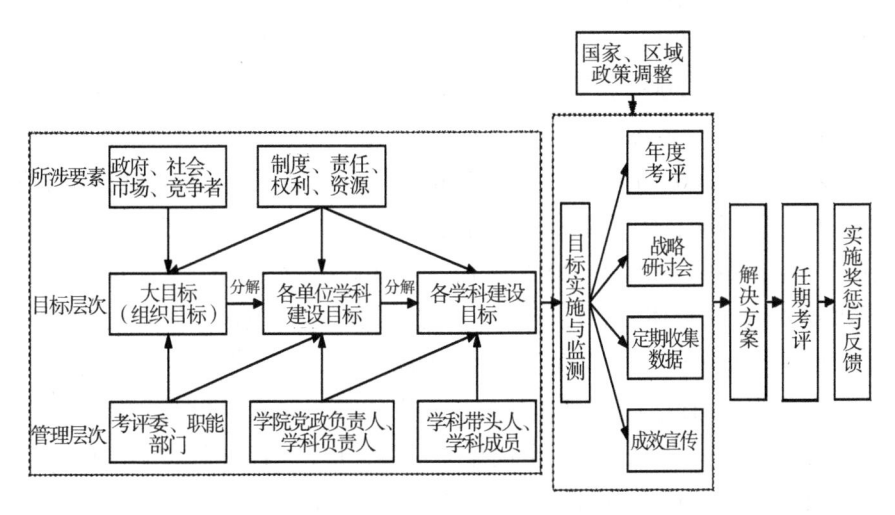

图 6-2 学校学科建设目标责任制运行过程

是管理中心，又是履行教学、科研和社会服务的实体组织。在学校目标管理方式下，学院承担着学科建设和发展的职责，也被赋予实现这一职责所需要的权力①。总体来看，各个学院实施目标责任制的机制是大体相似的，为了更具体、直观地阐述这一实施过程，特将 H 学院作为案例来阐述。将 H 学院作为分析案例有如下两点原因：一是该学院的一级学科是 Z 大学的传统优势学科，在教育部第四轮学科评估中被评为 A-，并列全国第 8 位（5.56%），是学校唯一一个位于 A 档的学科；二是该学院在学校三轮任期目标责任制中考核结果均为"优秀"，学科建设成效显著，科研成果深度对接区域产业，为国家和地方经济发展作出突出贡献。因此厘清该学院在目标责任制下学科建设的实际做法，可以进一步了解学校目标责任制运行的完整链条，也为其他同类型、层次的学校及二级学院学科建设提供借鉴思路。

H 学院于 1953 年成立，以建设成为高水平、有特色的研究型学院为目标，拥有国家重点培育学科 1 个，省一流学科 1 个，省重点学科 2 个，现有教职工约 350 名，其中，正高职称共 63 人、副高职称共 101 人，博士生导师共 58 人，硕士生导师共 137 人。学院拥有国家级或省部级平台

---

① 林健：《大学校院两级管理模式中的权责划分》，《国家教育行政学院学报》2009 年第 11 期。

9个，获国家级科技成果奖13项，省部级奖40余项。年发表SCI、EI论文400余篇，年获授权专利100余项，年承担省部级以上科研项目40余项，年到款经费5000余万元，拥有各类仪器设备约1.5亿元。

1. 学院基于学校的战略目标设置学科建设目标

Z大学自2009年以来共实施四轮任期目标责任制，不同时期的战略目标定位不同，H学院所分配到的目标也有所差异。如表6-5所示，在第一轮任期中（2009—2012年），学校出台《Z大学"十一五"时期发展规划》，将总体发展目标定为"把学校基本建成国内知名的综合性的教学研究型大学，为实现省委提出的建设成为研究型大学的目标打下坚实的基础"。H学院在《H学院目标责任书》中将学院学科建设的总体目标确定为"努力建设1个优势学科群；1个一级学科达到国内一流水平且国际上有较大影响，2个二级学科达到国家重点学科水平；2个学科达到浙江省重中之重学科水平；3个学科达到浙江省重点学科水平，建成特色明显且可持续发展的重点学科"。从具体指标性的目标看，共分为指令性目标和指导性目标，指令性目标包括重点学科建设、学位点建设和学科排名，指导性目标为2个学科以优秀的成绩通过省重中之重学科期终验收。

第二轮（2012—2015年）和第三轮（2016—2019年）任期时间横跨8年之久，《Z大学中长期发展规划纲要（2011—2020年）》提到学校的总体发展目标为"到2020年基本建设成为区域特色鲜明的综合性研究型大学，综合实力力争跻身全国高校50强，达到全国高校先进水平"。相应地，《H学院中长期发展规划纲要（2011—2020年）》提出发展目标为"到2020年，力争实现1个一级学科水平进入国内前5%的目标定位，学院综合水平进入国内前列，基本建成高水平有特色的研究型学院"。在第二轮任期中，H学院与其他二级责任单位共同承担了部分学科建设目标，主要分为重大突破性目标和重要基础性目标，重大突破性目标为新增国家重点学科2个和国家重点实验室、国家工程技术研究中心1个，重要基础性目标又新增5个一级学科博士点，5个一级学科硕士点以及4个一级学科排名进入全国前20%。在第三轮任期目标责任制中，H学院的重大突破性目标是世界一流学科1个、ESI世界前1%的学科2个以及国家重点实验室、国家工程技术研究中心、国家工程实验室、国家工程研究中心等国家级科研平台1个。重要基础性目标是 3 个一级学科排名进入全国前 10%或前 5 位、7 个一级学科排名进入全国前 30%。

在第四轮任期目标责任制（2020—2023 年）中，学校出台《Z 大学中长期发展规划纲要（2021—2035 年）》，确定发展目标为"建设区域特色鲜明、国内一流的研究型大学"。本轮目标责任制将学院（部）分为 I 型、II 型、III 型，I 型为学校"一流高峰学科"第一层次所在学院，包括 H 学院和生物工程学院、机械工程学院。I 型学院需要完成的学科建设目标分为重大突破性指标、重要战略性指标和重点发展性指标，重大突破性指标包括 1 个学科进入国家"双一流"建设序列、教育部学科评估 1 个一级学科排名为 A+，或者进入全国前 2%或者前 2 名以及国家技术发明奖或国家科学技术进步奖一等奖或国家自然科学奖二等奖 1 项。重要战略性指标有教育部学科评估 1 个一级学科排名为 A，或者进入全国前 5%和 2 个国家重点实验室（含省部共建）、国家技术创新中心、国家工程研究中心等国家级科研平台。重点发展性指标包括教育部学科评估中 1 个一级学科排名为 A-，或者进入全国前 10%。

表 6-5　Z 大学四轮任期目标责任制总体发展及 H 学院学科建设目标

任期	学校发展的总体目标	H 学院学科建设目标		
^	^	H 学院学科建设的总体目标	指令性目标（重大突破性目标）	指导性目标（重要基础性目标）
第一轮（2009—2012 年）	把学校基本建成国内知名的综合性的教学研究型大学，为实现省委提出的建设成为研究型大学的目标打下坚实的基础。	努力建设 1 个优势学科群；1 个一级学科达到国内一流水平且国际上有较大影响，2 个二级学科达到国家重点学科水平；2 个学院学科达到浙江省重中之重学科水平；3 个学科达到浙江省重点学科水平，建成特色明显且可持续发展的重点学科。	①重点学科建设：成功申报 1 个国家重点学科；确保 2 个省重中之重学科通过期终验收，并滚动进入下一轮建设行列；做好 08 年进入的省重中之重学科建设工作。②学位点建设：建成 1 个一级学科博士点；确保建成 1 个一级学科硕士点。③学科排名：国家重点培育和省重中之重学科、省重点学科、校重点学科或具有硕士学位授予权的学科在全国学科学术排名（重中之重学科以主干学科排名）的相对排位均提前 10%以上。	2 个学科以优异的成绩通过省重中之重学科期终验收。

续表

任期	学校发展的总体目标	H学院学科建设目标		
		H学院学科建设的总体目标	指令性目标（重大突破性目标）	指导性目标（重要基础性目标）
第二轮（2012—2015年）	到2020年基本建设成为区域特色鲜明的综合性研究型大学，综合实力力争跻身全国高校50强，达到全国高校先进水平	到2020年，力争实现1个一级学科水平进入国内前5%的目标定位，学院综合水平进入国内前列，基本建成高水平有特色的研究型学院。	①国家重点学科2个。②国家重点实验室、国家工程技术研究中心1个。	①5个一级学科博士点，5个一级学科硕士点。②4个一级学科排名进入全国前20%。
第三轮（2016—2019年）			①世界一流学科1个。②ESI世界前1%学术机构的学科2个。③国家重点实验室、国家工程技术研究中心、国家工程实验室、国家工程研究中心等国家级科研平台1个。	①3个一级学科排名进入全国前10%或前5位。②7个一级学科排名进入全国前30%。
第四轮（2020—2023年）	建设区域特色鲜明、国内一流的研究型大学	到2025年，跻身为国家一流学科或国务院学位中心学科评估排名前5%，获得国家技术发明二等奖或国家科技进步二等奖2项，建成省部共建国家重点实验室1个，成为汇聚国内外一流学者和团队的高水平国家级学科平台，为建设世界一流的学科奠定坚实基础。	①进入国家"双一流"建设序列的学科1个。②教育部学科评估1个一级学科排名为A+，或者进入全国前2%或者前2名。③国家技术发明奖或国家科学技术进步奖一等奖或国家自然科学奖二等奖1项。	重要战略性指标：①教育部学科评估1个一级学科排名为A，或者进入全国前5%。②2个国家重点实验室（含省部共建）、国家技术创新中心、国家工程研究中心等国家级科研平台。重点发展性指标：①教育部学科评估中1个一级学科排名为A-，或者进入全国前10%。

2. 学院对学校下达的目标任务进行再分解

2021年，《H学院目标责任制暨登峰学科建设经费实施方案》提出，"目标责任制任务指标的管理责任主体为学院领导班子、学科主任、学科党总支书记、学科副主任等，实施责任主体为团队和教师"。任期目标责任制由学院党政领导班子集体组织实施。H学院以一流学科建设为目标，将学校目标责任制作为指标导向，明确发展方向，提升目标责任，遵循"学院—学科—团队—教师"的流程将目标任务按年度层层分解，构建有效的责任和压力传导机制，激发教师的活力和战斗力。学院的党政领导班子与学科负责人和党总支书记签订目标责任制协议，由学科负责人和党总支书记负责学院的教学科研、学科建设、人才培养、实验室建设、社会服务等。学科的负责人和党总支书记明确承担团队，通过召开教师目标责任制签约会，与每位教师签订目标责任书，确保目标责任落实到个人，充分调动教师工作的积极性和能动性。

2020年，在第四轮任期目标责任制中，学院的目标包括重大突破性指标、重要战略性指标和重点发展性指标。重大突破性指标和部分重要战略性指标主要由学院统筹安排，学院党政领导班子为责任人，学科主任和总支书记为二级责任人；其余重要战略性指标、重点发展性指标及其他相关指标分解至各学科，再分配至各个团队，学院分管领导为一级责任人，学科副主任为二级责任人。在这个过程中，各项指标的分解并非均分，学院通过与学科主任和党总支书记协商讨论，根据不同学科的优势进行合理化、科学化、规范化地再次分解，例如有些学科科研能力较强，有些学科教学水平较高，因此不同学科和教师个人承担了不同的目标责任。

（二）二级学院学科建设过程：以目标责任制为建设抓手

1. 目标责任驱动下推进学院学科建设过程

H学院结合学校第四轮任期目标责任制和登峰学科建设要求，以目标任务为导向，实现"学院—学科—团队—教师"多方联动，营造"人人有责、人人尽责、人人享有"的文化氛围，凝聚共识促进学院战略目标的突破，促进学校的高质量内涵式发展。

在第四轮任期目标责任制中，H学院建立"主管—实施—评价—计划"的责任体系与管理机制，学院领导和学科负责人主要承担管理责任，完成目标任务的实施路径、举措和管理办法等主要由学院分管领导牵头制定。各学科将目标任务落实到人，综合协调学科资源要素，负责过程管理。各团队和教师承担实施的主体责任，发挥各自专长，团结合作，积极实现各项指标任务。教学委员会、学术委员会、学位委员会、安全委员会等非常设机构承担着评价职责。各个责任主体对照目标任务制定实现路径，建立管理机制，优化学院"十项优培计划"。"十项优培计划"包括文化塑培、人才优培、团队优培、优生引培、教奖优培、平台优培、科奖优培、项目优培、合作优培、挂职优培计划。

从具体实施流程看，责任人或团队需要进行申报，由学校相关职能部门领导和学院教学委员会、学术委员会、学位委员会等非常设机构共同构成评审组，对申报的团队进行评审，确定拟支持的团队。在组织保障方面，学院完善学科建设领导体系，建立学院学科建设领导小组和学院学科建设委员会，并成立一流登峰学科建设领导小组和专家委员会，聘请国内外学科有关领域的知名学者担任咨询专家。同时，结合学科建设攀登计划，对照目标责任制任务，构建"十大优培计划"，制订相关管理制度，如"领军人才支持计划"、青年教师培养"新晖计划"等。按照任务类型给予团队一定的经费支持，对承担重要战略性指标任务的团队给予人才引进、研究生招生、职称评审方面的倾斜。

2. 目标责任驱动下实施学科建设评价

在学科建设考核及评优方面，学院党政联席会议成员、学科负责人、党总支书记根据各学科的目标责任制任务完成情况，开展学科年度评优，设置优秀奖和鼓励奖。对于完成重要战略性指标的学科，岗位津贴上浮予以奖励。在团队考核方面，学院实行动态淘汰机制。每半年团队需要填写一次进展报告，其所在学科审查以后报送学院。学院组织专家评审，根据任务目标进行考核。完成重要战略性指标的团队考核结果为优秀，并按照年终绩效考核办法给予奖励。若考核不合格，限期提出整改措施，若连续2次考核不合格，取消该团队相应支持，并在院内或学科内部进行通报。学校最后再依据学院任期目标责任书分解确定的年度进展指标进行考评，考评分为A、B、C、D四个等级，并定期向学院下达下一年度进展指标。任期结束时，学校综合任期目标任务的完成情况和年度评优结果综合考评，考核结果分为优秀、达标和不达标3个等级。

第三节　Z大学二级学院学科建设策略及特征

在大学中，二级组织直接承担着学科建设的任务，其采取的策略影响着学科建设的水平，也决定着学院和学校的建设与发展。为梳理二级学院学科建设策略，本文基于10位学院院长或副院长访谈材料的分析，收集10个学院86份与学科建设策略相关的政策文本，提炼、归纳二级学院学科建设策略，分析二级学院学科建设策略成效，并总结其特征。

一　二级学院学科建设策略

学科建设建什么？建组织，促进组织在知识生产和劳动能力上的提升。大学学科是一个组织，从组织学的角度看，学科建设包含组织使命、组织结构与制度安排、学者队伍、组织资源和组织传统文化[①]。从中观层面看，学科建设策略可以理解为大学二级组织以解决学科建设问题为目标，在不同学科要素构成的组织的建设过程中根据学科内外部环境所确定的短期或中期的原则或方法，从而推动学科建设的发展和提升。学科要素包括学科方向凝练、发展目标、团队建设、经费支持、科研平台、制度保障、激励机制、考核评价。策略是根据内外环境变化，为实现具体目标所采用的行动方针和方式。为进一步探讨策略的实质内涵，在企业管理领域，有学者对策略加以解剖，将解剖获得的细项称作"策略构面"，用于归纳形成不同策略类型。"策略构面"包含范畴、资源和网络，其中，范畴指运营范畴的界定和调整，策略指核心资源的创造和积累，网络指事业网络的建构和强化[②]。于学科而言，学科以建设活动的范畴为核心，优质的建设资源和良好的发展环境是两大影响学科建设成效的重要课题。据此，本文以策略构面为依据，提炼二级学院学科建设策略。在学科建设策略中，范畴是学科建设要素，资源包括有形资源和无形资源，如经费、设备、声誉、文化等，网络指学科以外的开放环境中的成员，如政府部门、社会公众和企业行业等。

本研究在 Z 大学 29 个一级学科中，尽量兼顾文、理、工进行抽取，抽取 20 个一级学科，面向其所在学院院长或副院长以及学校职能部门负责人进行半结构化访谈，本次受访者共 12 位，其中学校职能部门负责人共 2 位，学院院长共 9 位，学院副院长共 1 位，每位受访对象的访谈时长 60—100 分钟，访谈结束后及时将语音资料整理成文字材料，最终形成近 18 万字的访谈材料。由于后文将对访谈材料开展文本分析，为避免重复，具体访谈对象在后续第四节中呈现（详见表 6-6）。通过对 10 份二级学院院长及副院长关于二级学院学科建设策略的访谈材料进行分析，结合 2015 年至 2021 年 86 份 Z 大学二级学院学科建设相关政策文本，政策既涵盖学院总体发展规划，如《**学院中长期发展规划（2021—2035年）》，也包含学科建设和目标责任制相关文件，如《**学院人才引进实施办法》和《**学院目标责任制暨登峰学科建设经费实施方案》，将不同学院学科建设策略进行分类、归纳，总结得到五类二级学院学科建设策略。需要特别指出的是，尽管大多数学院都会实施上述五类策略，但不

---

① 宣勇：《大学学科建设应该建什么》，《探索与争鸣》2016 年第 7 期。
② 吴思华：《策略九说：策略思考的本质》，复旦大学出版社 2002 年版，第 6 页。

同学院会根据学院和学科的实际发展情况有所侧重。

(一) 重点投入策略

在高等教育领域，重点投入是我国在经费不足的条件下面向若干个人、学科或学校进行竞争性经费投入的方式①。在资源有限的情况下，学院重点布局引进和培育核心人才，加大对高层次人才、优秀青年教师和创新团队的重点建设、支持和培养，构建科学、公正、规范的高层次人才选拔、培育、支持评价和保障机制。"重点投入策略"重在对高水平人才或团队的投入，培育一批具备解决社会经济发展重大问题能力的科研创新人才和团队，使其承担重大项目，形成重大科研成果，有效提高学科的创新能力和核心竞争力。

学院采用"重点投入策略"，通过出台人才或团队培育支持计划，面向高层次人才、优秀青年教师和创新团队，设置一定的遴选条件，为入选的培育候选人提供一定的倾斜政策，如公共用房、经费、招生指标、进人指标等，要求培育候选人或团队在培育周期完成相应的培育目标，并在培育期期满后对其进行考核。具体而言，在高层次人才培育方面，选拔一批具备发展潜力的优秀人才，在实验室用房、培育经费、岗位聘任、研究生招生名额、团队进人指标、学院绩效奖励津贴指标等资源调配过程中给予优先考虑和重点保障，部分学院还给予培育对象充分的自主权，在各类竞争性项目申报中同等条件下给予优先推荐以及教学科研工作量免考核等。在考核上，实行定量与定性相结合的考核方式或目标绩效考核动态管理。在优秀青年教师培育方面，为支持青年学术带头人和青年骨干教师的培养，鼓励青年人才快速成长，学院遴选若干名在教学科研方面业绩突出、政治素养较高、发展潜力较大、创新能力较强的优秀青年教师进行重点培育，鼓励出国或出境进修、两年内减免其工作量、实施青年教师导师制、享受特殊津贴等。培育期满后，学院根据目标进行考核，根据考核结果确定绩效考核津贴。

在创新团队培育方面，学院重点培育和支持研究方向明确、研究基础良好、具有高水平的创新能力与研究成果、具有明确的建设目标的创新团队，在公用房调配、专业技术职务评聘、进人指标、研究生招生指

---

① 王建华：《竞争性与非竞争性——政府部门高教经费投入的一个分析框架》，《中国地质大学学报》(社会科学版) 2010 年第 1 期。

标分配、学术活动资助、出国进修、岗位聘任以及各类人才培养计划申报等方面给予重点支持。例如，E 学院作为 Z 大学的试点学院，是学校办学时间最长、发展规模最大的学院之一。该学院极为注重团队建设，在团队建设方面已积累丰富的实践经验。在创新团队建设上，该学院在用房、经费投入、项目申报、进人指标、研究生招生指标、技术职务评聘等方面给予优先支持，学院预支 30%的经费，并协助创新团队拓展科研场地，优先考虑创新团队入驻学院及学校研发和产业化基地等科技平台，优先协助其与大企业进行对接及开展技术合作，在学术繁荣计划等措施中予以重点支持。建设期满后，团队考核采用目标任务完成情况与业绩点数量相结合、合格考核与评优考核、年度考核与最终考核相结合的办法。学院鼓励创新团队在人才队伍梯队培养方面实施特区政策，根据目标对创新团队按照团队进行单独绩效考核，团队成员则由创新团队负责人进行考核。

"重点投入策略"通过全力引进、培养能攻坚的高层次人才，重点培养具备学术潜力的青年拔尖人才，学院学科梯队建设取得较大成效，人才队伍结构不断优化，学科队伍建设水平不断提升。该策略的实施成效大体可以包含以下几个方面：一是高层次人才引进数，二是青年拔尖人才培养情况，三是创新团队培育情况。2021 年，E 学院柔性引进两院院士 2 人，入选"鲲鹏计划"人才项目 1 个，获得中国政府友谊奖 1 人，国家优秀青年科学基金项目 1 项，浙江省"万人计划"教学名师 1 人，浙江省级人才计划 1 人，浙江省杰出青年基金获得者 1 人，首批浙江省高校黄大年式教师团队 1 个，浙江省高校领军人才培养计划 2 人[①]。2021 年，在 F 学院中，1 人成为联合国"禁止化学武器公约组织"教育和外联咨询委员会委员及国家履行《禁止化学武器公约》专家委员会委员，获国家优青 1 项，获省杰青 2 项，省"万人计划"科技创新领军人才 1 项，省高校"领军创新人才" 1 项，省高校"青年优秀人才" 1 项，"中国催化新秀奖" 1 人，1 个教学团队获"全国石油化工教育优秀教学团队"称号。

（二）动态激励策略

"动态激励策略"指根据学院发展阶段的变化、外部环境的要求和学

---

① 数据来源：《Z 大学任期目标责任制 2021 年度工作总结交流暨学院（部）分项评优会议》，2022-02-24。

科组织的实际需要，运用绩效工资、成果奖励等方式、手段和途径调动学科成员的自觉性、积极性和能动性，促使学科成员逐渐内化为一种自发性力量，从而共同实现组织目标，有效引导学科逐渐迈向内涵式发展，提高可持续产出能力。

通过"动态激励策略"，学院根据学科成果的水平和质量确定相应的激励级别和力度，激励类型包括奖励性绩效工资、成果奖励等，提高学科高水平科研成果产出能力。例如，经过"十三五"期间建设，C学院一级学科在科研成果数量方面实现一定积累。在"十四五"期间，该学院在保持原先数量水平的基础上，鼓励学科产出高水平科研成果，提高服务社会经济发展的能力，促进学科建设上水平、上层次。具体而言，该学院的教师岗位绩效工资由基本工资、基础性绩效工资、奖励性绩效工资构成，其中，奖励性绩效工资由岗位绩效津贴和年终考核奖励津贴构成，年终考核奖励津贴中包括学院考核津贴、建设目标贡献津贴和业绩点绩效津贴，强调对学校、学院、学科、专业等发展的贡献度和业绩质量，根据学校核拨的额度，由学院年终自主分配。学院遵循"多劳多得、优绩优酬"原则，将年终考核奖励津贴分为按量取酬和按质取酬，先按照成果质量进行分配，再按照工作量分配。若完成学院重要建设目标或承担岗位职责以外的工作，如国家级项目、平台、奖项和高水平论文等标志性成果，发放建设目标贡献津贴，且总额度不少于全院绩效总额的15%。在业绩点绩效津贴中，不同类型教工教学业绩点超过考核总业绩点50%或70%部分须按30%计算绩效津贴。

J学院在采取"动态激励策略"时侧重以成果奖励的方式激励学科成员，将成果奖励范围确定为获奖科研成果奖励、学术论文奖励、应用型科研成果奖励、学科集体奖励、科研经费奖励、重要科研项目奖励和专著奖励。该学院围绕基础研究、应用研究、技术转移、成果转化等工作设置激励类别，并根据成果水平确定激励级别，同时通过较大的成果激励力度支撑高水平研究成果的产出。如，在学术论文激励方面，对在国际顶级期刊上发表文章的教师实行优先激励；在《中国社会科学》《管理世界》《经济研究》等国内权威期刊上发表文章实施重点激励；在ABS星级期刊等国外权威期刊及其他中文权威期刊上发表论文实施一般激励。

学科是一个生产、传播和创新知识的组织，学科成员所取得的科研成果往往需要付出高强度的智力和体力劳动，激励于他们而言是一种与付出等价的合理回报，也是对学科成员科研能力的肯定。"动态激励策略"的实施是为了引发学科成员产生为实现组织目标而采取行动的内在动力，从而产出更高水平的科研成果。因此，学科科研成果情况可以体现该策略的实施成效，包括科研经费到款、项目数、论文数、发明专利数、获奖数和著作数等。2021年，C学院科研到款达6863万元，同比增长35%；获Ⅱ类项目2项；新增国家基金12项；发表三大索引论文共205篇；授权专利112项；目标责任制完成率达116.7%。J学院全年科研到款1470.26万；共发表论文127篇；获浙江省第二十一届哲学社会科学优秀成果奖3项；获批示的咨政报告16份；获得省部级以上项目立项30项；专著9本[①]。

(三) 分配绩效化策略

"分配绩效化策略"是以学科或团队成员的科研经费绩效的考核为基础，实现将物质资源的分配和考核结果相挂钩，物质资源主要包括办公用房、实验设备等基础设施。

基础设施是学科建设得以顺利开展的基本保障，用房资源的合理配置可以促进学科竞争力的有效提升和学院的快速发展。学院根据使用性质或购置经费来源等标准将公用房分为不同的类型，针对不同类型的用房和使用人员情况实施不同的配置、管理和成本承担方式，教学办公、行政管理用房主要按照定额标准免费提供，其余类型的用房则须按照一定收费标准或团队、教师的科研经费绩效情况收取公用房使用费。例如，D学院将用房分为教学实验实践用房、管理用房、团队或教师教学科研用房，前两类按照定额标准计算分配，团队或教师教学科研用房中科研经费绩效用房则根据研究所或学科教师年均科研到款数进行核算分配。E学院将定额用房分为A类用房、B类用房、C类用房，A类用房包括研究所行政与教师办公用房、研究生办公用房等；在B类用房中，B1类用房包含研究所基本科研用房，B2类用房包括学科建设经费、中央财政、省财政、发改委专项资金等购置的科研设备用房；C类用房包含创新团队补贴用房、重大科研任务用房等。A类和B1类用房由学院全额补贴用房资源费，B2类和C类用房实施分级收费制度，采用不同用房资源费收费标准，用房资源费由

[①] 数据来源：《Z大学任期目标责任制2021年度工作总结交流暨学院（部）分项评优会议》，2022-02-24。

学院统筹使用。

(四) 错位竞争策略

"错位竞争策略"从学科实际出发,以特色发展、错位发展、合作发展为理念,在学科竞争中规避优势高校和学科的研究方向,注重基础研究和应用研究整体性布局,利用必要的学术资源,促进基础研究和应用研究与地方产业融通发展,从而凝练、培育学科方向的特色和优势。大学的学术资源指可促进学术发展、提高学术竞争力的各类资源[1],根据存在形态的不同,可将其划分为有形和无形学术资源,有形学术资源指与学术活动直接相关的信息、设备和场所,无形学术资源则指学术声誉、品牌及制度文化等[2]。本文中,学术资源主要指学科在开展社会服务活动过程所需的生产资料。

学院围绕特色发展、错位发展、合作发展开展"错位竞争策略",从特色发展看,学院注重基础研究和应用研究共同发展,将基础研究作为应用研究发展的支撑。从错位发展看,学院立足地方发展情况,结合学科发展情况,找准学科建设的定位,确定学科建设的方向和重点。从合作发展看,通过与国内外科研机构或企业行业开展高水平的研究合作,加快科研成果转化能力,提高学科建设水平。如,在 E 学院实施的"错位竞争策略"中,首先,从特色发展看,该学院注重基础研究和应用研究结合,坚持基础研究和应用研究并重。在基础研究方面,学院汇聚一批国内外学术能力出色、专门从事基础研究的拔尖人才,瞄准学术发展前沿和国家重大战略需要,鼓励人才长期潜心从事原创性的研究方向,逐渐形成标志性的论文及其他成果。基础研究和应用研究相辅相成,相互支撑。基础研究围绕地方特色,所形成的理论成果用以支持应用研究的发展,解决重大技术问题。学院在实际建设过程中,将从事基础研究人员和应用研究人员共同纳入团队,建立良好沟通交流机制,从而实现理论研究真正来源于实践,运用于实践,解决实际问题。其次,从错位发展看,差异化发展和错位发展为地方大学建设特色学科的优先选择[3]。学院按照"顶天立地"的

---

[1] 尤莉:《大学学术资源指标优先性评价及配置路径——基于对不同利益相关者的实证调查》,《现代教育管理》2017 年第 10 期。

[2] 宣勇、郑莉:《大学学术资源共享的内在逻辑与实现路径》,《高等工程教育研究》2009 年第 6 期。

[3] 孔建益、杨军:《地方高校学科建设策略:差异化发展与错位竞争》,《中国高教研究》2008 年第 2 期。

学科战略，对接国家重大部署，服务地方经济发展，集中力量，突出重点和特色，通过合理定位，明确学科在地方发展和学校办学中的地位和作用，以明晰自身的发展使命，实现学科错位发展，提升竞争力。最后，从合作发展看，开展国内外学术机构、行业企业合作，依托与国外大学、企业共同举办的合作实验室，开展高水平的科学研究，利用国外基础研究的理论成果，解决我国地方经济发展的共性问题。

"错位竞争策略"注重基础研究和应用研究相互促进，围绕重大发展战略，瞄准区域重点产业和新兴产业，实现差异化发展和合作研究，强化学科优势特色。其实施目的以服务国家战略和地方经济为主，成效体现在科研经费数、获奖数、项目数、专利数等方面。通过实施该策略，E学院取得一大批重大科研成果，提高服务国家战略和地方经济社会发展的能力。2021年，该学院获得国家科技进步奖二等奖；科研成果成功应用在空间站"天和核心舱""实践二十号"卫星上；科研整体到款1.54亿元；国家基金28项；新立项省基金重大项目2项、重点项目2项、杰青项目1项；新立项省科技厅尖兵项目1项，主持领雁项目3项；新签订千万级重大横向项目2项。

（五）对外延伸策略

"对外延伸策略"强调学科的外部环境建设，指通过知识共享或资源互换等方式逐步构建与大学、科研院所、政府部门及企业行业的良好关系，借助外界资源促进学科的跨越式发展。学科资源包含内部和外部资源，外部资源分为政府、企业以及社会各种科技资源[①]。学科以贡献和索取的统一的沟通方式与外部环境互动，在与外界环境交流互动中发展前行，在外部资源的营养注入下逐步成长壮大[②]。

法国社会学家皮埃尔·布迪厄认为，社会资本是实际或潜在的资源组合，这种资源渗透在共同熟悉或认可的具有制度化、持久性的网络中[③]。学院通过"对外延伸策略"在社会网络中进行互动时交换和获取的资源正是社会资本。在"对外延伸策略"中，学科在成果转化、科技成果转让中为政府部门和社会经济的发展提供直接服务，政府和社会为学科发展

[①] 沈传缘：《论高校学科带头人队伍建设》，《高等工程教育研究》2005年第4期。
[②] 龙宝新：《学科作为生命体：一流学科建设的新视角》，《高校教育管理》2018年第5期。
[③] 张文宏：《社会资本：理论争辩与经验研究》，《社会学研究》2003年第4期。

分配、提供必备的资源，如人才、资金、物资等。同时，通过学术交流传播自身的研究成果，扩散学术影响力，积累学术圈资源。例如，B 学院凭借教育培训政府公职人员、学科负责人担任省人民政府咨询委员会委员等方式，与政府构建紧密联系，或者通过科学研究，形成具有较高应用价值的研究报告，为政府提供科学精准的决策参考，从而提升满足政府需求的能力。正如该学院院长指出，"通过培训或跟有关部门厅局打交道，第一次打过交道，他觉得你这个人可靠，有时候请你去评审、讲两句话，还是有水平的，那么就有下一次了。一次又一次，那范围就广起来了"。

在企业行业方面，该学院鼓励学科与企业合作，共同开展科研成果转化，服务于企业的产品生产与科学决策，满足企业对新技术和方法的需求。在学术领域，学院重视学术交流，通过主动举办学术会议构筑高质量的学术交流平台，或担任学科领域内学会成员或知名期刊的编委等，或鼓励学科带头人积极主动输出受学术界或同行学者认可的具有重大意义的研究成果，促进不同学科成员基于个人研究方向和兴趣对外分享自身的思想观点，提高本学科在学术领域中的影响力。这种与外界建立起的联系不仅是以知识共享为表现形式，同时也是一种蕴含在社会网络中的资源互换方式，学科成员与学术圈中其他成员建立起长期稳定的关系，结合自身专长分享有用的知识和资源，或获取其他成员的学术支持。如院长们所强调的，"第二个要在领域内举办一次全国性的学术会议，因为圈子的建设很重要的，现在什么事情都是同行打分"。"像我在 *** 也待过，老是到外面去，参加了很多学校的教学评估。人家专业申报，我们要去评审，人家基地申报，我们要去评审。我们跟 ** 大学的老师老到浙江省的省属高校去转，还是有影响力的。"

学科是一个高度资源依赖型组织，需要不断与外部环境交流信息与能力以获取发展所需的资源。"对外延伸策略"通过拓宽和增加学科资源获取的途径和方式，以保障学科建设基础条件，并为学科发展构建良好的学术成长环境。该策略实施成效的表现大致有以下几类：一是横向课题的新增数，即学科与地方政府及相关部门、企事业单位和社会团体等开展合作的课题；二是纵向课题的新增数，即国家及各个部委设立的科研课题；三是主办或承办学术会议次数、师生参加国内外学术会议的人次、邀请国内外领域内专家学者开展学术讲座的人次、选派师生至国内外其他高校、科研院所等交流的人次等新增数。2021 年，B 学院年度国家自然科学基金项目 3 项,国家社会科学基金项目 4 项,研究报告获省部级主要领导批示 2 份①。

二 二级学院学科建设策略特征

(一) "目标—策略"建设路径遵循自上而下的方式

学科建设策略的选择和实施是实现学科建设目标的过程,是一种具有目标导向性的行动。二级学院学科建设策略是二级学院为实现学校分解、拟定的学科建设目标开展的活动。通过对 Z 大学二级学院学科建设策略分析发现,二级学院学科建设策略是以学校制定的重大性、全局性的发展战略规划为根本导向,基于目标责任制将学校中长期发展规划层层分解所得的学院目标作为发展方向。为实现既定的短期发展目标,学院在对行为目标具备清晰认知的基础上,明确实现目标的动机,有意识、有目的和有倾向性地制定学科建设策略。同时,学科建设策略中的考核评价机制根据目标完成情况对学院学科建设成效进行评价,反向引导、助推学科建设策略调整和优化,进一步强化学科建设策略的目标导向性。Z 大学将学科建设总体目标(2021—2025 年)确定为学校学科建设整体水平取得明显进步,力争进入国家"双一流"建设行列,2—3 个学科进入全国排名前 10%,1 个学科具有重要国际影响力。H 学院的学科建设目标为到 2025 年跻身为国家一流学科或国务院学位中心学科评估排名前 5%,获得国家技术发明二等奖或国家科技进步奖二等奖 2 项,建成省部共建国家重点实验室 1 个,为建设世界一流的学科奠定坚实基础。H 学院在学科方向凝练、人才队伍建设、平台建设、考核评价、激励机制等方面的学科建设策略都是围绕学科建设目标进行选择、确定和实施的。

(二) "策略—资源"模式体现学科建设的强资源依赖性

前文分析发现,尽管不同学科建设策略在实施对象、实施方式和实施目的等方面各有不同,但将基本的资源作为策略实施的支撑,是其最关键、鲜明的共同点之一。学院在实施学科建设策略过程中,需要必备的资源作为保证,并对资源进行优化配置,以确保策略的顺利实现。学科建设策略是学院为了实现学科建设目标,在各种学科要素的构成的组织建设中

---

① 数据来源:《Z 大学任期目标责任制 2021 年度工作总结交流暨学院(部)分项评优会议》,2022-02-24。

确定的方法和手段，其目的是激发学科活力和创新力，促进学科建设的发展，提升学校整体办学水平，服务国家重大发展战略和区域经济社会发展。学科作为一个典型的强资源依赖性组织，需要与外部环境进行持续性互动，以获得维系其生存与发展需要的资源，包括经费、人才、物质等有形资源和无形资源，从而与外界形成依赖和控制之关系。在学科建设中，政府、学校、企业等组织是资源的提供者。在学科与外部环境互动的过程中，最重要的互动对象是政府部门，政府掌握大部分学科组织所需的资源，并决定着资源的调配，通过政策、计划和项目等形式实现资源的配置，实现资源利用效率的最大化。学科根据国家重大发展战略和地方发展制定学科规划，以获取尽可能多的资源。学科发展不仅需要政府对学科资源的宏观调配和整体布局，也需要学校为学科建设提供资源。在学科建设过程中，学校通过与二级学院进行多次研讨、论证，给予二级学院相应资源支持，赋予一定办学自主权。

（三）"资源—目标"之间的互动是一个动态平衡过程

在学科建设策略中，目标是策略的逻辑起点和最终归宿，资源是策略的实施基础和重要支持。资源和目标之间的互动关系是一个相互支撑的动态平衡体系，这一动态平衡体系是两者在相互依存、相互协调的过程中所形成的。一方面，在资源和目标之间的动态平衡体系中，学院在制定目标时需要对其拥有的资源多寡进行综合考量，如果现有资源足以支持学科建设策略的实施，则可以大胆执行，反之则要谨慎评估。同时，学科建设策略的多重目标要求不同的资源支撑，但二级学院的资源有限性可能造成目标和资源相互冲突，致使学科建设策略无法有效实施，因此，学科建设策略的顺利执行需要多重目标和有限资源相互匹配。另一方面，学科建设策略目标的实现可以为学院和学科带来更多的资源。学院除内部自行开发资源以外，还可以通过目标的实现构建不同形式的网络关系，从而取得必要的资源，同时，不同类型的关系成员和网络关系对学院和学科资源的汲取和建构产生不同的影响。例如，学科建设策略的实施是包括政府、企业、学校、学院和学科等在内的多主体的集合。学院联合其他学院、高校、科研院所、产业行业等机构开展学科建设，构建自身的关系网络，这种关系网络本身也属于资源，除此以外，学院和学科还能从关系网络之中获取声誉、技术等无形资源和经费、人才等有形资源。

第四节 目标责任驱动下 Z 大学二级学院学科建设策略实施困境

通过对前文提及的 Z 大学 12 份与二级学院学科建设策略相关的访谈材料进行文本分析,包括 10 位二级学院院长或副院长和 2 位学校职能部门负责人的访谈材料,得出二级学院学科建设的问题,再结合目标管理理论、大学学术组织特性和访谈文本内容,从学校目标责任制的具体实施过程中探究二级学院学科建设策略实施的困境。

一 访谈文本的编码分析

（一）访谈过程概述

文本分析是以文本为基础的定性与定量相结合的分析方法,它立足文本但又不囿于文本,意在通过与文本相关的情景、制度和实践对话以揭露文本背后的深刻意蕴[1]。对收集到的 12 份关于二级学院学科建设策略的访谈文本展开编码分析,涉及 2 位学校职能部门负责人和 10 位学院负责人,利用 Nvivo12Plus 质性研究软件对原始访谈文本进行逐一编码,以期挖掘二级学院学科建设问题。

研究首先将 12 份初始访谈文本导入 Nvivo12Plus 中,反复比较、归纳和提炼,逐步分解完整且与学科建设问题相关的语句,将原始语句用"aa"进行标注,如"我们现在进高端一点的人才确实也还是有难度。（aa18）"。其次,对原始语句进行标签化,并用字母"a"表示,如"a14 高端人才引进困难",完成一级编码过程。然后,对概念类属进行二级编码,并用字母"A"表示,如"A2 人才引进困难"。最后,将所有的初始范畴进行类聚分析,获得主范畴,主范畴用"AA"表示,如"AA2 团队建设成效不显著",从而完成访谈文本编码的全过程。

前已述及,选取 Z 大学 20 个水平各异的学科,借助访谈法访谈上述学科所在学院负责人以及学校职能部门负责人,共计 12 位,其中,职能部门负责人 2 位、院长 9 位、副院长 1 位。为遵守学术伦理准则,对访谈对象的信息进行了匿名化处理,详见表 6-6。面向学院院长或副院长的访

---

[1] 涂端午：《教育政策文本分析及其应用》，《复旦教育论坛》2009 年第 5 期。

谈内容主要有学科的发展脉络与发展阶段、学校目标责任制对学科建设的要求与目标、学校提供的支持、学院学科建设举措、学科建设成果、学科评价及学科建设策略的影响因素等；面向学校职能部门负责人的访谈内容主要为目标责任制执行过程中承担的职能、对学科水平的既定目标设置、实现目标的举措及效果、对学科的整体布局及管理举措、对基础研究和应用研究的关系理解、与学校/学院及其他部门的协同情况等。

表6-6　　　　　　　　　　访谈对象具体情况

所在学院	访谈对象	性别	年龄	职称	职位	访谈时长
A	A01	男	51	教授	院长	1小时04分
B	B01	男	59	教授	院长	1小时45分
C	C01	男	56	教授	院长	1小时20分
D	D01	男	61	教授	院长	1小时14分
E	E01	男	57	教授	院长	1小时27分
F	F01	男	48	教授	院长	1小时36分
G	G01	男	43	教授	职能部门负责人	1小时
H	H01	男	48	教授	院长	1小时16分
I	I01	男	43	教授	职能部门负责人	1小时02分
J	J01	男	43	教授	院长	1小时04分
K	K01	男	40	教授	副院长	1小时11分
L	L01	男	58	教授	院长	1小时09分

（二）访谈文本的编码过程

1. 自由编码

自由编码是对收集到的原始访谈资料进行分解比较，对分解的语句进行检视，赋予其有意义的概念，并对概念进行归纳统整的过程。通过对原始访谈资料进行内容分解、反复对比和归类编码，剔除个别频次较低和与本研究主题关联度不高的概念，获得65个参考点，即65条与学科建设问题相关的原始语句，经过概念化总共得到17条语句，概念化过程见表6-7。

表 6-7　　　　　　　　　　原始访谈材料自由编码过程

类型	原始访谈文本	参考点	自由编码
1. 文本编号：J01 2. 访谈对象：学院院长	还有团队建设的老中青的传承，好比 ** 大学 *** 老师，他培养出一大堆精锐出来，这些东西可能我们就欠缺了。（aa25）	5	a9 学科队伍的传承性不足
1. 文本编号：B01 2. 访谈对象：学院院长	我们现在进高端一点的人才确实也还是有难度。（aa18）	6	a5 高端人才引进困难
1. 文本编号：C01 2. 访谈对象：学院院长	平台对于我们来讲是我们最大的痛，因为我们现在只有省级平台，而且省级平台给我们带来一个很大的制约。（aa20）	1	a6 缺少省级平台
1. 文本编号：K01 2. 访谈对象：学院院长	这个是一个标志性的东西，如果我们要进"双一流"，国家科技进步奖一等奖、技术发明一等奖，国家自然科技二等奖，这是标配，这是门槛，但是我们为什么没有进入"双一流"？就是我们的五大高峰学科都没有这些东西。（aa36）	2	a12 标志性成果欠缺

按照表 6-7 所得的原始访谈文本概念化过程，对与二级学院学科建设问题有关的原始文本语句进行逐一概念化，最终得到 17 条非重复且契合本研究主题的语句，具体见表 6-8。上述概念化结果涉及学科队伍、学科声誉、学科成果和学科特色等方面，说明二级学院学科建设的问题主要围绕以上几个方面。

表 6-8　　　　　　　　　　原始访谈材料自由编码结果

自由编码	自由编码
a1 青年人才引进困难	a10 地方产业发展支撑能力弱
a2 领军人物缺乏	a11 标志性成果欠缺
a3 老教授退休	a12 从事基础研究的领军人才欠缺
a4 高端人才引进困难	a13 学科优势传承缺失
a5 缺少省级平台	a14 基础研究薄弱
a6 学科学术声誉不高	a15 学科方向凝练困难
a7 学科特色不明显	a16 学科研究方向分散
a8 学科队伍的传承性不足	a17 学科特色不够精细
a9 服务国家发展战略能力较弱	

2. 主轴编码

在对原始文本数据概念化的基础上,研究将上述结果进行进一步处理,发现各个概念类属之间的联系,即按照科学性、相关性和规范性的原则,将经概念化处理的数据打乱、抽象化处理,经过压缩整合形成初始范畴。对表6-8中17条数据进行主轴编码,获得7个概念,详见表6-9。

表6-9　　　　　　　　　　主轴编码结果

概念类属	主轴编码
a6;a13	A1 学科影响力不足
a1;a4	A2 人才引进困难
a2;a3;a8;a12	A3 学科梯队不均衡
a5;a11	A4 代表性产出不够
a9;a10;a14	A5 社会服务能力弱
a7;a17	A6 学科特色不够鲜明
a15;a16	A7 研究方向布局分散

3. 选择式编码

根据自由编码和主轴编码获得的编码数据,检查类属之间是否存在语义交叉重复、逻辑混乱等,并进行对比、提炼和归纳,最终得到4个主范畴,分别为学科影响力不强、团队建设成效不显著、科研创新水平不高、学科特色不鲜明(详见表6-10)。

表6-10　　　　　　　　　　选择式编码结果

初始范畴	主范畴
A1 学科影响力不足	AA1 学科影响力不强
A2 人才引进困难	AA2 团队建设成效不显著
A3 学科梯队不均衡	
A4 代表性产出不够	AA3 科研创新水平不高
A5 社会服务能力弱	
A6 学科特色不够鲜明	AA4 学科特色不鲜明
A7 研究方向布局分散	

4. 饱和度检验

为了提高研究过程的信度与效度，减少研究者的主观性影响，选择两位研究者对预留的 3 份关于二级学院学科建设策略的访谈文本进行"背靠背"编码分析。对比编码内容后，未发现新的概念、范畴与类属关系，表明核心概念已被充分挖掘，研究处于饱和状态。

(三) Z 大学二级学院学科建设问题

1. 学科影响力不强

学科影响力是指学科的学术成果在所属学科或相邻学科领域内或社会领域内产生的正面性或负面性的评价[①]，这种评价结果的好坏决定着学科获取优质资源的能力。对学科来说，其本身无法生产自身生存和发展所需要的资源，需要不断地与外部环境联络，汲取必备的资源，诸如经费、人才、技术、政策等。本文的学科影响力侧重学科在学界中的地位，这种影响力主要是由学科成员通过科学研究和学术交流等方式，使自身的科研成果和学术身份获得同行认可，一方面实现了学科成员自身的学术价值，另一方面也能为学科发展吸引更多的资源。在本研究中，学科影响力不强具体表现为：一是学科优势传承缺失，二是学科学术声誉不高。

一流学科的建设往往注重学科传统的继承和内在品质的塑造，打造底蕴深厚的学科文化，营造特色鲜明的文化氛围[②]。学科传统优势是学科在长期发展过程中积淀、保留、延续并形成的特色和内涵，是学科培育特色、发挥影响力所必不可少的。学科组织倘若不注重学科优势的传承，学科优势可能会因方向负责人退休等原因未能很好地将该特色继承、发扬，导致该特色方向悄然消逝。学术研究需要继承，学术大师的研究旨趣、涵养和品格具备向心力，需要依靠一代代弟子的积淀[③]。在 Z 大学二级学院学科建设中，学院不重视学科传统优势的继承，忽视学科传统优势的重要性，没有建立起以学科带头人引领学术骨干的传统优势继承机制，这一行为带来的可能后果是新的学科优势还未建立，原有的学科优势已丢失。该院长就着重突出了学科优势传承的重要性："我觉得学科的文化传承是很

[①] 赵蓉英、魏绪秋：《中美图书情报学领域国际学术论文影响力比较——基于被引频次和使用次数》，《情报理论与实践》2018 年第 1 期。

[②] 陆根书、胡文静：《一流学科建设应重视培育学科文化》，《江苏高教》2017 年第 3 期。

[③] 张意忠：《师承效应——高校学科带头人的成长规律》，《高教发展与评估》2014 第 5 期。

重要的，一定要去做一些继承，我们现在不太注重这个东西，学科的优势继承是很重要的，这是你的学科影响力。你说起来＊大原来是搞＊＊，几十年下来传承的特色品牌，我们这边学科也是一样，我们＊＊＊＊从老一代传承下来，体现特色的东西不能丢的，要传承好，包括团队建设、人才引进、教学，一定要老带新这么传承，文化传统要做好承继，但现在我们不注重传承。"

学科声誉是各类主体对大学学科组织在诸如目标、精神、成果等方面通过自身对大学学科组织的直接经验、人际传播或媒介传递等所产生的认知判断和情感态度[①]。学科声誉也是一所大学学术水平、办学特色和国际影响力的重要标志。在学科组织中，是否拥有标志性的成果、人才、水平、文化等影响着一个学科的声誉高低，如一位院长所言，"＊＊＊好像听说过一点，大概也就是在这么一个水平，这就是学科声誉。如果他知道＊大＊＊学科有个＊＊很厉害，有个杰青，有个领军型人物，有个成果也好，人家就记住这么一点，其他东西都记不住了"。学术声誉需要经过长时间的发展、积累和沉淀，而非一蹴而就的。Z大学是一所地方大学，由于办学经费不充足，基础较为薄弱，二级学院学科建设整体水平不高，如科研成果级别较低、缺少领军型人物等，大部分学科排名落后，尤其是部分人文社科类学科。例如，某社会科学类学科作为Z大学五大"高峰学科"之一，在学校"一流学科攀登工程"中位于第二层次，是人文社科类学科中表现最为抢眼的学科。当前，许多学科评价排行榜不乏各类"硬指标"，硬指标是以量化考核方式推进学校学科建设的一系列指标，如高层次人才、论文数量、国际化程度、生源质量、就业情况等[②]，在硬指标方面，该学科与部分一流学科相比不分伯仲，甚至表现更佳，但学科在领域内的学术影响力仍较低，社会评价也不高，正如该院长所指出的，"像第五轮学科评估中，我们的硬指标跟A-学科相比不弱，甚至比它们更强，但是别人会觉得我们是A-学科吗？我觉得未必，为什么？因为受学术声誉的影响"。

2. 团队建设成效不显著

学科队伍建设是大学内涵建设和学科建设的核心任务。学科队伍的实

[①] 陈燕、铁晓锐：《中国学科国际声誉评价的困境与策略研究》，《中国高教研究》2020年第2期。

[②] 田贤鹏：《一流学科建设中的知识生产创新路径优化——基于知识生成论视角》，《学位与研究生教育》2018年第6期。

力代表着学科和学校的实力,是整体生产力的表现。学科的可持续发展离不开一支知识结构、年龄结构、学缘结构和能力结构合理且具有学术理想抱负的学科团队。在学科组织中,学科团队成员承担着各自的学术任务,对学科的建设和发展起着至关重要的作用。学科团队由学科带头人、学术骨干和其他科学研究人员三类构成,学科团队建设分为三部分:一是学科带头人的培养,二是人才梯队的建设和管理,三是创新团队的组建和管理。通过对访谈材料梳理发现,Z大学二级学院学科建设在学科团队方面存在下列问题:一是青年人才引进困难,二是缺少有影响力的学科带头人,三是学术队伍传承性不足。

青年人才引进逐渐成为我国大学学科建设和学校发展的中坚力量和不竭动力。科学研究探索性强,对创新能力和思维能力要求高,需要引进有潜力和创造精神的青年人才。然而,对Z大学而言,在二级学院学科建设中,由于学科特点不同,不同学科出于不同的原因难以引进青年人才。某人文学科在Z大学中属于相对弱势学科,同时,该学科暂时还未获批博士学位授权点,因此,尽管该学科所在学院放低引人门槛,却依然很难引进年轻人才,正如该院长指出,"一个是年轻人进不来,学科进不了人,你再放低要求他还是不来"。对于某些学科而言,外部行业是引进青年人才的最大障碍。随着市场化程度提高,对部分学科而言,行业的收入待遇相比高校待遇更高,导致该类学科引进青年人才困难。例如,部分院长提到,"****现在外面工资实在太高了,不像**,工作不好找,工资很低,所以我们现在引人一个很大的困难就是人才市场化"。"我们也比较难进,比如说我们*老师搞**的,**类就比较难进,因为外面社会上吸引力比较大,当老师不一定有吸引力,当老师压力也大,要求也高。同样的压力和要求,外面可能相对来讲,获得的资源的回报可能会大一点。"

学科带头人是学科建设和发展的灵魂人物,为学科制定前瞻性的发展目标和发展规划。学科带头人的科研能力、学术道德和社会影响力都会直接影响着学科发展的水平。在Z大学部分学院的学科团队中,院士、杰青、长江等高端领军型人物较少,骨干教师和青年学术带头人也极为有限。相较由国家财政支持办学、重点扶持发展且拥有众多国家级重点平台和学科的一流大学,Z大学作为一所地方大学,办学经费主要来源于地方政府财政拨款,教育资源不够充足,且办学历史不长,学科发展底子较薄,学科之间发展水平较不平衡①。因此,学校一方面靠自身很难培养出在学科领域内有足够影响力的学科带头人,另一方面因基础薄弱难以引进高层次人才,在访谈中,多位院长强调,"人才引进方面,青年人才和高端人才引进困难","学科梯队建设方面,缺乏领军人物","我们现在进高端一点的人才确实也还是有难度"。

完整的学科梯队由学科带头人、方向负责人、学科骨干、一般研究人员等不同层次和类型的人员构成,在这一梯队中,学科带头人、方向负责人与骨干成员是核心力量。学科建设是一项长期、复杂、覆盖面广的系统工程。学科建设不是学科自发、无意识、任意地成长,而是需要学科团队有目标、有意识地努力,以及强有力的组织引导和外力推动②。合理的学科梯队建构正需要学科团队有意识、有目的地引导和管理。但在Z大学二级学院学科建设中,学科带头人由于自身水平有限,培养学术骨干和青年人才的能力不足,从而导致学科梯队结构不合理,学科特色也无法很好传承下去,正如某院长强调的,"还有团队建设的老中青的传承,好比**大学***老师,他培养出一大堆精锐出来,这些东西可能我们就欠缺了"。

3. 科研创新水平不高

科研创新水平是学科维持竞争优势、促进学科可持续发展的唯一出路。随着社会发展迅速、环境复杂多变以及竞争日益激烈,若学科故步自封、维持不变,将无法提升科研创新水平,失去核心竞争力。高水平科研创新平台是提升学科成员创新能力、促进学科创新水平的关键载体。标志性成果是科研创新能力的具体表现形态。科研创新能力是学科服务经济发展的重要支撑。Z大学二级学院学科建设科研创新水平不高主要体现在以下三方面:一是缺少高水平学科平台,二是欠缺标志性成果,三是社会服务能力弱。

平台建设是学科建设的重要内容,科研平台聚集诸多优质创新要素和资源,为学科的持续性、创新性发展提供强有力支撑,其质量也直接影响着科学研究的水平。对地方高水平大学而言,高水平的科研平台更是学科

---

① 薛玉香:《试论地方性高校学科建设面临的问题及解决措施》,《黑龙江高教研究》2009年第4期。

② 刘小强、孙桂珍:《"双一流"建设背景下地方高校学科建设的机制创新——基于江西师范大学学科建设"六定"工作的反思》,《学位与研究生教育》2017年第11期。

开展高质量科研、产出高水平成果的重要载体。从目前 Z 大学二级学院学科建设情况看，一方面，部分学院学科平台较多，但布局不平衡，未形成差异化发展与协同发展格局，无法充分发挥学科平台的凝聚与引领作用。另一方面，部分学院学科高层次平台不足，严重抑制了学科科研水平的有效提升和学科在国内外的影响力。以 C 学院学科建设为例，该学院目前仅拥有四个省级重点实验室，没有国家级科研平台，相比其他省属高校，高水平学科平台严重不足。此外，学院没有充分发挥学科平台凝练和引领作用，力量过于分散，成员聚合力有限。可见，科研平台的层次不高大大制约学科开展高质量科学研究和培养高水平创新人才的能力，将学科影响力仅局限于省内，限制学科在全国范围内影响力的进一步扩展。一位院长就提到，"平台对于我们来讲是我们最大的痛，因为我们现在只有省级平台，而且省级平台给我们带来一个很大的制约"。

科研活动产生的学术成果的质与量是学科创新能力的直接体现，也是学科建设成效的重要标志，对提高学科地位和影响力具有推动作用。学术成果表现多样，包括课题项目、学术论文、学术著作及各级各类奖项等。通过对访谈文本分析发现，在 Z 大学中，部分学院学科受限于资源不够充足，科研成果数量较少。同时，在某些学院，由于部分学科教师服务社会的意识不强烈，学科科研合作的中小企业规模较小，加上学科缺少长期积淀和累积，服务地方发展的能力较弱，为地方社会经济发展提供的关键技术的创新能力不足，成果转化和产业化程度低，且以追求成果数量为主，标志性和产生重大影响的成果不足，例如，以学校为署名在国内外权威期刊上发表的高水平论文不够，专著出版数量有限，特别是省部级、国家级奖项数量过少等，科研创新能力有待加强，正如 K 学院院长所提及的，"这是一个标志性的东西，如果我们要进'双一流'，国家科技进步奖一等奖、技术发明一等奖，国家自然科技二等奖，这是标配，这是门槛，但是我们为什么没有进入'双一流'？就是我们的五大高峰学科都没有这些东西"。

学科作为大学的基本单位，以组织的形式位于大学之中，并承担着大学的三大基本职能。社会服务作为大学的基本职能，经历了丰富的演变过程，社会属性已然渗透至大学的运行过程中，成为推动大学发展的重要动力。学科对社会服务职能履行的主要内容可分为基础研究、科技成果转化和社会发展所需的高素质人才的培养。在本文中，社会服务能力弱指的是学科基础研究薄弱和科研成果转化不足。一方面，基础研究为下游的技术发明与应用提供底层逻辑[1]，增强学科创新发展，从而提高学科服务社会能力。Z大学学科建设起步晚、起点低，加之学科队伍整体竞争力较弱，科研能力相对薄弱，无法成为从事基础研究的主力，难以承担国家重大科研项目。基于这一实际情况，学校二级学院长期注重技术发明与应用，相比之下忽视了对基础研究的经费投入，导致学科基础研究水平较低。另一方面，科技成果转化的推进可提高大学社会服务能力。对于Z大学而言，学校缺少与地方性大型企业合作开展科技攻关项目的实力和机会，且学院部分教师社会服务的意识较为薄弱，科研动机偏差，如，部分教师发表学术论文的目的是晋升职称或评奖等，不考虑地方社会经济发展的实际需求，导致科研成果与地方需要错位，难以转化成促进地方经济发展的生产力，一位院长提到，"我觉得最主要的因素指标，一个是我们现在叫顶天立地，顶天、立地这两个我们都没有，顶天顶不上去，立地也没有立，因为技术发明奖跟科技进步奖是要解决行业产业当中的痛点问题"。

4. 学科特色不鲜明

学科特色指在长久的发展积淀中，学科逐渐形成的某个研究方向、领域的科研能力与社会贡献获得社会认可的特性特征。学科特色具有以下特质：一是明显区别于其他学科的特征，而这一区别本身也并不为特色，特色必须促进学科发展、提升学校办学特色，且得到社会公认；二是学科在发展中通过学科方向凝练、学科团队讨论等培育而成特点与亮点；三是其价值与学术水平和社会贡献紧密相连，脱离两者便毫无意义[2]。通过访谈文本分析发现，Z大学二级学院学科建设学科特色不鲜明主要表现为两点：一是研究方向凝练分散，二是学科特色方向不清晰。

学科研究方向的凝练是学科建设的首要任务和基本前提。学科方向体现全体学科成员的研究特征和学科研究的特色，其立足学科本身，面向学科前沿，并凝练出特色，具备稳定性、延续性的特征[3]。也就是说，基于学科成员的研究方向和个人兴趣，积极吸纳一个或多个研究方向的科学思想、理论与方法，不断地深化与拓展，在学科前沿领域中找准合适的定

---

[1] 王彦雷、车如山：《基于自组织理论的一流学科组织生长机制研究》，《高教探索》2021年第10期。

[2] 蒋开东：《地方高校学科特色的培育及其实现——以宁波大学为例》，《学位与研究生教育》2009年第1期。

[3] 谢桂华主编：《高等学校学科建设论》，高等教育出版社2011年版，第128页。

位,深深扎根地方经济发展需要,从而形成研究方向。在Z大学中,二级学院学科团队众多,成果积累丰硕,但团队成员未能沿着大体一致的方向进行探索、建设,科研力量分散、科研程度不够深入、科研水平无法充分展现,研究方向分散,大而不强,这一问题可能导致出现学科成员因建设理念、价值观念、学术态度等差异造成冲突。如一位院长提及的,"**学院是一个传统的大院,各个方面积累了很多东西,但是问题确实也很多,科研大而不强,主要是方向发散,也就是说方向不够凝练,自己管自己,一个个团队都干自己的东西"。

学科特色体现某一学科领域的独特性质,是学科借助良好的制度优势,通过激发、整合自身、政府、社会及企业等各类资源所蕴含的潜能,形成的被社会公众所共同认可的优势[①]。学科特色即为独特的学科方向,稳定、集中的学科研究方向要经过长久的积淀和发展,并不断调整、优化才得以形成特色。通过分析发现,在Z大学二级学院建设学科过程中,尽管部分学院学科紧密围绕地方经济发展需要和地方产业结构的学科方向,致力于打造具有地方特色的研究方向,但特色方向依然不够清晰,还需进一步凝聚、锤炼,如一位院长提到的,"特色还不够,可以引领,大家觉得浙江体现出一个特色出来了,我那天汇报是三个化,叫本土化、数字化、国际化,可能有些专家觉得可以说是一定的特色,但也要再精细"。部分学院未能全面考虑自身情况,忽视学科领域内其他学科的发展趋势、学科本身的发展规律和社会发展需求,盲目设置学科方向,导致学科方向众多,但特色方向并未明确,其中一位院长这样提到,"我们刚刚做完学科'十四五'发展规划,学科办说你们要去搞专家认证,专家大部分都是这样一句话,说你们方向很多,特色不太明显"。

二 Z大学二级学院学科建设策略实施困境

目标管理的主要工作分为目标制定、实施和评价,目标的制定强调组织成员的共同参与、协商,目标的顺利实施必须保证组织成员拥有必要的资源、权力、责任和利益,目标的评价包括成果评定、实施奖惩及反馈机制。目标作为执行与评价的准绳,贯穿目标管理的全过程,具有层次性、

[①] 甘晖:《学科综合化:高水平师范大学转型的战略选择——以陕西师范大学为例》,《高等教育研究》2013年第4期。

网络性、多样性、可考核性和可接受性等 7 个特征①。基于目标管理的实施阶段和目标的特征，从学校对二级学院学科建设实施目标责任制的过程入手，探究二级学院学科建设策略实施困境。

（一）目标制定阶段：主体之间沟通不充分

1. 校院之间关系不对等，双向沟通不充分

在目标管理理论中，目标制定是组织根据愿景和使命确定组织的总体目标和各部门的子目标。在组织制定各个部门和各个成员的目标时，下级要根据上级确定的组织方针和总体目标提出自身的目标方案，经过协商讨论，由上级综合考量后确定。组织和各部门的目标便形成了一个目标网络。目标管理强调的是上级组织和下级组织对目标作出的共同承诺。前已述及，学校在制定二级学院学科建设目标时，通过与二级学院磋商、会谈和讨论后确定最终方案。这一过程牵涉到校院关系，强调学校对学院应当从"管理"转变为"治理"，依据"放管服"改革思路，由原先注重以行政管理为主的单向性命令和服从，向更多采用引导、协商、沟通和参与的方式以达到治理的目的转变②。然而，在 Z 大学学科建设目标制定过程中，学校基于掌握的资源和权力影响着二级学院，学校和学院之间双向沟通不充分，学院因对目标制定的参与不足而缺少对目标的"自觉承诺"。

在目标制定中，学校作为资源配置和权力决策的中心，是学校总体发展目标和二级学院目标制定的发起者，决定着目标制定的方向和进程。尽管目标制定过程不乏协商参与因素，学院拥有一定的参与学校管理话语权，似乎已经成为一个相对独立的办学机构，但当学校和学院之间出现意见阻隔时，学校依然掌握着意见权威和绝对优势，校院之间的关系处在不对等的状态。这也表明，传统体制之下学校与学院之间的控制和依赖关系并未发生实质性改变，仅仅随着学校管理方式的调整和改进，从原先完全依赖和控制向如今"协商性控制"转变③。因此，即使学校设置了学校与学院之间的沟通渠道，以听取学院对自身学科建设目标制定的诉求，在实

---

① 周三多等编著：《管理学——原理与方法（第六版）》，复旦大学出版社 2014 年版，第 254—255 页。

② 张庆奎、张兄武：《"学院办大学"：本质、意义、路径与风险防控》，《江苏高教》2021 年第 6 期。

③ 何晨玥、张新平：《软法治理视角下的大学校院两级管理：整体图景与实践机理》，《高等教育研究》2021 年第 9 期。

际运行过程中，学校提出目标任务方案草案以后，仅吸纳部分二级学院责任人的异议，直接提交考评委研讨、党委会审核，学院学科建设目标即告定案，学院责任人只能被动接受分配到的目标。

2. 兼顾学科差异性不充分，目标的价值导向不足

在大学中，学科之于大学是基本单元，是大学的细胞。学科是以知识为边界进行分类的体系，作为一种专门化的知识体系，不同的学科有其自身独特性，以特定知识为研究内容，具备相差甚远的发展背景，形成自身的研究范式。学科可分为自然科学、人文科学和社会科学，或基础性学科和应用性学科等。学科之间在知识属性、研究范式、历史传统、文化特色和成果形式等方面存在明显差异[①]。例如，成果形式上看，自然科学类学科的成果通常为学术专利、学术论文及科技类相关的奖项等，社科类学科的成果是学术论文、学术著作及咨询报告等，而对于艺术类学科而言，其成果形式一般为表演创作、绘画作品等，其学科自身内部之间的表达形式也各有差异。这种学科差异也体现在学科团队个体之间，不同学科成员之间在思维方式、价值理念、学术标准、语言风格和科研氛围等方面存在巨大区别。因此，学校在制定学科建设目标时未兼顾上述学科差异，设定了对学院而言无法达到的目标，对学院来说，部分目标的无法实现性影响了其完成目标的积极性。一位院长就提及，"你也没有讨价还价权，比如《中国社会科学》，我们学院里哪个学科能发这个东西"。

目标的指标化倾向明显，缺乏价值导向。具体来看，在目标体系的制定上，学校将二级学院划分为理工类学院和人文社科类学院两类，并分别确定了各自难度较大且不易实现的重要战略性指标等，这些指标基本都是以完成几项、完成百分比等为最终目标的设定方式。目标设定的价值导向的缺乏容易引起二级学院的疲累心态，导致该制度可持续发展的后劲不足。

(二) 目标实施阶段：组织内部关系不协调

1. 学院自主权不够，权责不统一

为有效推动目标管理工作，拥有权限的上级组织需要把组织中部分或全部权力授予下级组织，也就是说，在目标管理中，上级不但给予下级共

---

① 顾建民：《学科差异与学术评价》，《高等教育研究》2006年第2期。

同参与制定的目标任务，也需要授予他们实施目标所需的权力①。在校院关系中，学校把握学校整体发展方向，拥有全局性、长期性和战略性的重大事项的决策权力和管理权力，学院是大学基本职能的实施者，行使着学校分解而得的目标任务所需的人权、财权、物权和事权，并拥有内部自主决策和管理权力②。学校将学科建设目标分解至二级学院，学院的责任也得到进一步的明确。然而，学校实际上仅仅下放了事权、财权和人权，尤其是学科建设决策权依然集中在学校层面，权力的下放并不到位③。

学校和学院的权力配置是校院两级管理体制改革的关键，影响着大学的办学水平和基层学术组织的积极性④。在学院实现学科建设目标的过程中，学院承担着学科建设的实际职责，而人、财、物等资源配置权力则主要集中在学校上层组织，学校掌控了学科规划、人才聘用、经费分配等诸多权力。权力的过于集中促使学院疲于应对学校的目标任务，但又受限于资源配置权、管理决策权的缺失，这种权责不匹配导致学院和学科无法充分发挥办学活力。例如，在人才引进方面，学院根据自身需求、发展需要以及学科实际确定人才引进对象，但引进的最终决定权掌握在学校人事处。由于学校分管领导和相关职能部门对各个学院和学科真实的人才需求、各个学科的实际差异了解有限，学校和学院在人才引进方面的观念难以形成一致，若要实现学院权责相统一则更加困难。如此一来，这将直接导致学院在实现学科建设目标时陷入被动的处境中，积极性不高。访谈中一位院长就如此提道，"我们一直主张学院能够有更多的自主权来做符合自己学院发展特点的一些政策"，"学校可以总体把关，适当地下放一些权力给学院，比如＊＊学院进十个人，有两个人可以给你们自由选择，不能十个人都自己管，你可以给我 2 个或 3 个名额自己定"。

2. 事权与人权、财权不匹配，学院办学资源不充足

目标管理理论指出，组织中各层次和各部门成员在实现分目标时必须要利用一定的资源，以保证目标的顺利实施。对于学院而言，人、财、物等办学资源是学科建设的物质基础。在校院两级管理的实施中，办学资源

---

① 纲目编著：《有效的目标管理》，中信出版社 2002 年版，第 116 页。
② 张宇庆：《关于高校实行校院两级管理体制的探讨》，《中国电力教育》2010 年第 36 期。
③ 郑勇、徐高明：《权力配置：高校学院制改革的核心》，《中国高教研究》2010 年第 12 期。
④ 刘向兵、周蜜：《我国公立高校内部经费配置中校院关系模式变革的案例研究》，《中国高教研究》2017 年第 1 期。

应根据学院的地位和目标任务而进行相应的调整和优化,即按照各个学院的学科建设情况重新划分、确定资源的归属①。在 Z 大学目标责任制中,学院办学资源不足,难以激发其学科建设的内驱力和活力。

在校院两级管理体制中,办学资源具体涉及诸如人员配备、编制数、学位点、用房面积和经费分配等②。在学院进行学科建设过程中,上述资源均是学院内部发展必备且关键的要素。实际上,前几项资源主要归为政府事权,在大学中,经费、用房等资源的分配成为学校内部最重要、关键的资源配置方式。学院办学资源不足,一方面是因为学院内部有效利用资源、提高资源使用效益的观念较为淡薄;另一方面,学校将事权和资源配置权割裂开,未给予学院开展学科建设活动必要的资源。具体而言,在目标责任制中,学院承担着实现学科建设目标的任务和责任,拥有相应的事权,但事权与人权、财权的不匹配成为学校与学院之间高效配置资源的障碍。因此,由于学校下放的人权和财权不足,绝大部分资源集中在学校层面,学校掌握了人、财、物等资源的配置权,学院学科建设所需的资源欠缺,影响了学院办学活力和积极性。一位院长这样提道,"我们没实验室。我们所有刚进来的年轻老师都是好几个老师挤在一间。国内那些博士进来,他们无所谓,国外那些人进来,你试试看,国外讲究个人私密空间的,所以空间是一个很大的资源,还有博士生指标、空间、政策这些,经费就这么回事情"。

3. 学院领导班子配合不够协调,统筹管理能力未充分发挥

党政共同负责制是我国大学二级学院的领导体制和管理制度,涉及政治权力和行政权力的分配,指的是学院党政领导班子在学校党委和行政的领导之下,共同谋划学院的发展,对学院的建设和发展负责。学院重大事项必须由党政联席会讨论决定。在党政共同负责制下,学院工作机制遵循"集体领导、党政同责"和"分工合作、协调运行"。"集体领导、党政同责"指党政位于领导主体位置,通过集体领导,坚持民主集中制,调动学院有关主体共同参与讨论学院事务,共同推进学院事业发展。"分工合

---

① 杨艳玲:《推进校院两级管理改革的前提、基础和保障》,《中国高等教育》2020 年第 10 期。

② 王光艳、张湘怡:《双一流建设背景下校院两级财权与事权的匹配机制探索》,《上海交通大学学报》(哲学社会科学版)2019 年第 5 期。

作、协调运行"指党政的职责明确,也要加强协作配合①。然而,在目标责任制中,部分学院由于领导班子主要成员长期缺位或成员间配合不够协调,导致学科建设策略未能有效实施。

学院领导班子不仅要对上级负责,也要对本单位负责。学院领导班子拥有由上级赋予的行政权力,运用科学有效的管理办法全面负责本学院的管理工作。在目标责任制中,学院领导班子是学院学科建设任务指标的管理主体,作为责任人,统筹协调学科建设重大突破性指标和部分重要战略性指标的分配,牵头制订学科建设目标任务的实施路径、举措和管理办法等。因此,学院领导班子的相互"补台"、信任和支持对学科建设策略的有效实施至关重要。然而,学院由于领导班子主要成员长期缺位,或领导班子之间因办学理念、价值观、学科背景等差异,在学科建设相关事务上配合不够协调,导致学科发展规划、学科团队建设、资源配置等事项安排不合理,学院内部管理混乱,利益冲突引发内耗,学科团队凝聚力不足,严重阻碍了学科的发展。例如访谈中有位院长提道:"后来 *** 在这里做了一届,那时候是没有院长的,大概折腾到19年,将近10年时间,*** 书记既当爹又当妈。"同时,另一位院长也强调了党政领导班子通力合作、相互配合的重要性,"尤其是两个正职的配合,这个非常重要,互补、补台很重要的,如果说相互之间拆台,导致大家都垮台了,那就是一盘散沙了"。

4. 学科内部不协调,组织化程度不高

大学学科组织化程度的提升指学科组织的使命与战略目标的具体化、明晰化,学科组织在大学组织结构中的实体化、建制化以及学科建设参与者关系的模式化、规范化②。学科组织化意味着组织注重知识的分工和协作,根据学科成员的专业知识和背景进行相应的配置,组织成员之间因此能够更好地开展合作,从而有效实现知识的再生产。然而,在大学管理的现实情境下,真正的学科组织化往往难以有效实现,例如在 Z 大学中,部分学科的成员因思想闭塞或利益冲突而过于离散,学科组织化程度较低,影响学院学科建设策略的实施。

学科组织化以后,学科带头人能够借助相关的制度安排,对学科任务

---

① 蔺伟:《共同治理视域下高校二级学院党政分工合作研究》,《中国高等教育》2019 年第 22 期。
② 宣勇、凌健:《大学学科组织化建设:价值与路径》,《教育研究》2009 年第 8 期。

实施目标管理，指导学科成员向科学研究和创新集中发力，提高学科的科研水平和产出能力。然而，Z大学部分学院的学科成员由于协作观念不强、存在利益冲突等，出现学科成员各自为营，互相不协作、不配合，不顾及学科整体利益，学科力量分散、缺乏合力，学科仅成为不同学者们的集合。外部环境日益多变性和社会问题渐趋繁杂性对学科建设水平提出了更高的要求。当下，仅依靠个人单打独斗很难完成复杂任务，学科成员需要融入团队之中，借助团队的力量发挥协同能力，从而实现团队的目标。因此，学科成员长期的离散状态提高了学科学术生产的成本，严重影响学科学术生产的效益，也无法在短时间内解决重大问题、产出高水平的成果，不利于学科组织的形成和发展。正如几位院长强调的，"大部分学科成员仍然守着相对封闭的研究氛围，大家都只管自己"，"学院里面也有相互之间的内耗情况"，"如果没有了稳定，发展根本无从谈起。我们过去10年是因为搞来搞去，不稳定，所以最终牺牲了学科"。

（三）目标评价阶段：后续管理服务不完善

1. 指标化、数据化评价偏重

在目标管理理论中，目标具备可考核性，目标考核的途径是将目标量化，这种量化处理方式将会为控制组织的活动和奖惩组织成员带来便利。对于企业而言，其根本目的是追求利润最大化，目标也是围绕利益所设计的量化指标，例如产量、销售、成本、投资等。但对大学而言，其目标不是追求经济利益，而是传播、创造知识。大学是一个追求学术自由的组织，学术性是大学有别于其他社会组织的根本特性。在学校实施目标责任制下，学院学科建设的目标分为重大突破性指标、重要战略性指标和重点发展性指标，形成一套量化的目标责任指标体系，并作为实施、考核的依据。尽管量化指标具有易操作、客观全面的优点，但无法反映学科评价的实质特征，也不能真正反映出学科内涵。

在目标责任制中，学科建设相关的指标包括科研到款数、论文数、研究报告数、专著数、获奖数等，量化指标的实现情况有助于学科甄别自身学科发展水平与其他学科或世界一流学科之间的差距，也作为学校及职能部门负责人建设资源分配的依据。上述量化指标包含了学科体系内大部分的成果，一定程度上可以反映学科水平，但学科是一个包含多元要素的复杂系统，其内涵和意蕴丰富，数量指标不能完全代替部分隐性的指标，如学科声誉、学科文化、学科治理水平等[1]。量化目标无法突出学科的质量和特色，也无法加强学科产出原创性、突破性和前沿性的重大成果，更无法体现学科对国家重大战略需要和地方经济发展的贡献。若一味追求量化、有形且可对比的指标，忽略对学科内涵的考量，长此以往，将会造成学科过分追求短平快的成果，从而走向低质量、粗放式发展，甚至可能会导致学科和大学发展偏离其应有的轨道。一位院长这样提道，"列了20个指标，那这些指标实际上是不是意味着学科内涵？总体方向是一致的，但是绝对不是完全一致的。因为学科水平高不高，它是受到很多因素的影响，学科内涵要比指标的内涵更丰富一些"。

2. 后续管理尚需强化

在目标评价阶段，学校对学院目标考核结束后，及时总结反馈结果、实施奖惩并提出改进方向，为学校和学院提供了正式的沟通机会，有助于学院了解自身不足，查明问题的原因，采取相关措施和计划提升工作效率[2]。考评的目的不是回顾过去，也并非列举过去所做的工作，而是利用考评推进、提高下一阶段学科建设的进程和成效，以谋求更高更好的发展。在评价反馈环节，Z大学对二级学院学科建设目标完成情况评定等级，对考评结果进行分析，在实行相应奖惩的同时，对比数据、剖析问题，及时反馈给二级学院以进行改进。但在这一过程中，学校较为注重对学科建设目标的考核与评价，忽略后续对二级学院学科建设工作的帮扶和优化。

目标管理强调，考核结束之后要充分回顾目标完成的过程，将重点不仅仅放在目标的实现上，还有从这一轮的结果中总结的经验教训，并与组织成员充分沟通，达成互相认可。通过考评，组织能够及时总结经验教训、改进工作，以便推动目标管理活动进入下一轮更高的循环。学校后续管理是考评阶段的最后一环，由于学校后续管理不够完善，学校未能与学院及学科成员进行充分沟通交流，深刻挖掘不同学院未达成目标的原因及存在的问题，也因此无法为学院提供相应的协助、支持和服务，完善、提升学院的学科建设工作。学院在完成学科建设目标的全部过程中可能出现

---

[1] 单捷飞、何海燕：《学科知识与组织系统：一个一流学科研究框架》，《清华大学教育研究》2021年第5期。

[2] 董泽芳、张继平：《高校目标管理的主要特征及实施策略》，《高等教育研究》2008年第11期。

因学院对目标认识理解不够到位、外部环境发生变化等导致诸多问题。例如,学院可能受到国家和区域政策调整等不确定性因素的影响,在实施中产生潜在的、自身难以察觉到的问题。此外,学院在实施学科建设策略过程中,可能出现过分重视数字指标化目标的实现,忽略学科发展使命、学院和学校的长远发展战略目标的行为。因此,后续管理完善性缺失导致学校无法及时了解在这一轮目标责任制中学科建设目标的实现情况的具体细节,掌握在这一轮及下一轮学科建设目标如何进行更为准确的调整,也不能及时查明学院学科建设策略实施的真正问题,无法采取有效措施,结合当下存在的问题,对学院学科建设工作加以有效的引导、指正和协助。

第五节 目标责任驱动下地方高水平大学学科建设机制的优化对策

在学校目标责任制下,学校、学院和学科之间沟通不充分,组织内部关系不协调,后续管理不完善影响了地方大学学科建设策略的有效实施,从而产生了学科建设问题。为优化目标责任制在地方大学中的运用,促进二级学院学科建设策略的有效实施,提高学科建设水平,本文基于对目标管理理论在大学管理中的可行性及修正的探讨,从学校和学院两个层面提出完善目标责任驱动下地方大学学科建设机制创新的对策建议。

一 目标管理理论在大学管理中的可行性探讨

Z大学自2009年实行目标责任制后,在各方面取得长足的进步和发展。通过目标责任制,学校根据战略发展目标构建学科建设目标责任体系,有效加强对二级学院的管理,提高学校对学院的宏观调控、统筹协调的能力,对学科的水平和竞争力、学校的办学质量和效益有一定程度的推动作用。对学院而言,学校目标责任制所确定的学科建设目标为学院建设制定了短期的发展方向,充分调动了学院及学科成员的积极性。从本研究访谈的情况来看,几乎所有学院负责人对该制度的实施及实施带来的成效都给予了正面肯定。然而,根据前文分析可知,Z大学目标责任制在具体实行过程中仍存在部分不足,影响了二级学院学科建设策略的有效实施。因此,本文基于目标管理理论和大学学术组织特性,进一步探讨目标管理理论在地方大学管理中的可行性,并修正目标管理理论在地方大学管理中的运用。

(一) 目标管理理论在大学管理中的可行性探讨

高等教育是一个包含诸多要素的复杂系统，其活动过程存在许多不确定性，这要求大学管理必须采用先进的管理方式。学科建设管理作为地方高水平大学子系统之一，是一项复杂的整体性工作，根据以下分析可知，目标管理理论可用于地方大学学科建设管理工作。

其一，大学学科建设管理强调组织成员的发展。目标管理理论注重人是管理的核心动力，组织成员必须参与到目标管理过程中，将个人目标和组织目标相结合，提升组织成员的工作积极性，实现人的自我控制和发展，满足组织成员自身的满足感和成就感。组织目标也伴随着个人目标的完成而达成，有效实现"人"与"工作"的有效衔接。学科建设管理工作涉及学校责任人、职能部门、学院责任人、学科带头人、学科成员以及学校外部主体，学科建设目标的实现有赖于学科中的知识主体，学科成员是学科建设的关键成员。学科成员之间、学科成员与学院和学校之间的相互平等、尊重和支持的关系有助于调动学科成员的积极性，激发学科成员的潜力，实现对自我的控制，促进学科建设目标的快速达成。

其二，大学学科建设管理是一个目标实现的过程。目标管理是完成目标的过程，在组织成员共同参与的基础上，将组织总体目标逐步分解为各单位、部门的子目标，从而形成一套目标体系。当所有组织成员完成各自的目标后，组织的总体目标也得以实现。在学科建设管理中，学校学科建设的总体目标根据国家发展战略、学校办学层次和学校长期战略发展规划所确定，在总体目标之下，学院和学科的建设目标也相应确定。显然，学科建设管理过程是一个实现目标的过程。在学科建设管理中，涉及各个学科研究方向、学科团队、研究平台、科研经费等管理，也包括对学科成员、学科带头人、学院领导班子的管理等。因此，学科建设管理要加强对各个环节的管理，以落实每一项细节，确保总体目标的顺利实现。

其三，大学学科建设管理和目标管理中关系的一致性。学科建设管理是一个目标实现的过程，而学科建设管理和目标管理涉及的对象一致性决定着目标管理理论能够充分运用在地方大学学科建设管理中。在地方高水平大学学科建设管理工作中，相关的对象包括学科成员、学科带头人、学院领导班子、学校职能部门负责人、学校领导班子和建设资源等，这是管理对象之间的互动。在目标管理理论中，强调管理者、被管理者和管理所需资源之间围绕组织大目标的互动过程。从这个角度看，学科建设管理和目标管理所涉及的因素和互动关系一致。

（二）目标管理理论在大学管理中运用的优化

基于上述对目标管理理论在大学管理中的可行性分析，根据前文分析得到的 Z 大学目标责任制实行过程的不足，提出目标管理理论在地方大学管理中运用的修正方案，以提升地方大学目标责任制的实施成效。

如何修正目标管理理论在地方大学管理中的运用，若要厘清这一问题，需要思考目标管理理论在地方大学管理中运用的不足是什么，大学组织有哪些特征，地方需要什么样的管理方式等问题。目标管理理论是以目标为导向，强调用目标体系实施管理，这个由组织总体目标和各单位分目标所构成的目标体系贯穿目标管理的全过程，它最大的特点是可测量化，这一特点在大学管理中的表现是指标化、数据化管理。于地方高水平大学而言，大学是以学科为基本单位的学术组织，具备其他组织所不具有的特殊性。第一，知识再生产周期长。大学承担着人才培养、科学研究、社会服务的基本职能，学科作为大学的细胞，是人才培养的知识体系，实现知识的简单再生产，也是科学研究的知识体系，实现知识扩大再生产[1]。知识的简单再生产和扩大再生产均需要较长的周期，如人才培养至少需要四年甚至更长的时间，且结果具有不确定性。第二，目标的模糊性。尽管地方大学拥有包括长期战略目标和短期发展目标在内的目标，但其内部的复杂性和特殊性使其具备多元目标，部分目标难以准确表达，甚至有些目标之间还存在互斥关系。第三，成员关系松散。大学组织是一个松散耦合的系统，大学、学院和学科，以及不同学科之间并不直接存在密切的互动关系，每一个部门都可以相对独立运作[2]，因此，在地方大学中，成员对组织内部活动的参与并不完全固定。第四，权力关系复杂。大学中存在着源于传统科层组织的行政权力和因其学术属性而特有的学术权力，行政权力是自上而下的以控制组织活动为基础，学术权力是自下而上的以个人专业的知识结构和专门研究领域为基础。

根据上述对大学组织特性的分析可知，目标管理理论突出的指标化、数据化的目标与大学学术组织的特点相矛盾。由于大学目标多元且难以进

---

[1] 瞿振元：《知识生产视角下的学科建设》，《中国高教研究》2019 年第 9 期。

[2] 李立国、冯鹏达：《从学科建设到学科治理：基于松散耦合理论的考察》，《华东师范大学学报》（教育科学版）2022 年第 2 期。

行准确地量化，大学管理者在实施目标责任制管理方式的过程中，应当引入战略管理思维。战略管理包括战略规划、战略实施与战略评价，它将组织全局作为管理对象，强调外部环境对组织的影响，组织在发现成长机会并识别威胁的过程确定发展的远景和总体目标[1]。战略管理的内容可以分为愿景和使命，回答的是"组织想成为什么和组织的使命是什么？"也就是说，在战略管理中，大学能够明确自身使命、凝聚愿景。大学使命是大学基于历史传统和外部环境确定的宗旨、理念和特征，大学愿景是大学全体利益相关者对大学美好未来的远见与构想[2]，为大学明确战略发展目标提供依据，能够有效实现资源的合理配置与利用，为人才发挥才能提供更大的舞台，学生培养的质量和水平更高[3]，提高大学组织的优化程度。因此，应在地方大学目标责任制实施中引入战略管理思维，有效避免学校和二级学院在学科建设过程中过分追求指标化目标的问题，弥补目标管理在高校管理中的不足。

二　学校层面

（一）构建平等协商校院关系，推动管理重心适当下移

根据目标管理理论，为保证成员有条件开展目标活动，组织必须授予其相应的权力，使其能够调动、使用必要的资源。地方大学目标责任制的实施涉及学校对二级学院的管理，在校院两级管理中，首先要解决的问题是学校和基层学术组织间的权力配置[4]。校院两级管理的实质是重心下移、纵向分权、权责对等。在大学中，学术性是其生存和发展的基础与前提，这一特性主要集中于院系。学校将职责下移到学院，实现校院层面以行政权力为主，而学科作为基层学术组织，则以学术权力为主，同时学校应将部分行政权力下移至基层学术组织[5]，激发基层学术组织的活力，二

---

[1] 从春侠、阎凤桥：《大学组织特征与大学管理策略探析》，《中国高等教育》2011年第6期。
[2] 耿乐乐：《中美公立研究型大学战略规划比较研究——以清华大学和华盛顿大学为例》，《高教探索》2019年第9期。
[3] 别敦荣：《"双一流"建设与大学管理改革》，《中国高教研究》2018年第9期。
[4] 周光礼：《从管理到治理：大学章程再定位》，《湖南师范大学教育科学学报》2014年第2期。
[5] 周光礼：《大学校院两级运行的制度逻辑：国际经验与中国探索》，《高等教育研究》2019年第8期。

级学院也能够逐渐成为相对独立、责权清晰的办学主体。因此，学校在实施目标责任制的过程中，主动构建平等协商的校院关系，在学科建设时应给予学院一定的自主权，带动二级学院办学积极性。

一方面，搭建基层组织协商参与平台，学校要致力于建立健全基层协商民主机制，营造协商民主的氛围，尽可能鼓励更多的学科团队负责人或学科成员参与到学校和学院的两级管理中，广泛听取各方意见或建议，培育全体教师共同的理念，学校在确定学校总体发展方案草案的基础上，与各个二级学院共同制定学院的目标草案，将组织成员个人的需要和组织的目标结合起来考虑，加强组织成员对组织目标的方向和范围设定的思考，最终通过协商讨论确定最终的学科建设目标方案，从而保证学校与各层次、单位甚至个人进行充分沟通，促使组织成员了解学校学科建设目标制定的合理性，激发学院及学科成员的行为动机。学科团队承担着人才培养、科学研究和社会服务的职能，作为学科建设的直接执行者，学校不能仅凭借简单的量化考核或采用强硬的管理手段提高其工作成效，只有协商讨论才能唤醒其内在驱动力。另一方面，切实落实学院的办学自主权，学校要树立"学院办大学"理念，调整学校和学院之间的纵向权力配置，根据权责统一原则，将管理重心下移至学院，理顺校院在权责关系的合理划分，以及人、财、物等资源配置权力，确保学院拥有充分的办学资源，扩大学院的自治范围，尤其在目标责任制实施过程中，给予学院实现学科建设职责所必需的权力，促进学院学科建设策略的顺利实施，有效解决学科建设中的问题，使之真正成为具备办学自主权的实体组织，不再完全受到其他行动主体的限制，获得足够的生存发展空间。

（二）尊重不同类型学科差异，做好学科建设顶层设计

大学的顶层设计为学校战略发展提供了指导思想，包括学校办学理念、办学定位、办学体制、政策导向等。在大学组织架构之中，学科建设涉及学校各部门、单元等多主体，具有复杂性和系统性，既需要学校科学合理地进行顶层设计、绘制发展蓝图，也需要作为大学基本单位的院系制定实施学院学科建设规划，承担学科建设的重任。在学科建设的院系谋划与学校顶层设计的关系中，学校顶层设计应做好整体、交叉与聚合三个方面，学校要立足国家重大发展战略需要，根据学科发展规律，结合学校办学条件，研判学校办学的优势与挑战，基于学校长期战略发展目标合理制

定学科发展战略，明确学校学科发展的根本目标、建设重点、实施路径和保障性措施等①。学科将知识作为分类的依据，不同学科经历各自的发展背景，拥有其独特的研究内容、研究范式和研究特性。这种学科间的显著差异意味着，学校在进行学科建设顶层设计时应把握不同学科的发展和演变规律，综合考虑不同学科的特点，有选择性地重点投入，有序、可持续地推进学科建设。

首先，学校应深入了解学科的发展状态、演变规律和实际需求，充分发挥学科建设的自主性和能动性。在目标责任制运行过程中，以发展规划处、学科建设处等有关部门为牵头单位，专门针对二级学院学科建设召开座谈交流会、学科决策会议，或以书面、走访调研和沟通协商等形式，面向学院和学科的利益相关者了解二级学院在学科建设过程中的问题与障碍，掌握不同学科的生长趋势状态、发展演变规律和实际需求差异②，为学科资源的配置、调整等重大问题决策提供可靠依据。其次，全面衡量不同学科之间的差异，兼顾不同学科的特点。在大学中，人文类、社科类和理工类学科，基础性和应用性学科在性质、功能、文化、理念、思维和方法等方面存在巨大的差异，学校应充分考虑学科之间的差异，准确认识不同类型学科在属性、特点和成果等方面的区别，对学科间的异同和关联进行充分考量。尤其在目标责任制实施的过程中，学校制定、分解至二级学院的学科建设目标时需同样考虑到这一点，要根据不同学科不同的成果表现形式确定年度和任期目标，为二级学院学科建设策略实施提供适宜、准确的方向。最后，应有选择性地重点投入，立足于学校整体学科布局，协调有限的学科资源，重点建设优势学科，补齐弱势学科短板，从而制定出科学合理的学科建设顶层设计，为学校和学院建设学科提供明确的指引和方向。

（三）完善学科评价体系，建立健全目标责任制度

学科评价对于大学而言，其主要价值在于作为大学学科建设的"诊断书"与"处方"。大学作为学科建设的主体，需要通过学科评价全面审视自身在高等教育领域中所处的位置，发现学科建设存在的问题，设定目标，进行校内结构调整，提升学校在高等教育领域的竞争力。大学学科建设需要通过学科评价建立基于学科组织的评价体系，引导学科面向国家和

---

① 张德祥：《高校一流学科建设的关系审视》，《教育研究》2016 年第 8 期。
② 段梦涵、柯佑祥、黄彧：《封闭嵌套与开放交叉：一流学科建设行动结构探究》，《现代大学教育》2019 年第 2 期。

区域重大战略和重大问题进行知识生产，让学科从表格中拼凑组合的虚拟组合，真正成为一个大学的基层组织实体，成为围绕共同科学使命而自觉集聚的有机体。当前，大学被裹挟在了各类学科排名所塑造的高等教育竞争市场漩涡之中，各类大学排名的"指标化"、"数据化"导致了大学管理中的"指标崇拜"和"数字崇拜"，ESI学科数、SCI论文数、国际国内专利数、国家自然科学基金等重大科研项目数、科研经费总数、国家三大奖获奖数、两院院士、长江学者等指标成为各个大学作为核心竞争力的重要体现，"数据目标"成了大学学科建设的目标，各类学科排名中的指标成为了大学学科建设的依据，"数字组合"取代了学科建设。推动大学自身的内涵式发展、面向国家和区域重大战略进行知识生产是大学学科建设的初心，为学科建设"评现状"、"找问题"、"查原因"、"提对策"是大学对学科评价的根本需求，也是学科评价对于大学的价值所在。

好的、有用的学科评价应当是能够"体用结合"并促进学科知识生产能力的评价，在评价主体、评价目标、评价内容、评价过程上是与大学学科建设具有紧密的衔接机制的，唯有这样，才能够真正实现"以评促建"。大学与学科是多样、多元的，它们在类型、层次、规模、水平、能力等方面是千差万别的，如，文、理、工学科在组织规模、结构上是有很大差异的，在人才培养、科学研究、社会服务和文化传承等方面的优势和特色是各不相同的。因此，基于大学学科的多样性与复杂性，大学学科评价不应该是单一的、封闭的、静态的，而应该是多元的、开放的、动态的评价，应从评价主体、目标、内容和过程四个方面实现转变，评价主体应实现从"封闭管理"到"开放管理"的转变，评价目标应实现从"工具理性"到"价值理性"的转变，评价内容应实现从"学术评价"到"综合评价"的转变，评价过程应实现从"静态评价"到"动静结合"的转变。

在学校目标责任制中，目标责任考核体系包括开展评价、实施奖惩与反馈。在目标评价环节，学科建设目标的考核和学科评估有着一定的相似性，两者都是通过制定一定的考核指标体系和考核方式，用以评价某个时间周期内学科建设工作的效果。前文分析发现，目标责任制中目标体系指标化、数据化评价偏重，尽管这种量化指标能够避免由主观性带来的问题，但一个科学合理的评价体系并非仅完全按照公式计算。同时，在反馈环节，后续管理的不完善导致学院未能及时接受学校的协助、指导，无法有效完善、提升学院的学科建设工作。因此，学校应从调整目标考核体系和加强后续管理两方面完善目标责任考核体系。

一方面，在目标考核体系的指标设置上，目标考核体系分为定性指标和定量指标。由于不同学科拥有不同的性质和特点，现有目标体系单纯采用定量评价不符合学科的规律和性质，也无法充分体现学科发展的内涵。学校应考虑采用定性和定量评价方式的统一，根据学校实际情况选择以定量考核为主、定性考核为辅，或两类考核各占一半比重。由于定量指标能够用数字化指标确定，定性指标无法直接进行量化，学校可以邀请领域内富有经验的专家学者设计学科建设定性指标，以科学客观考核任期内学科建设效果。同时，目标考核体系还要注重普遍性指标和特殊性指标的结合，普遍性指标指同类型学院可以共同进行考核的指标，如项目数、经费数等，对于国家级平台数、项目数和获奖数等特殊性指标，学校要根据不同学院的学科实际发展水平确定相应的特殊性指标，从而更科学地衡量、评价学科建设实施效果。另一方面，学校应建立完备的过程监控系统，依托信息考核平台，密切关注各个学院实现学科建设目标的运行过程，多渠道掌握有关学院学科建设目标的实现进展、措施及效果的信息，以更科学准确地对各单位实施考核评价。此外，从目标责任制实施全过程看，学科建设目标体系包含部分与学生密切相关的人才培养目标，教师是实现学科建设目标的主力军。可见，教师和学生对目标责任制的态度影响着学校学科建设进展和目标实现程度。在考核评价阶段，除对学院开展评价以外，学校还应关注教师和学生与目标责任制的诉求，组织关于教师和学生对目标责任制满意度的调查，收集汇总师生反馈信息。同时，学校应结合自身的指导情况反思学院未完成目标的原因，与学院和学科开展充分有效的交流沟通，及时将考核结果、前期收集掌握的不协调信息及指导性建议反馈至各个学院和学科，了解实际需求和存在的问题，并提供优化学科建设管理工作所需的资源支持，从而逐渐改善学校目标责任制度。

三　学院层面

（一）依据学校发展战略目标，明晰学院自身使命定位

学校长期发展规划明确了学院发展的战略目标与包括学科建设在内的重要任务。在学校战略发展规划框架下，学院确定发展的远景目标和办学使命，也明确学科建设的总体目标和行动纲领。在学校目标责任制中，学校经过目标制定、分解而下达至学院的子目标通常是短期的、以量化指标

的形式，这些量化目标注重短期成效。若学院未明确自身的使命，仅仅关注学校下达的目标任务，长此以往，将不利于学科内涵发展。因此，学院在学科建设中应依据学校长期战略规划，明晰自身的使命定位，有助于学院高效配置有限资源，集中精力实现学科建设长远目标。

学院使命由社会服务价值、育人价值、学术价值三者有机结合，其确定受社会需要、人的发展和知识进步等因素的影响[①]。学院使命为学院的活动明确了方向，促进学院成员的凝聚力。学院使命是学院发展目标制定的依据，学院发展目标的制定服务于学院使命，其目的是实现学院使命，从而提升学科成员的认同感和归属感，提高学科建设水平和成效。一方面，学院应主动提升自主办学意识，在贯彻落实学校战略目标的基础上，思考自身使命愿景、长远战略方向，确立学科建设的战略重点，明确学科建设的重点任务，科学规划学科建设的实施路径，明晰学科建设发展目标，调整自身办学行为，提升能动性和积极性。另一方面，学院在实施分配到的目标任务时，也要兼顾学院及学科的使命，应全局性、系统性地进行规划，制定与自身使命相契合的学科目标，推动学科可持续性发展。

（二）提高领导班子治理能力，选择合适学科建设策略

学科是二级学院关心的头等大事，事关着学院的生存和发展，学科是大学发展的关键和核心，可以理解为学院是大学的核心，办大学就是在办学院[②]。二级学院领导班子作为基层学术组织的实际管理者，负责学院学科建设事务。学院领导班子之间的配合程度、自身统筹管理能力、学术水平等都深刻影响着学科建设策略的选择及实施成效。因此，于学院而言，应该提升学院领导班子的治理能力，加强领导班子之间的协作配合，引导强化学科组织化程度，从而选择合适的学科建设策略。

一方面，应正确处理政治权力、行政权力和学术权力之间的关系，学院领导班子中存在政治权力和行政权力，二级学院有别于其他组织，拥有着学术权力，在学科建设上具备发言权。学院要强化学术共同体的主体责任，摒弃行政主导的学科治理方式，明确界定权力的边界，实现三类权力的有机结合。同时，学院领导班子的配合程度高低决定着党政领导合力的大小。学院领导班子的学科背景、知识技能等应具备一定互补性，求同存

---

① 靳占忠、王洋、张艳倩：《二级学院院长感召力研究》，《高等农业教育》2014年第4期。

② 马陆亭：《一流学科建设的逻辑思考》，《高等工程教育研究》2017年第1期。

异，相互支持，共同负责，并建立团队学习方式，共同承担责任，制定共同愿景，学习系统性思维，从而形成学习型的学院党政领导班子，保证学院事务决策的科学性和准确性。另一方面，学院领导班子是决定学科建设策略的关键人物，承担着学院学科建设目标实现的首要责任，其向上沟通、向下协调的能力影响着学科建设目标的实现情况，在提升自身学科领域的专业素养的同时，利用好学院党政共同负责制、党政联席会议等制度，倡导公平公正、职责分明和奖优惩劣，积极引导学科成员正确认识个人和团队、学院之间的关系，与学科成员进行有效的沟通交流，支持学科成员相互协作、配合，促进学科成员的发展，也约束相应权力，在资源配置等方面事关学院各个利益相关者的事项上，通过建章立制协调好各成员的发展，提高学科组织化程度，以更准确地选择合乎学科实际的学科建设策略，并推动学科建设策略的有效实施。

(三) 集聚多方优质办学资源，优化学院内部资源配置

外部环境的资源可以为学院带来发展所需的信息、能量、知识和经费等资源，是学院的建设、发展必不可少的重要成分和保障，帮助学院实现快速成长。对于学院而言，外部资源主要包含政府、企业、研究院所和其他高校等提供的资源。在学校实施目标责任制过程中，学院由于学校为学科建设提供的资源不够充足导致学科建设受限，进而影响了学科建设水平，因此，对于学院而言，应当尽可能、主动集聚吸纳必要的、优质的外部资源，与外部环境各类主体形成紧密的关系，从而拓展学科的发展空间，激发学科的潜力。

一方面，学院要树立起向政府、社会、企业等外部机构寻求资源的意识，通过校友及校友企业等构建、扩宽多条资源汇聚渠道，为校友及企业提供智力支撑、科研服务和人才供应，为学院争取尽可能多的资源，同时，与政府、企业、科研院所或其他大学开展深入合作，争取、整合、调动各界资源为学院发展服务。通过前期内部资源的高效整合为争取外部资源提供有利条件，进而再转换为内部资源，形成良性资源循环圈。另一方面，学院应转变"等靠要"思维，整合内部资源，充分挖掘学院内部资源优势，合理配置系统内部资源，如人力、财力、物力、信息或政策等，提升和优化资源使用率，鼓励学院各部门、学科积极整合优势资源，化被动为主动，促进内部资源的有效配置，不过分依赖学校及相关职能部门的资源分配，保证系统的正常运行。

第七章

组织协同：学科建设中的高水平科研团队建设

随着科学技术的不断发展，科技研究已经不再是简单的个人研究活动①，"小科学"时代逐步迈进"大科学"时代②。科研团队成为大学进行人才培养、科学研究、社会服务和文化传承创新的功能载体，是构成国家创新能力的微观基础③。高水平科研团队是大学最重要的科技创新主体，是围绕国家重大需求开展创新研究的核心力量。从学校发展的角度看，只有拥有了高水平的科研团队，才能产生高水平的科研成果，培养造就高水平的人才④，实现高水平学科建设的目标。因此，高水平科研团队建设逐渐被提升为国家战略。邓小平同志曾在"两个中心"思想中强调高等学校应是办科研的中心⑤。自 21 世纪初以来，我国政府及有关部门开始出台多项政策措施支持和引导科研团队发展。2000 年，国家自然科学基金委员会设立"创新研究群体科学基金"；《教育部 2003 年工作要点》提出培育优秀科技创新团队，积极争取国家重大科研任务⑥；2004 年，教育部出台《"长江学者和创新团队发展计划"创新团队支持办法》；2006 年，实施《国家中长期科学和技术发展规划纲要（2006—2020 年）》若干配套政策，强调打造具有中国特色的优秀创新人才群体和创

---

① 李文艳：《试论大学科技创新团队建设》，《黑龙江高教研究》2014 年第 12 期。
② ［美］普莱斯：《小科学·大科学》，宋剑耕、峨振飞译，世界科学出版社 1982 年版。
③ 刘云、王刚波、白旭：《我国科研创新团队发展状况的调查与评估》，《科研管理》2018 年第 6 期。
④ 王乘：《加强团队建设 推进协同创新》，《中国高校科技》2012 年第 3 期。
⑤ 潘泳、何丽梅：《关于高校科研团队建设的几点思考》，《现代教育科学》2004 年第 9 期。
⑥ 中华人民共和国教育部：《教育部 2003 年工作要点》，http：//www.moe.gov.cn/jyb_sjzl/moe_164/201002/t20100220_1517.html.2004-08-29。

新团队[1]。此外，国家"双一流"建设政策中明确要求各大学需健全科研组织和科研机制，推动协同创新，加大科研团队建设，提升各学科建设水平。2011年3月《国民经济和社会发展第十二个五年规划纲要》中再次明确提出"围绕提高科技创新能力、建设创新型国家，以高层次创新型科技人才为重点，造就一批世界水平的科学家、科技领军人才、工程师和高水平创新团队"。2018年，习近平总书记在北京大学考察时强调，要加强学科之间的协同创新，加强对交叉学科群和科技攻关团队的支持，培养造就更多具有国际水平的科技人才和创新团队。这些政策举措一方面表明有关主管部门对高水平科研团队的高度重视，另一方面，则在大学中掀起了构建高水平科研团队的热潮。

充分发挥地方高水平大学服务地方经济和社会发展职能成为永恒不变的课题。地方高水平大学科研团队的发展水平不仅决定了为数众多的地方高水平大学科技创新能力的水平，而且影响着社会整体的研究水平。因此，高水平科研团队建设成为地方高水平大学整合资源、凝练方向、汇聚人才、形成合力、助力学校"特色发展、错位发展、合作发展"的重要举措。然而高水平科研团队建设是一项系统工程，它的发展并不是一方主体努力的结果，是需要学校、学院、团队作为建设主体参与其中的，由此便带来高水平科研团队建设的内部多元主体协同问题。这些多元主体的协同关系到高水平科研团队的生存和发展，关系到地方高水平大学科技创新能力水平能否提高，进而关系到国家创新竞争力。所以，亟须处理好这些主体间的关系，明晰各主体的地位及功能，实现高水平科研团队建设的内部协同。

作为一所地方重点支持建设的高校，Z大学在"双一流"政策实施以后将目标定位于进入"世界一流学科"建设大学行列，但Z大学意识到科研是衡量学科强弱的核心指标，一流学科必须要有一流科研来支撑，一流科研必须要有一流团队来实现。因为学校要想从外界获取更多的办学资源和发展机遇，想要有更高的社会声誉和影响力，高水平科研团队无疑是一个很好的阶梯和捷径。基于此，Z大学近年来极为重视高水平科研团队的建设和发展，要求加强学校、学院、学科、团队之间的协同，构建工作协同推进新体系，创新相应体制机制，形成具有核心竞争力的比较优势。

---

[1] 中华人民共和国中央人民政府：《国家中长期科学和技术发展规划纲要（2006—2020年）》，http://www.gov.cn/gongbao/content/2006/content_240244.html.2006-03-30。

学校推出"创新团队发展计划",在 2004 年第一期完成之后,宣布启动第二期、第三期。

第一节 核心概念、相关研究与协同要素

一 "高水平科研团队"概念界定

"团队"的概念最早源于企业,参考国外关于"团队"的经典定义,早期国内学者一般从组织、团队等层面对"高校科研团队"进行概念界定。杨映珊等学者认为,"高校科研团队是由一些具有互补技能的人组成,愿意为了共同的目的、业绩目标和方法承担责任"[1],这一界定自提出以来被大多数学者直接引用或稍作修改。随着人类社会进入 21 世纪,创新逐渐成为时代发展的主流,大学必须为建设创新型国家贡献自己的力量,而作为以科学研究为主要内容的科研团队则成为大学创新活动的主力军,基于此,学者们对"科研团队"的定义也有了新的拓展。学者孙艳华定义,"科研团队是由少数专业技能互补、致力于共同科研目标、具有团队精神的科研人员组成的创新群体,以科学技术研究与开发为内容"[2]。这一定义明确了科研团队的组建是以科研创新为目的,同时更注重科研团队的创新精神和团队精神。

随着我国创新驱动发展战略的提出,高水平科研团队建设逐渐被提升为国家战略。目前关于高水平科研团队的研究大多是从高水平科研团队应该具有的要素去理解高水平科研团队,学界对高水平科研团队的概念还没有一个权威的界定。李彬钰在其硕士论文中提及"高水平的科研团队是有明确的技术路线、能产生重大经济或社会效益的关键技术创新和集成创新的科研团队"[3]。吴耀宏认为,对高水平创新团队的理解应该从三个基本要素入手,即高水准科研或工程项目、高水平领军人物和普通团队成员[4]。

---

[1] 陈春花、杨映珊:《科研组织管理的新模式——团队运作》,《科学管理研究》2002 年第 1 期。

[2] 孙艳华:《简论科研团队与科研核心竞争力》,《中国成人教育》2007 年第 4 期。

[3] 李彬钰:《高水平大学与高水平科研团队相关性研究》,硕士学位论文,浙江工业大学,2012 年。

[4] "成都高水平创新团队培育研究"课题组、吴耀宏等:《成都高水平创新团队培育研究》,《决策咨询》2018 年第 6 期。

徐玫瑰等学者认为，区别于个人或一般研究团体，高水平创新团队能够完成更具探索性的高难度科研任务[①]。

对于如何界定一个科研团队是否是高水平科研团队，本文认为应该把握以下几个方面：（1）科研目标具有高起点的特征。高水平科研团队的研究目标是为解决国家和社会重大需求，是为了解决学术研究中的重大理论问题或地方经济社会发展中的重大现实问题。（2）拥有高水平的领军人物。能够准确把握团队研究方向，将一群优秀的人团结成一个学术群体，发挥群体智力优势，形成智力资源。因此，高水平科研团队与一般高校科研团队相比，区别在于"高水平"，这个"高水平"主要体现在科研团队的核心能力上，包括三个特征：第一，价值性，团队可以创造出具有前瞻性或战略性的研究成果；第二，不可替代性，科研成果为团队所独有，不易被竞争对手模仿和替代，竞争对手需要知识转移成本来模仿或获取；第三，可持续性，科研团队通过长期知识创新活动积累科研核心能力，具有较高的可持续性科技创新能力。

基于此，本文认为高水平科研团队是以服务国家和区域社会发展重大需求为主要目标，以高层次项目为载体，依托高水平领军人物的引领作用，创造出高水平创新成果并具有可持续性发展能力，能够培养出高素质人才的科研团队。

二 相关研究

（一）国外相关研究

大学科研团队的建设不是一蹴而就，也不是一成不变，一支高效的科研团队有赖于各种机制的协调，从而保证科研团队建设的科学性。Iva Strnadová 等人对具有包容性特征的科研团队的建设问题进行了研究，发现要建设包容性科研团队，所有成员无论能力如何，都必须有自己的研究经验和技能，通过联合研究培训以及团队内部成员的相互指导实现包容性科研团队的建设[②]。Dreu 指出，在团队建设过程中，少数派异议有可能会

---

① 徐玫瑰、韦浩然、王冀宁：《基于扎根理论的高水平创新团队发展环境研究》，《南京工业大学学报》（社会科学版）2019 年第 6 期。

② Iva Strnadová, Cumming T. M., Knox M., et al, "Building an Inclusive Research Team: the Importance of Team Building and Skills Training", *Journal of Applied Research in Intellectual Disabilities*, 2014（01），p. 10.

促进团队的科学建设,促进团队创新,通过实证检验,发现当团队执行复杂且不明确的任务时,高水平的少数派意见能提高团队的创新能力和团队效率[①]。L. Peters 认为,来自不同学科的团队成员共同合作是不寻常的,跨学科合作的机制尚未完善,因此,相关机制的构建是未来需要努力的方向[②]。Keck 在研究中指出,团队的高层管理结构会对团队整体产生一定的影响,团队高层管理结构在不同的环境背景下具有不同的作用,因此,团队高层结构的构建对团队的发展来说至关重要[③]。

在探讨影响高校科研团队发展的诸多要素的研究中,从内部管理的视角来看,国外学者 Hargreaves、Boyle 等人从团队的领导者出发,通过全球调查揭示了不同团队组织的领导者是如何激励和提高团队绩效的,通过案例研究,发现激励型团队领导能有效提高团队绩效水平,使员工更加努力工作,转变工作方式,追求更高的目标,切实促进团队的发展与进步[④]。Braun、Peus 等研究了团队领导对团队成员工作以及整个团队工作绩效的影响,通过实证研究,发现变革型领导与团队成员个人工作满意度、团队科研能力和水平以及团队的科研绩效均呈现正相关关系,强调了团队领导对团队发展的重要影响力[⑤]。Kay、Minerva 认为,一定程度的奖励是促进大学科研团队发展的有效途径,政府可以利用创新奖励作为一种政策工具,刺激和诱导团队成员乃至整个科研团队不断实现多元化目标,从而加速科技的发展和进步[⑥]。从外部环境视角来看,Enders J. 认为,研究经费获取的竞争性和难度增加,英国和美国超过三分之二的学者不同意

[①] Carsten K. W. De Dreu, "Team Innovation and Team Effectiveness: The Importance of Minority Dissent and Reflexivity", *European Journal of Work & Organizational*, 2002 (03), pp. 285-298.

[②] L. Peters, et al, "Managing Interdisciplinary, Longitudinal Research Teams: Extending Grounded Theory-Building Methodologies", *Organization Science*, 2004 (04), pp. 391-392.

[③] S. L. Keck, "Top Management Team Structure: Differential Effects by Environmental Context", *Organization Science*, 1997 (02), pp. 143-156.

[④] Andy Hargreaves, Alan Boyle & Alma Harris, "Uplifting Leadership: How Organizations, Teams And Communities Raise Performance", *Jossey-Bass*, 2014.

[⑤] S. Braun, C. Peus, S. Weisweiler, D. Frey, "Transformational Leadership, Job Satisfaction, and Team Performance: a Multilevel Mediation Model of Trust", *The Leadership Quarterly*, 2013 (01), pp. 270-283.

[⑥] L. Kay, "Opportunities and Challenges in the Use of Innovation Prizes as a Government Policy Instrument", *Minerva*, 2012 (02), pp. 191-196.

"我所在领域的研究经费比 5 年前更容易获得"①。Bentley P. J.、Kyvik S. 认为,科研团队产出较低的主要原因是科研工作的日益复杂,增加了科研经费管理、科研团队组织协作、监督流程、专利转让等多项事务性工作,此外,科研工作还必须遵守更多的要求,如道德委员会、过程报告、财务责任制和质量保证等要求,研究者个人不太可能单独承担所有工作②。Maria Helena Connell 以葡萄牙 Averiro 大学为例,对大学科研机构的管理进行了研究。针对大学科研机构的科研活动主要局限于内部部门的现状,他提出建立跨系的科研团队,打破传统的各系之间的界限限制,促进各个系之间的交叉,促进各学科的交融,并在此基础上提出了科研团队管理的方法和措施③。

(二) 国内相关研究

以 CNKI 为国内文献检索库,以"科研团队"为"篇名"检索词,同时以"篇名"中包含"高校"或含"大学"为检索条件,截至 2022 年 10 月 5 日,共搜索出 866 篇文献,发现我国对大学科研团队的研究开始于 2003 年,刊文数总体上呈递增趋势。根据本研究的需要,选择从以下几个方面进行综述。

1. 大学科研团队建设中存在的问题研究

目前,国内关于大学科研团队建设中存在问题的研究有很多。总的来看,学者主要讨论的是微观层面的问题,集中在团队自身建设方面,并提出具有建设性的对策建议。根据学者现有的研究,总结归纳出科研团队建设主要存在以下几个方面的问题:

第一,研究目标与团队方向方面的问题。有学者发现,在实际的团队建设过程中,一个学科有多个研究方向,每个方向都成立了科研团队,而每个研究方向只是根据负责人的判断和兴趣进行研究工作,缺乏规划整个学科战略发展的能力。另外,黄雪嫚、晋琳琳等认为,在许多大学,科研

---

① Enders J., Teichler U., "A Victim of Their Own Success? Employment and Working Conditions of Academic Staff in Comparative Perspective", *Higher Education*, 1997, 34, pp. 347 - 372.

② Bentley P. J. & Kyvik S., "Academic Work from a Comparative Perspective: A Survey of Faculty Working Time across 13 Countries", *Higher Education*, 2011, 63 (04), pp. 529-547.

③ Maria Helen Connell, *University Research Management: Meeting the Institutional Challenge*, Paris, France: Organisation for Economic Co-operation and Development, 2004, pp. 121-134.

团队是由项目负责人根据项目的需要将不同专业的人临时拉在一起[①]，缺少真正的"自主结合"[②]，团队的形成也没有经过系统论证，项目的结束通常意味着团队的瓦解。

第二，组织结构与人才队伍建设方面的问题。赵海信认为，目前大学科研团队成员结构呈现"四高四低"，即传统人才比例偏高，具有创新思维的学术带头人数量稀缺；研究生比例高，专家型人才比例低；执行型人才比例高，战略与规划型人才比例低；同一研究方向的人才比例较高，复合型人才比例低[③]。章毛平认为，大学创新团队的学缘结构不合理，近亲繁殖现象，严重制约团队的学术创新，并且存在领军人才匮乏的情况[④]。任初明认为，地方大学在学科建设中普遍遇到的问题是高水平科研团队带头人的缺乏，受学校现有条件的影响，很难从外部大量引进人才，所以只能靠内部培养[⑤]。

第三，团队文化建设方面的问题。魏臻认为，真正有团队文化的科研团队很少，开展团队文化建设的组织也很少[⑥]。重视科研的实际利益而不注重团队文化建设的现象比较普遍。张秀萍等人的研究发现，深层次的团队和谐理念和持续的学习创新理念的缺乏，会制约团队凝聚力的形成，难以成为优秀的团队[⑦]。

第四，内部运行机制方面的问题。现如今，许多大学科研团队在运行机制方面做得不是很完善，严重制约团队成员及高校科研团队的发展。王艳梅、魏臻等学者认为，许多创新团队内部缺少科学的管理制度，导致团队成员之间任务分工不清，出现搭便车现象，严重影响了科研人员的科研积极性。张淼认为，部分团队负责人缺乏组织协调能力以及管理能力，人员配置上不够合理，缺乏调动团队成员积极性的机制[⑧]。赵宇飞等人认

---

① 黄雪嫚：《高校科研创新团队建设研究》，硕士学位论文，武汉理工大学，2008年。
② 晋琳琳：《高校科研团队知识管理系统要素研究——来自教育部创新团队的实证分析》，《管理评论》2010年第5期。
③ 赵海信：《高校科研团队建设的研究》，《科技进步与对策》2007年第8期。
④ 章毛平：《高等学校"校—院—所"体制下学院团队建设探讨》，《煤炭高等教育》2014年第1期。
⑤ 任初明：《地方高校院系科研团队建设案例研究》，《中国高校科技》2018年第3期。
⑥ 魏臻：《我国高校科研团队建设与对策研究》，硕士学位论文，西北大学，2014年。
⑦ 张秀萍、刘培莉：《大学科研创新团队建设的制约因素及对策》，《武汉理工大学学报》（社会科学版）2006年第6期。
⑧ 张淼：《地方高校创新团队管理机制问题分析》，《教育与职业》2016年第14期。

为，目前很多创新团队没有充分发挥创新团队的协同效应，以致团队缺乏创新能力和显著的科研成果①。

2. 地方大学和高水平科研团队的关系研究

科学研究是大学的一项重要职能，高水平大学离不开高水平的科研，大学的科研创新能力是其办学层次和办学水平的集中体现。地方大学作为我国高等教育的重要组成部分，在高等教育大众化阶段承担着培养人才、服务区域经济社会发展的重要使命。为此，量大面广的地方大学必须通过一系列策略实现内涵发展、转型发展和跨越发展，这对于实现高等教育强国无疑具有重大战略意义。在此基础上，众多学者对地方大学和高水平科研团队之间的关系进行了探讨。如，刘印房提到"地方大学在全面建成小康社会的历史进程中肩负着责任与使命，完成这一任务的关键在于能否组建一批富有活力、形成合力的高水平科研团队"②。罗鲲等学者认为，高水平科研团队是建设高水平研究型大学的关键，科研团队建设不仅受到各研究型大学的高度重视，也成为一些地方大学谋求快速发展的重要途径③。王学春等人对此类看法也表示认同，认为科研立校、科研兴校是众多地方大学实现内涵式发展的重要渠道和途径，但对普通地方大学来说，想攻克难关取得前瞻性的、创新性的科技成果，或承担一些"863"等国家重大科研基金课题，还必须借助团队的力量来克服自身的科研实力与科研水平的局限性④。高心湛认为，在新的时代背景下，地方大学实现内涵发展的内在路径包括"人才培养内涵"建设、"科学研究内涵"建设、"社会服务内涵"建设和"文化传承创新内涵"建设，并提出高水平科研团队的建设和发展与"科研研究内涵"建设密切相关⑤。大多数学者都认为做好创新团队建设工作是提升地方大学办学核心竞争力和办学层次，服

---

① 赵宇飞、赵松宇：《高校科研课题团队构建与运作对策》，《合作经济与科技》2015年第1期。

② 刘印房：《地方高校科研团队合力发挥机制的探索》，《经济与社会发展》2011年第10期。

③ 罗鲲、张兴旺、吕竹筠：《高校科研团队建设存在的问题及对策——基于博弈论的视角》，《教育探索》2012年第3期。

④ 王学春、田建立：《地方高校科研团队建设研究》，《中国高校科技》2014年第6期。

⑤ 高心湛：《地方高校内涵式发展：基本内涵与发展路径》，《洛阳师范学院学报》2018年第6期。

务地方经济社会发展，促进学校工作发展的现实需要和重要保证①。高水平科研团队建设有利于地方大学突破制约创新能力提升的内在机制障碍，打破学校与其他主体间的制度壁垒，充分释放人才、资本等创新要素的活力，实现多方共赢，最终提高高等教育质量②。

由此可见，高水平大学离不开高水平的科研，高水平的科研团队在很大程度上直接影响地方大学竞争力的强弱。高水平科研团队建设是地方大学建设的重要组成部分，地方大学的发展为高水平科研团队建设提供内在动力，二者相互依存。我们应该将高水平科研团队建设作为地方大学学校或学科搭建大平台、争取大项目、取得大成果的重要前提。

3. 高水平科研团队建设的主体协同研究

高水平科研团队成长过程不可避免地受到内外部因素的影响，其建设过程涉及多个主体，为了探讨不同主体在高水平科研团队建设过程中的作用，学界展开了高水平科研团队建设的主体协同研究。苏娜、陈士俊认为，协同始终贯穿科研团队的成长过程，协同能够凝聚团队成员，达成目标一致，相互支持合作，有利于形成稳定的团队组织，提高团队绩效③。陆萍、曾卫明认为，大学创新团队是一种有效的协作创新组织形式，一定程度上符合了当今科学技术发展的总体趋势，但外部环境支持方面还存在一些问题，如学校对团队建设缺乏顶层设计，缺少合理的考评体系，重视程度和保障措施不足④。高松元基于协同论的语境审视高校科研团队建设，他认为大学科研团队建设本身就是一个大系统，下面涵盖学院、系、课题组和科研人员等一系列子系统⑤。这些子系统的协同作用决定系统能否发挥协同效应，协同得好，系统的整体性效能才高。邹学慧提出实行协同管理机制，发挥团队力量，提高管理效率⑥。孙东方认为，地方大学在协同创新

---

① 翟大彤、康淑瑰：《地方高校科研创新团队建设存在的问题及对策研究》，《教育理论与实践》2020 年第 18 期。
② 郑世珠：《地方高校在协同创新中的定位与机制》，《中国高校科技》2013 年第 4 期。
③ 苏娜、陈士俊：《基于自组织理论的科研团队成长机制研究》，《科技管理研究》2009 年第 2 期。
④ 陆萍、曾卫明：《高校创新团队建设的管理与对策》，《黑龙江高教研究》2010 年第 8 期。
⑤ 高松元：《基于协同论语境下的高校科研管理变革》，《科技管理研究》2010 年第 13 期。
⑥ 邹学慧：《可持续发展的高校创新型科研团队建设研究》，《黑龙江高教研究》2011 年第 7 期。

中面临的困难和挑战之一就是能否整合和协调好高校内部资源[1]。辛琳琳认为,必须创新科研团队的组织模式,从宏观管理机制的角度重视协同创新,大学要主动与各级行政部门等创新力量开展深度合作[2]。华建玲认为,团队协同力会影响团队的高绩效目标,建立有效的科研团队协同机制是提高科研团队研究质量的重要途径[3]。陈世伟等人认为,当前大学基层学术组织受自上而下的科研工作管理体制及学科建设工作机制的制约,被动接受既定的"学术游戏规则",导致自主性和活力严重不足,影响各项功能的发挥[4]。因此,亟须多元主体进行协同。胡学钢基于对科研团队建设的思考,提出内部协作有助于全面提升科研能力与科研成果[5]。

三 协同要素

要素是组成系统的基本单元,是系统生存和发展的基础和载体。麦肯锡7S模型(Mckinsey 7S Model)认为组织要素包括共同理念、战略、结构、体制、风格、人员和技术[6]。侯光明在此基础上将组织系统的构成要素归纳为目标、人员、资源、制度等七个方面[7]。他认为,在整个组织系统中,目标是"灵魂",资源要素是组织系统形成和生存的关键,制度要素是实现组织系统目标的保障,而这一切需要活动主体去完成。任何组织系统都必须有明确的目标和多个活动主体,并根据一定的资源建立,其中,财务、物质、信息等资源不能直接发挥作用,而必须由组织系统中的人力资源来掌握和应用才能发挥作用。除此之外,还需要制度来保证组织中人与人之间、人与物之间的关系,规范人们的各种行为,统一人们的意识。

根据对科研团队的定义可知,高水平科研团队是指围绕某个特定学科

---

[1] 孙东方:《新建本科院校参与区域协同创新的思考》,《教育评论》2013年第3期。
[2] 辛琳琳:《以质量为导向构建高校科研团队绩效评价机制》,《国家教育行政学院学报》2014年第1期。
[3] 华建玲:《高校协同创新中科研团队管理优化路径》,《合作经济与科技》2015年第12期。
[4] 陈世伟、俞荣建:《"双一流"建设背景下地方高校内部治理体系和治理能力现代化研究》,《黑龙江高教研究》2019年第2期。
[5] 胡学钢:《对科研团队建设的思考》,《安徽科技》2020年第9期。
[6] 朱育锋:《地方农业院校一流学科建设路径研究——基于麦肯锡7S模型视角》,《高等农业教育》2020年第1期。
[7] 侯光明等:《组织系统科学概论》,科学出版社2006年版,第135页。

领域或研究方向,以科技创新为目标,由两个或两个以上知识、任务与分工互补的个体所组成,相互协作、共享成果、共担责任的科研组织[①]。实际上,从"协同"一词的本义来看,它可以指一个组织内部各要素的协调一致,和合共通,各要素互相配合,实现组织目标;也可指各组织之间各参与主体为了更宏大的目标而互相配合,全力协助,对一个组织来说,就成了协同创新。顾保国指出,协同是为实现系统总体目标各子系统或各要素之间相互配合、相互协作、相互支持,是系统目的性、关联性、网络性、动态性的内在表现[②]。

从高水平科研团队系统来看,多元主体在一定的环境下通过协同实现共同目标,提升资源的有效利用,从而提升高水平科研团队建设水平。也就是说,目标、主体、资源和制度四个要素之间的关联性较强。其中,协同目标是指高水平科研团队经过整合、协调、优化、改进后所应达到的目标;协同主体是指高水平科研团队运行过程中所涉及的行为主体;协同资源指支撑高水平科研团队平稳运行的人力、物力、财力等基础条件,例如,有学者认为人才要素、经费要素和平台要素是地方大学高水平科研团队建设的基础条件;协同制度是促成高水平科研团队的团队效应产生所需的约束、保障与激励措施,管理政策要素就是高水平科研团队建设推动学校创新管理体制改革的重要环境[③],创造良好的科研环境有助于高水平科研团队的形成和成长。在一定程度上讲,目标、主体、资源、制度基本涵盖了多元主体协同的核心过程,是一个有机的整体,一个完整的多元主体协同要素框架应该包括协同目标、协同主体、协同资源和协同制度四个组成部分。

(一)协同目标

有组织即有目标,无目标组织便无存在的必要。协同目标是指系统经过整合、协调、优化、改进后所应达到的目标,目标通常关乎价值观问题,对组织的发展是具有导向性的。以"知识协同,合作共赢"为目标的协同合作理念日益得到了广泛认同和关注,协同合作已成为组织创新与

---

① 孙昭宁、李强、许玉艳等:《科技创新团队建设要素与路径分析》,《农业科技管理》2021年第1期。
② 顾保国:《企业集团协同经济研究》,博士学位论文,复旦大学,2003年。
③ 周源:《高等学校科技创新团队建设的基本要素》,《科技创新导报》2012年第3期。

发展的重要途径①。2011年4月24日，胡锦涛同志在清华大学百年校庆的讲话中提出，要建立协同创新战略联盟，促进资源共享，联合开展重大科研项目攻关②。2017年1月，教育部、财政部、国家发展改革委联合印发《〈统筹推进世界一流大学和一流学科建设实施办法（暂行）〉的通知》，进一步明确"以一流为目标、以学科为基础、以绩效为杠杆、以改革为动力，推动一批高水平大学和学科跻身世界前列，力争到本世纪中叶，一流大学和一流学科的数量和实力进入世界前列，基本建成高等教育强国"③。因此，大学必须加强高水平科研团队建设，充分发挥其在人才培养、科学研究和社会服务等方面的作用，进一步提升大学创新能力和学科水平，最终实现"双一流"大学建设。由前文的分析可知，高水平科研团队建设是一项系统工程，参与方是多元的。尽管参与方的价值认同利益诉求不尽相同，但为了形成有序、协调且紧密相关的动态结构，使得高水平科研团队系统发挥出最佳的性能，向更高的阶段发展，各主体间最终的目标都应该是合作共赢，协同创新。

在我国，长期以来采取科层式的科研管理方式，因此，学校、学院、团队在资源、资本、智力等很多方面形成了一种优势互补的关系，即合作协同可取长补短、各取所需。事实上，多元主体协同的目标就是实现合作共赢，协同创新。通过选择合适的合作模式，实现各方利益的最大化。具体来讲，学校在高水平科研团队培育和建设过程中发挥主导作用，具有集中资源进行统筹规划的优势。但实现学校发展目标的主体在于学院，因为大学中所有学科专业都在二级学院汇集，相应的学术资源也由二级学院进行分配④。高水平科研团队则可以利用自身的人才优势、知识优势和技术优势进行研发，将科研成果投入生产之中转化为收益。这种合作共赢、协作创新的模式不仅能充分发挥各个主体的功能优势，还能促进彼此间的紧密联系。因此，合作共赢、协同创新应该是多元主体的协同目标所在。

---

① 徐礼平、李林英：《知识协同视角的高校重大科研项目团队创新绩效：个案剖析》，《现代教育管理》2018年第6期。

② 中华人民共和国中央人民政府：《胡锦涛在庆祝清华大学建校100周年大会上的讲话》，http://www.gov.cn/ldhd/2011-04/24/content_ 1851436. htm. 2011-04-24。

③ 中华人民共和国中央人民政府：《统筹推进世界一流大学和一流学科建设实施办法》，http://www.gov.cn/xinwen/2017-01/27/content_ 5163903. htm#1. 2017-01-27。

④ 张德祥、李洋帆：《二级学院治理：大学治理的重要课题》，《中国高教研究》2017年第3期。

(二) 协同主体

协同主体是一个完整的系统中的关键和核心。高水平科研团队是一个典型的协作系统[1]，靠一元的力量难以更好维系其发展。"多元"相对于"一元"，是指建设主体是多元化的，除了学校之外还包括其他的建设主体，并且需要这些主体展开密切合作，发挥各自优势，促进资源、资本、人才的自由流动，以此实现资源利用率最大化[2]。

学院作为大学的非法人二级管理单位，是人才培养、办学思想、办学措施的具体实施者。随着"放管服"改革持续深化，要求学校将科研人、财、物、权下放到二级学院，扩大二级学院和教师科研自主权、选择权，构建学校、二级学院、学科带头人、学科团队、科研人才"五位一体"共生共息的科研创新体系[3]。董安然等人认为，大学内部科研管理体制改革的目标应该是降低管理重心，实行校、院（系）二级管理体制[4]。此外，大学相应的学术资源在二级学院汇聚，需要二级学院进行有效配置。因此，要推动地方大学高水平科研团队建设，不仅需要学校科学的顶层设计，更有赖于坚实的底层基础，而这一基础就是学院。

虽然"校院二级科研管理模式是当前大学内部科研管理体制改革及教育改革的一个热点"[5]，但实际上，高水平科研团队还存在建设措施不力的问题，与校、院之间的关系还没有理顺。而且，大学校院两级组织关系及运行机制在很多方面会影响科研组织积极性和创造性，继而影响人才培养质量和知识创新水平的提升。高水平科研团队建设多元主体协同的本质是指在学校政策的引导下突破体制机制壁垒，对内整合优化各院系和各团队的资源，因此，必须构建既能调动各方积极性又有较高治理效率的校、院关系结构，尊重科研组织"底部沉重""学术自由"的特点[6]，构建学校、学院、团队三者之间的新型关系，使三者共同发力，提升高水平

---

[1] 罗微：《高校高水平科研团队建设策略初探》，《科技管理研究》2008年第6期。

[2] 杨登才、朱相宇、纪伟勤：《科研行政管理对地方高校协同创新的影响及对策》，《黑龙江高教研究》2016年第2期。

[3] 李绍锋、林杨、吴榕芳等：《问题与对策："双一流"建设中地方高校科研管理研究》，《中国成人教育》2020年第16期。

[4] 董安然、马跃：《高校科研管理组织结构探讨》，《研究与发展管理》2000年第3期。

[5] 徐虹：《加强科研校院二级管理的体会和思考》，《科技信息》2008年第35期。

[6] 眭依凡：《内部治理体系创新之于"双一流"大学建设何以重要》，《探索与争鸣》2018年第6期。

科研团队系统的协同效应,助力学院科研的发展①。可见,学校、学院和团队是多元主体协同的主体。

1. 学校层面

在地方高水平大学高水平科研团队建设中,学校是重要的建设主体,"学校要积累和培养协同创新能力,不断提升学校科研组织化能力,设计相应的激励政策和手段,以引导激发教师主动参与协同创新"②,基于合作共赢、协同创新的共同目标开展科技创新活动。2010年7月,国务院发布《国家中长期教育改革和发展规划纲要(2010—2020年)》(简称《纲要》);2019年8月,科技部等6部门联合印发《关于扩大高校和科研院所科研相关自主权的若干意见》(简称《意见》),《意见》和《纲要》中明确指出学校在高水平科研团队建设方面拥有以下职权:其一,围绕国家需求合理确定项目布局、数量及体量,优选研发团队,研究和制订支持计划;其二,负责科研管理机制、人事管理机制的优化,完善绩效工资分配方式;其三,为高水平科研团队各项学术活动提供场所和物资保证,整合校内学术资源;其四,协调和指导各学院高水平科研团队建设工作。其中,代表学校利益的科研管理部门要遵循团队成长规律,不能急于求成,也不能放任不管,要改变过度的行政指挥,转变职能、转变作风,减少文山会海,减少命令指挥,多做协调工作,多做服务工作③。加强相关建设主体间的联系,做好联络、沟通、协调工作,发挥促进、协同和纽带作用。

2. 学院层面

学院是大学各项主要职能的承担者,是各项职能性活动的实际组织者,也是高等教育管理体制中的一个基本行政层级④。2010年《中国共产党普通高等学校基层组织工作条例》明确赋予大学学院党政联席会议的最高决策地位,指出学院要"通过党政联席会议,参与讨论和决定学院发展目标、总体规划和学科专业建设、人才培养、科学研究、行政管理等

---

① 吴宇、岳初雯、景婧:《高校二级科研管理体制构建的一点思考》,《科研管理》2019年第12期。

② 科技日报:《高校应成为协同创新的"发动机"》,http://www.netbig.com/news/5134/?newspage=2.2012-01-09。

③ 张德祥、李洋帆:《二级学院治理:大学治理的重要课题》,《中国高教研究》2017年第3期。

④ 周川:《学院组织及其治理结构》,《中国高等教育评论》2012年第3期。

方面的重要事项。拟定和执行年度经费预算、经费使用、办学资源调配以及各类平台建设投入等方案提出及组织实施①。有学者根据教育部颁发的《教育部等五部门关于深化高等教育领域简政放权放管结合优化服务改革的若干意见》，构建学院拥有相关权力的指标，包括学院教学科研人员自主引进权、学院经费的配置与使用权、内部绩效自主分配权、职称评审权等共 14 个指标②。在高水平科研团队建设过程中，学院主要发挥以下职能：其一，负责学校宏观政策的解释和执行，并协助学校制定各项政策制度，根据政策实施情况，及时将信息和团队诉求反馈到学校；其二，有效配置人力、物力、财力资源；其三，了解每个学科及团队的具体发展情况，负责督察高水平科研团队的日常运行情况；其四，制定学院层面相应的高水平科研团队建设支持计划。

3. 团队层面

科研工作是大学可持续发展的动力，在院校发展中起着基础性、先导性的重要作用。高水平科研团队聚集众多具有不同学科背景和学科优势的高素质人才，以此成为地方高水平大学开展科学研究的基本单位，地方高水平大学以期通过团队的力量来克服自身的科研实力与科研水平的限制。曾有美国学者对刊登在《化学文摘》上的论文进行分析后发现，在诺贝尔奖设立的首个 25 年里，合作研究获奖人数占 41%；在第二个 25 年里，合作研究获奖人数达到了 65%；在第三个 25 年里，合作研究获奖人数高达 79%。足以可见，个人独立研究正让位于团队合作研究③。高水平科研团队是大学科研工作的最小功能单元，在长期发展过程中，拥有大量先进的科学技术资源，大批优秀、高水平的学术人员能够为大学可持续发展提供源源不断的动力。在学校、学院、团队协同建设过程中，高水平科研团队主要发挥的作用是：其一，主动参与，促进信息、知识、人才等要素的流动，促进学校、学院、学科、团队之间的资源整合、优势互补，加强大项目攻关能力，从而加速创新进程④。其二，明确预测和观察科学技术的前沿发展动向，全面梳理和把握科学技术发展的进程。其三，利用自身优

---

① 吉明明：《学院治理：结构·权力·文化》，科学出版社 2019 年版，第 51 页。
② 周青、崔凯、周泽兵等：《大学校、院二级管理中责权利配置的实证研究》，《国家教育行政学院学报》2017 年第 12 期。
③ 沈建新：《高等院校科技创新团队建设研究》，《南京航空航天大学学报》（社会科学版）2004 年第 4 期。
④ 陈劲、阳银娟：《协同创新的理论基础与内涵》，《科学学研究》2012 年第 2 期。

势为协同主体提供集体智慧和更先进、专业、科学的指导,为协同组织水平的提升提供坚实的知识和技术储备。

(三) 协同资源

多元主体的协同目标是合作共赢、协同创新,促进学科的发展。资源是科研团队创新活动发展的基础,是创新活动的必要条件[1]。物质基础决定上层建筑,没有基本科研创新物质条件的保障,科研团队的创新能力不可能持续提高。在组织能力理论里,关于资源定义与构成,相关学者做了不少研究。Grant R. M. 在《基于资源的竞争优势理论:对战略制定的启示》一文中提出,资源应包括人力资源、财力资源、物力资源、组织资源、声誉资源、技术资源[2]。Marino K. E. 将资源分为物力资源、人力资源和组织资源[3]。在国外学者研究的基础上,康云鹏等学者认为,高校科研团队资源要素可分为有形资源和无形资源,其中有形资源包括物力资源、人力资源和财力资源,无形资源包括文化资源、组织结构和关系资源。对于高水平科研团队而言,资源是指各种可以被高水平科研团队利用来进行科研创新的条件或手段,例如,人、财、物、信息与时间都是高水平科研团队资源[4]。人、财、物等有形资源能否在协同中得到科学合理配置,不仅影响协同积极性,而且还关乎科研团队协同整合绩效。基于此,本文主要讨论多元主体协同过程中的人力资源、财力资源和物力资源。(1) 人力资源,人力资源是第一位的,《国家中长期人才发展规划纲要(2010—2020 年)》明确指出,人才是社会文明进步、人民富裕幸福、国家繁荣昌盛的重要推动力量。人才是科研创新活动的主体,充分发挥人才资源在科研工作中的作用对高水平科研团队建设来说尤为重要。大学在入围"双一流"上的竞争,实质是以人才为核心的竞争[5]。因此,人力资源是推动高水平科研团队发展的中坚力量,是科研团队建设的根本所在。

---

[1] 霍国庆、张浩、聂云阳:《基于资源基础理论的科研团队创新模式研究》,《科学学与科学技术管理》2019 年第 6 期。

[2] Grant R. M., "The Resource-Based Theory of Competitive Advantage: Implication for Strategy Formulation", *California Management Review*, 1999, 33 (03), pp. 3-23.

[3] Marino K. E., "Developing Consensus on Firm Competencies and Capabilities", *Academy of Management Perspectives*, 1996 (03), pp. 40-51.

[4] 张茂林:《创新背景下的高校科研团队建设研究》,博士学位论文,华中师范大学,2011 年。

[5] 黄晓云、白建梅:《地方高校"双一流"建设的战略思考》,《长江大学学报》(社会科学版) 2019 年第 6 期。

(2) 财力资源。财力资源是指用于科研活动的经费，没有财力资源的支持，科研活动就不能开展。特别是在大科学时代，充足的科研经费是科研团队持续健康发展的重要保障。2003年以来，教育部逐步加大对大学创新团队的投入，明确要求各团队所在学校对团队的科研活动提供配套资金支持①，但仍有不少高水平科研团队面临科研经费短缺的问题。(3) 物力资源。物力资源通常是以固定资产的形式出现的，通常包括科研创新活动所需的各种科研仪器设备、科研设施、实验室、图书文献等等②。

(四) 协同制度

资源再丰富，基础再好，也必须在一定的环境条件下运作。环境构成地方高水平大学高水平科研团队建设的客观条件，包括制度、政策、管理体制、考核体系等等。制度是科研团队发展的外部环境保障，高水平科研团队建设的实质是体制创新③。建立良好的协同环境、形成完备的制度保障是避免或消除多元主体协同障碍的首要基础条件。科研创新活动尤其需要良好的外部环境，宏观层面包括法律环境和社会环境，微观层面包括学校对团队创新工作的认识和支持④。任林姣对大学科研团队建设成效影响因素的研究发现，团队所在学校的政策制度对科研团队建设的有效性具有显著的正向影响⑤。虽然现在很多学校将高水平科研团队建设放到战略高度，在各种规划中都把高水平科研团队作为重要的内容，并提出一系列项目计划和方案。但现行的组织管理架构不顺、交叉理念不足、研究成果评价困难导致高水平科研团队在建设过程中遇到一系列问题，进而影响团队效应的发挥。因此，本文认为应从制度层面加强多元主体的协同效应，促进跨部门、跨团队的合作，为多元主体提供良好的制度环境条件，应是地方大学高水平科研团队建设过程中亟待解决的问题。

---

① 王怡然、陈士俊、张海燕等：《高校创新团队建设的若干理论问题研究》，《科技进步与对策》2007年第8期。
② 孙清忠、黄方方：《高校协同创新中心资源优化配置机制构建探析——基于管理协同理论视角》，《高教探索》2014年第5期。
③ 王嘉蔚、卢赟凯、韦娴婧等：《浅谈高校科技创新团队的建设和管理》，《科技管理研究》2015年第10期。
④ 杜洋：《高校科研创新团队建设的关键要素分析》，《科技信息》2009年第3期。
⑤ 任林姣：《高校科研团队建设成效影响因素研究》，硕士学位论文，大连理工大学，2014年。

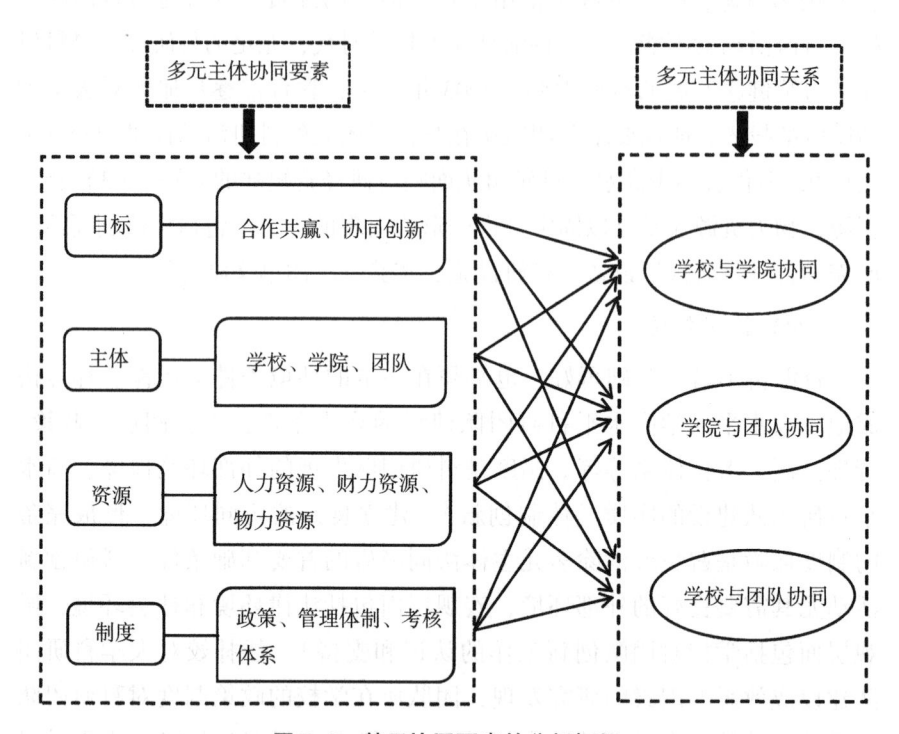

图 7-1　基于协同要素的分析框架

第二节　Z 大学高水平科研团队建设协同机制

　　与部属大学相比，地方高水平大学受综合实力、师资力量、学科平台、建设经费、内部管理水平等因素的限制，在高水平科研团队建设过程中面临更多的困难[①]。因此，地方高水平大学要克服这些困难，提升高水平科研团队建设水平，必须依靠多元主体协同实现。为了更加深入地了解地方高水平大学高水平科研团队建设中多元主体协同的现状，本文依旧以 Z 大学为案例，总结归纳学校层面、学院层面和团队层面协同进行高水平科研团队建设的具体做法，以此反映 Z 大学多元主体协同的实际情况，为后期访谈调查、问题提取、成因分析和对策研究做支撑和铺垫。

---

① 任初明：《地方高校院系科研团队建设案例研究》，《中国高校科技》2018 年第 3 期。

一　Z大学高水平科研团队建设的现状

（一）学校主导

自21世纪初以来，国家高度重视高水平科研团队在科技创新领域的关键作用，把高水平科研团队建设放到创新型国家建设的重要地位。2006年通过《国家中长期科学和技术发展规划纲要（2006—2020年）》，强调"打造具有中国特色的优秀创新人才队伍和创新团队"。此外，习近平总书记在各种会议上多次强调高水平科研团队建设的重要性和紧迫性，提出要"培养造就更多具有国际水平的科技人才和创新团队"。在这样的指导思想下，国家有关部门和地方纷纷实施关于高水平科研团队建设的政策和计划，许多大学也制定了相关的政策文件或出台了有关计划项目，以鼓励和加强高水平科研团队建设。Z大学于2011年制定《Z大学中长期发展规划纲要（2011—2020年）》，强调"着力优化基层学术组织团队建设，力争建设若干国内领先、国际知名的科研创新团队"，并通过以下几个方面主导高水平科研团队建设。

1. 颁布政策或实施计划推动、组织和领导高水平科研团队建设工作

学校层面颁布政策或实施计划推动、组织和领导高水平科研团队建设工作。Z大学于2003年颁布《Z大学"高层次创造性人才计划"实施办法》，明确指出："大力倡导团队合作和创新精神，实现学科带头人培养和团队建设的有机结合"。"高层次创造性人才培养计划"主要包括两个层次：第一层次是通过实施"创新团队发展计划"，形成一批创新团队，培养一批具有国内领先水平的学科带头人和杰出创新群体；第二层次是通过实施"青年学术带头人和学术骨干支持计划"，支持一大批学术基础扎实、具有创新能力和发展潜力的优秀学术带头人和学术骨干，促进师资队伍整体素质的提升，保证优秀人才的可持续发展。根据《Z大学"高层次创造性人才计划"实施办法》文件精神，2004年该大学颁布《Z大学"创新团队发展计划"实施办法》，此次创新团队发展计划拟资助15个创新团队。目的是进一步聚集和扶持一批优秀创新群体，形成优秀人才的团队效应，提高学校教师队伍的创新能力和竞争实力，推动重点学科建设。此次"创新团队发展计划"实施后成效显著，2014年Z大学在已有"创新团队发展计划"基础上推进实施"创新团队支持计划"，制定并颁发《Z大学"创新团队支持计划"实施办法》，重点支持一批高水平的科研

团队，共有 28 个研究团队进入该计划。在经费方面，学校给予这些创新团队 50 万元资助；对入选团队的成员在出国进修、职称评审、岗位聘任等方面给予重点推荐；在海外优秀留学人才、外籍专家学者合作方面给予优先支持。规定"资助期内，所在学院要了解和掌握获资助团队的工作状况，对团队研究中遇到的问题予以协助，营造良好的学术环境；同时，学院要根据队伍建设规划和承担国家重大任务情况制定并实施学院的创新团队支持计划"。除此之外，Z 大学还颁布了与高水平科研团队建设相关的一系列辅助政策，如《Z 大学关于进一步提升科技创新能力的若干举措》《Z 大学"青年英才支持计划"实施办法》《Z 大学青年学术骨干海外培养计划实施办法》等等，为高水平科研团队建设提供政策保障和制度支持。

2. 调整学科布局，构建科研平台，为高水平科研团队营造良好的环境

作为一所地方重点支持建设的学校，Z 大学在"双一流"政策实施以后将目标定位于进入世界一流学科建设高校，Z 大学意识到科研是衡量学科强弱的核心指标，一流学科必须要有一流科研来支撑，一流科研必须要有一流团队来实现。因为学校要想从外界获取更多的办学资源和发展机遇，想要有更高的社会声誉和影响力，高水平科研团队建设无疑是一个很好的阶梯和捷径，因此学校推出"创新团队发展计划"，在 2004 年第一期完成之后，宣布启动第二期、第三期。可以看出，Z 大学主要是从宏观层面负责高水平科研团队建设工作的统筹和规划，扮演战略谋划者和顶层设计者角色。

3. 推出学院"特区"政策，为高水平科研团队建设提供制度保障

推出学院"特区"政策，探索校院管理体制机制改革，为学院参与高水平科研团队建设工作提供制度保障。2010 年，国务院办公厅发布《关于开展国家教育体制改革试点的通知》，提出要设立试点学院，教育部于 2011 年正式启动试点学院改革项目，并在全国选择 17 所大学试点学院推行综合改革。为使试点顺利推进，2012 年 11 月，教育部出台《关于推进试点学院改革的指导意见》，提出"落实和扩大试点学院在教学、科研、管理等方面的自主权，支持试点学院按照学院章程自主确定和实施发展规划，自主配置各种资源，自主确定内部收入分配，自主设置和调整学

科专业"[①]。基于此，2017年，Z大学为进一步深化校院两级管理体制改革，增强学院内在发展动力，经学校党委批复，A学院成为学校唯一的试点学院开展综合改革。Z大学在遵循科研团队建设规律的基础上，立足优势学科和学科特色，结合客观实际和团队自身科研优势，整合各类科研资源，给予A学院"特区"政策建设高水平科研团队，提供人才、资金和设备等方面的扶持，不直接指挥、干预学院和团队，从学校层面进行战略引导、制定灵活的支持计划、创新体制机制等促进协同主体的合作，加快推动高水平科研团队的建设，很大程度上保障协同系统的平稳运行，为学科建设服务。

(二) 学院支持

学校主要通过制定政策、营造科研环境、改革科研管理体制机制来主导高水平科研团队的建设工作。为了更加清晰学院在高水平科研团队建设中发挥的作用及功能，以下将对Z大学试点学院A学院在高水平科研团队建设中的具体做法予以阐述。

A学院始建于1953年，是Z大学历史最悠久、规模最大的学院之一。学院师资力量雄厚，拥有教职工近290名，其中，国家级高层次人才共8人，省高层次人才共16人，省151人才、高校中青年学科带头人等50余人。学院共拥有16个科教平台，拥有教育部学科评估B+/省一流学科A类、省一流学科B类两个一级学科。近十年，A学院获国家奖项、省部级奖项年年攀升；近五年来，A学院承担国家级和重大项目（含军工）200余项，其中国家自然科学基金项目（含重点项目）120余项；近三年科研经费超过3.5亿元。

A学院2017年被选为试点学院以来，致力于建成区域特色鲜明的研究型学院，将科研摆在学院发展的至高位置，大力支持科研团队建设，要求"人人有方向，人人进团队，人人有归属"。因此，选择A学院作为研究对象，一方面，是因为它在近十几年的高水平科研团队建设中取得了丰富的实践经验，值得参考；另一方面，是因为它作为Z大学试点学院，对其高水平科研团队建设现状进行探究，更便于总结学校、学院、团队协同的方式及内容，为众多地方大学高水平科研团队建设提供思路和方法，

---

① 中华人民共和国教育部：《教育部关于推进试点学院改革的指导意见》，http：//www.moe.gov.cn/s78/A08/A08_ztzl/s7327/s7331/201304/t20130418_150829.html.2013-04-18。

为地方大学科研管理体制机制改革提供范式。具体来看，A 学院主要从顶层设计、团队培育、团队考核等方面进行高水平科研团队的建设。

对院内高水平科研团队建设工作进行顶层设计。通过明确定位、构建机制、落实责任、绩效考核，确定全面实施"八大"计划，完成"八大"重点项目，实现教学研究型学院到研究型学院的转变、大院到强院的转变、量的扩展到质的提升、教学科研到激励导向的转变。2016 年以来，颁布《A 学院高水平创新团队培育实施办法》《A 学院教学工作量和科研到款计算办法》《A 学院年终考核奖励津贴分配办法》等政策，对科研团队建设进行制度牵引。

主动参与协同建设过程，积极培育和推动高水平科研团队的发展。A 学院建设高水平科研团队的总体思路是：通过高水平科研团队培养拔尖科研创新人才，打造优秀科研创新群体，推动学科和科研平台建设，提升科研自主创新能力和核心竞争力。这些高水平科研团队要面向经济社会重大问题和需求，以承接大项目、培育大成果、建立大平台、产生大贡献为己任，推动学科进入全国先进行列。行政意义上，全院共分为 34 个团队，包括三种类型：紧密型团队、松散型团队、混合型团队。团队具体特征和考核办法详见表 7-1。

表 7-1　　　　　　　　　　A 学院三种团队类型

序号	团队类型	特征	考核办法
1	紧密型团队	团队是在成员长期合作的基础上形成的；年龄结构合理；有明确的团队制度；团队成员凝聚力强	强调整体绩效，将各自的工作量打包在一起考核，团队内工作量可自由调配，考核算总数，总数过了即为合格
2	松散型团队	个体间职责清楚、责任到人；对外是一个整体，对内有小团队，团队凝聚力较紧密型团队凝聚力要弱	每个成员的考核分开单独计算
3	混合型团队	团队成员既有紧密在一起的也有松散结合的，如一个团队有 10 个人，有 5 个人是紧密的，剩下 5 个人是松散的	考核到个人

学院制定绩效考核办法。为了支持不同层次高水平科研团队进行建设，A 学院推出实施"高水平科研创新团队计划"和"青年英才培育计划"，在 34 支行政团队的基础上组建创新团队。高水平科研创新团队计划（也称"A 类团队"）是指已经入选校级以上重点创新团队的、学院

重点支持的创新团队。这类团队具备冲国家奖实力的团队，学院对这类团队进行独立绩效考核。青年英才培育计划（也称 B 类团队）主要是面向未来重点培育的团队。对于 B 类团队的考核，建设两年后进行中期考核，中期考核采用国家自然科学基金优秀青年基金项目或者杰出青年基金项目申报书，由学院负责送审 5 位专家，评审结果获得 3 个 A 以上，基于特殊津贴上浮到 3000 元/月的支持，不合格者（3 个 C 以上），取消青年英才资格；培育期满后，学院根据目标进行考核，根据考核结果确定绩效考核津贴。学院对这两类创新团队按团队进行绩效考核，团队成员由创新团队负责人进行考核，另根据《Z 大学科学技术奖励办法》预支 30%的经费，并根据年度考核情况，单独确定绩效考核津贴。另外，创新团队实施滚动考核，动态淘汰机制。每年 12 月底前必须填写《创新团队支持计划年度进展报告》，每年召开创新团队交流会，对各团队的发展状况和存在问题进行分析研究，把握团队发展方向，并根据考核情况给予一定的建设经费支持。具体信息详见表 7-2。

表 7-2　　　　　　　　A 学院高水平科研团队建设办法

计划名称	团队总称	个数	目标任务	支持措施
高水平科研创新团队计划	A 类团队（已入选校级以上重点创新团队的，具备冲国家奖实力）	6	获得省部级科学技术奖一等奖 1 项，并争取申报成功国家级科学技术奖一项；承担新立项 II 类及以上项目 1 项；培育成功 1 位国家级人才	学院对整支团队资助 100 万，每个团队成员 2.5 万；在实验室用房上，以"讲贡献"为主要分房原则，但 A 类团队不收费的用房面积要比 B 类团队多；适当增加硕士和博士研究生招生指标，A 类团队负责人每年可以招收两个博士生；项目申报、进人指标、技术职务评聘等给予一定的政策倾斜；独立绩效考核
青年英才培育计划	B 类团队（面向未来重点培育）	8	以培育青千、优青、杰青为目标，兼顾基础前沿研究，鼓励国外高水平大学开展 2 年以上的合作研究，尽可能为他们提供自由探索空间，出高水平论文	学科建设经费 50 万；在实验室用房上，每支团队用于摆放实验室器材的房屋面积为 20 平米；特殊津贴 1500 元/月；中期考核优秀者上浮到 3000 元/月的支持，不合格者取消青年英才资格；协助开展国内外学术交流、合作研究，提供时间、经费等方面的优先保障；根据培养目标及实际情况在工作条件上给予支持

推出"学术交流计划",为各团队营造浓厚的科学研究氛围。A 学院建立了高层次学术前沿报告、学术讲座、学术会议、学术交流的激励和考核机制,建立各团队之间的学术交流常态机制,以此营造浓厚学术氛围,激发教师内源需求。组织各种形式的学术活动,邀请国内外学术知名专家教授举办学术讲座,留学归国教师每年做学术进展报告等。

(三) 团队参与

在学校的统筹和学院的培育下,A 学院高水平科研团队致力提升自组织能力。(1) 团队负责人把握方向,组建优势互补、结构合理的人才梯队。在同一方向、同一年龄段只一个人,让每一个人觉得自己是团队里的唯一,不可或缺。(2) 在学校的顶层设计和学院的积极培育下,A 学院高水平科研团队瞄准国内前沿,不断凝练研究方向,坚持在有限宽度上的"顶天立地",坚持"有所为有所不为"。团队坚持基础研究和应用研究并举,努力做到"动静结合",拿项目和要资源的时候动,做科研和写论文的时候静,做到既上"书架"又上"货架"。(3) 团队负责人建立团队内部管理制度。团队负责人根据外部环境提供的有利条件及自身条件,确定适合团队发展的内部管理制度,有的团队管理制度比较森严,例如有的团队建立"一支笔"制度,指在经费使用方面团队只有一支能签字的笔,团队作战效率高,战斗力强。有的团队则采用比较民主的管理制度。

经过团队建设,A 学院的科研产出持续增长。2018 年和 2019 年新增 ESI 高被引、热点论文 5 篇/次,2020 年新增 ESI 高被引、热点论文 11 篇/次。申请专利数逐年增加,2017 年以来已累计申请专利 4242 项,授权专利 2612 项,授权发明专利 800 项,创历史新高①。科研经费连年上升,2019 年科研经费突破一亿元,获得国家重点研发计划Ⅰ类项目 1 项,国家自然科学基金重大科研仪器研制项目等Ⅱ类项目 7 项,国家重点研发课题等Ⅲ类项目 7 项。

二 Z 大学高水平科研团队建设中的多元主体协同

(一) 学校与学院协同

第一,学校作为科研工作的引领者和主导者,通过政策引导学院推动

---

① 全国高校思想政治工作网:《党建引领试点学院综合改革:以特色化和国际化提升科技创新能力》,https：//www.yurenhao.sizhengwang.cn/a/zjgydxjxgcxydw/200811/593492.shtml,2020-08-11。

高水平科研团队建设。案例中，Z大学于2004年正式启动"创新团队发展计划"，在《Z大学"创新团队发展计划"实施办法》中明确要求"各学院要充分认识这项工作的重要性，以重点实验室、重点学科、创新基地为依托，积极动员并支持优秀的中青年教师组织创新团队，以造就一批具有国内领先水平的学科带头人和优秀创新团体，促进学科的可持续发展"。

第二，学校负责研究和制定高水平科研团队建设发展战略和规划，强化科研团队建设对推动学科建设的功能，协调和指导各学院高水平科研团队建设工作，以规划建设内容作为校内资源配置的重要依据，把规划发展目标与任务执行情况作为对学院及学院领导班子进行绩效考核评价的重要指标[1]。学院负责落实学校有关高水平科研团队建设的具体措施，并且根据学校的规划制定学院的高水平科研团队建设政策。例如，Z大学颁布《Z大学"创新团队支持计划"实施办法》，Z大学A学院根据学校文件精神颁布《A学院高水平创新团队培育实施办法》指导学院层面的高水平科研团队建设工作。

第三，学校加大投入，通过给予学院"特区"政策，在政策、经费、人才等方面提供一定的倾斜，支持学院高水平科研团队建设工作。例如，Z大学根据自身发展情况以及学科优势，瞄准国家战略方向和地方经济社会发展需求，将A学院作为试点学院，增强了两者之间关于高水平科研团队建设工作的互动。

第四，在信息沟通和管理方面，学院可以对学校进行监督，提供信息反馈。一方面学院作为科学研究的载体，能够对学校在建设高水平科研团队过程中采取的措施进行监督与评价；另一方面，学院是协同建设主体之间沟通交流的桥梁，学院在参与高水平科研团队建设中，能够密切捕捉社会对团队的需求趋势，协助学校制定团队建设和团队管理的政策法规，并将政策执行情况反馈给学校，有效参与高水平科研团队建设。

（二）学院与团队协同

第一，学院明晰科研发展的现状，找出科研工作所存在的问题，根据自身实际情况凝练方向，动员学院高水平科研团队建设工作。例如，Z大学A学院发现学院科研大而不强；学科研究方向分散，重点方向不够明

---

[1] 任初明：《地方高校院系科研团队建设案例研究》，《中国高校科技》2018年第3期。

确；前沿学术成果偏少，承接重大工程问题能力不强等问题，决定实施"高水平科研创新团队计划"和"青年人才培育计划"，在学院层面组建了34支团队，包括A类、B类创新团队。由此看来，学院对于团队来说就是推动者和组织者，而团队的建设水平又在很大程度上决定了学院学科建设的整体水平。

第二，学院为高水平科研团队各项学术活动的开展提供活动场所和基本的物资保证，给予科研团队一定的科研经费支持开展相关科研活动，发挥保障者的作用。例如，Z大学A学院对A类、B类创新团队在用房、经费投入和项目申报等方面给予优先支持，并协助"创新团队"拓宽科研场地，优先考虑"创新团队"入驻学院及学校研发和产业化基地等科技平台，优先协助其与大企业进行对接及开展技术合作，在学术繁荣计划等措施中予以重点支持。

第三，学院根据各团队日常运行情况进行绩效考核，对团队的过程管理进行监督和评价。学院要了解、掌握获资助团队的工作状况，协助解决团队在研究中遇到的问题，营造良好的学术环境。Z大学鼓励A学院在人才队伍建设上实施"特区政策"，学院对"创新团队"进行绩效考核，团队成员由创新团队负责人进行考核。并且根据《Z大学科学技术奖励办法》预支30%的经费，根据年度考核情况，单独确定绩效考核津贴。

第四，学院组织召开创新团队交流会，对各团队的发展状况和存在问题进行分析研究，营造科学研究氛围。Z大学实施"学术繁荣计划"，建立各学科及团队之间的学术交流常态机制，这不仅使学院能够把握团队发展方向，还能让团队在发展中发现问题，提升自组织能力，为学院建设提供团队力量。

(三) 学校与团队协同

第一，学校为了对接国家和区域重大需求，通过组建校级高水平科研团队，统筹规划，整合资源，充分发挥人才、资金和政策的综合效益，主要扮演支持者角色。例如，Z大学对高水平科研团队给予50万元经费资助，资助经费主要用于资助期内的科研工作和队伍建设，一次核定，分年度下拨，由获资助创新团队统一支配；对入选"创新团队发展计划"人员在出国进修、职称评审、岗位聘任、科技项目申报、各类人才培养计划等方面给予重点推荐；充分利用学校海外人才智力引进专项经费，对入选"创新团队发展计划"的创新团队在海外优秀留学人才、外籍专家学者合作方面给予优先支持。

第二，高水平科研团队能够明确预测和观察到科学技术的前沿发展动向，为学校提供科研方向和目标，为学校科学研究水平的提升提供坚实的知识和技术储备，为学科交叉、渗透和融合提供平台。Z大学科研工作的目标是"打造大平台、建设大团队、承接大项目、培育大成果"，高水平科研团队的运行有利于学科方向的凝练与传承，有利于大项目、大成果、大平台的培育，有利于人、财、物资源的统筹，有利于青年教师的传帮带，有利于教学科研的融合。

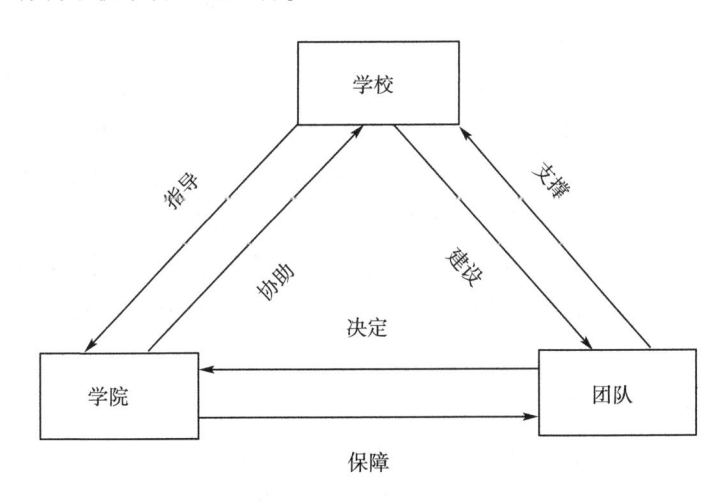

图 7-2　学校、学院、团队协同关系图

三　Z大学高水平科研团队协同建设机制的特征

（一）目标的导向性

目标的导向性是多元主体协同的基础，决定了协同的可能性。从Z大学高水平科研团队建设现状可以看出，所有的资源配置与管理绩效方案都以学校长期发展规划为导向，突出学校办学定位，落实学校内涵建设，体现学校当前优先发展的方向。A学院高水平科研团队建设的目标紧紧围绕学校整体发展规划，依托学院的优势资源，制定适合学院实际情况的绩效管理指标。另外，学院对团队的各项绩效考核指标均以既定的中长期目标和短期目标为依据，如规定A类团队的目标任务是：获得省部级科学技术奖一等奖1项，并争取申报成功国家级科学技术奖1项；承担新立项Ⅱ类及以上项目1项；培育1位国家级人才；规定B类团队的目标任务：

以培育青千、优青、杰青为目标，兼顾基础前沿研究，鼓励与国外高水平大学开展 2 年以上的合作研究，尽可能为他们提供自由探索空间，发表高水平论文。

（二）主体的协作性

协作性是指高水平科研团队的建设过程是建立在以学校为中心的多部门、多层级、多学院、多团队之间紧密合作、相互协调的基础上的。如前所述，地方大学建设高水平科研团队的主要目的在于解决国民经济和区域经济社会发展中存在的重大问题，而解决这些问题需要有完善的科研体制机制和团队协作的科研氛围。这意味着，要解决这种宏观性问题，处于核心主导地位的学校要根据需求，联合相关部门、学院和团队，构建协同推进新体系，创新相应体制机制，赋予二级学院更大自由度和更多自主权，有效协调高水平科研团队建设需要的各种资源如人力资源、财力资源、物质资源、信息资源等，形成强大的科研合力，共同解决面对的问题。通过以上个案的研究，我们可以看出 Z 大学与 A 学院协同、A 学院与创新团队协同、Z 大学与创新团队协同，进行高水平科研团队建设更容易出创新成果。

（三）资源的共享性

资源是高水平科研团队科技活动得以开展的前提，也是多元主体协同的基础和支撑。任何资金雄厚、科研能力超强的高水平科研团队也不可能具备支撑大科学时代科技创新所需要的全部资源要素，而且不可能只依靠组织内部资源的自给自足，必须依靠学校和学院提供的各种资源，如人力资源、财力资源、物力资源、信息、技术等等，另外，各主体间的资源有限，必须通过多元主体协同提高资源配置效率。多元主体的协同可以打破阻碍各种资源合理流动的组织界限，整合各种资源，使各种资源在高水平科研团队系统内无障碍流动，在各建设主体之间充分共享，产生所需物资交换、优势互补、集成放大的良好效果。Z 大学遴选一批高水平科研团队进行支持建设，通过提供各类资源，提升团队科技创新能力，此外，将 A 学院设为试点学院，学院对学校划分的资源进行二次分配，对高水平科研团队进行单独的支持和考核，很大程度上保障了高水平科研团队的平稳运行，提高资源的互动与共享性。

（四）制度的规范性

制度的意义在于增强人们对于未来的预期，通过规范不同行为主体的责任与义务来保持稳定秩序①。学校着眼于国家战略需求和地方经济社会发展需要，为了提升学校整体核心竞争力，必须实施一系列政策或计划支持高水平科研团队的建设和发展，例如 Z 大学制定了《"创新团队发展计划"实施办法》，这不仅体现了 Z 大学对高水平科研团队建设极为重视的态度，更关键的是可以将制度转化为推力，推动全校高水平科研团队建设工作的开展，也为学院高水平科研团队建设提供了行动依据。A 学院作为试点学院，有更大的自由空间通过完善组织、激励、考核等方面的硬性规定，培育高水平科研团队。团队负责人作为团队的领导，也通过制定一系列规范和构建激励机制提高团队成员的积极性。如此，才能推动高水平科研团队建设工作，整个过程需要制度保障内部多元主体协同机制有效运行。

第三节　学科建设中高水平科研团队建设的协同困境

上文以 Z 大学为例，探究其高水平科研团队建设中多元主体协同的现状，并对多元主体协同的特征进行了总结。本部分将通过对团队负责人、二级学院院长访谈资料的编码分析，归纳出地方大学高水平科研团队建设多元主体协同的困境，进而对多元主体协同困境的成因予以探讨。

一　访谈文本的编码分析

为了更深入了解 Z 大学高水平科研团队建设多元主体协同情况，本研究从 2014 年 Z 大学支持建设的 28 支高水平科研团队中选取 8 支团队，对其团队负责人或所在学院院长进行半结构式访谈，以此来探究 Z 大学高水平科研团队建设多元主体协同的困境。每位受访者的谈话时间约为 60—80 分钟，访谈结束后将访谈录音转换成文字版进行校对，最后整理成近 12 万字的文稿。本次受访对象中团队负责人共 5 位、院长共 2 位、副院长 1 位，采用 A—H 共 8 个字母代表 8 位受访者，具体资料详见表 7-3。访谈内容主要围绕团队建设现状、团队建设问题、学校和学院的支持政策等问题展开，同时通过编码的方式对访谈文本进行分析。

---

① 陈勇平：《论三螺旋理论视角下的高校创新创业教育协同机制》，《教育与职业》2020 年第 10 期。

表 7-3　　　　　　　　　　　受访者具体资料

访谈对象	性别	年龄	职称	职位
A	男	45	教授	团队负责人
B	男	56	教授	院长
C	女	50	教授	团队负责人
D	男	56	教授	院长
E	男	60	教授	团队负责人
F	女	68	教授	团队负责人
G	男	39	教授	副院长
H	女	58	教授	团队负责人

（一）一级编码

对访谈文本中关于多元主体协同的句子进行逐个编码，共得到 69 条原始访谈文本及相应的一级编码概念。随后，进一步对一级编码概念进行重新分类组合，剔除个别重复频次极少且关联性较差的一级编码，最终得到 20 条一级编码。表 7-4 为部分一级编码和部分相应的原始语句。

表 7-4　　　　　　　　　　　一级编码层次表

一级编码	原始访谈文本（部分）
科研管理部门缺乏协同理念	D7：我们没有一级学科的交叉，因为那样的话专业方向差太远了。而且以咱们学校目前的人才引进政策，很难引进其他学科的人才，总之，目前看来跨学科科研团队创设还是非常困难的。 C2：反正他需要的时候就不用交叉了，不需要你就可以去交叉了，这个人我看中了就不要交叉了，就要精准一点，都是因人而定的。
教师、科研人员缺乏协同合作观念	G5：相当部分教师满足于考核过关，拿几个小项目、发几篇小文章，"小富即安"，缺乏更高的追求。 H2：大部分教师和科研人员仍然固守相对封闭的研究氛围，每个人只顾自己。
团队缺少灵活的支持政策	A5：别的学校也说我们这个政策很僵化。 F1：制度做好了，可以放宽松一点，这样更加有利于科研成果的产出。
政策缺乏稳定性	E2：我们现在很想做一件事情，为什么很难做，最大的原因就是政策不稳定。 C6：学校其他的问题没有，就是没有把尾款给齐。说白了是给 400 万，但是没有任何一个团队拿到全部经费，一个项目基本上最多拿到一半经费。学校一开始搞"一流高峰计划"，执行了可能一年多，然后就停掉了，这钱就不给了，但任务还让你做，就说是事后补助。学校政策不稳定。
政策缺乏延续性	C7：政策延续性差就没办法弄了，高等教育不能像搞经济建设一样都下指标，这样太不科学了。

第七章　组织协同：学科建设中的高水平科研团队建设　　217

续表

一级编码	原始访谈文本（部分）
学院凝练团队研究方向困难 学院对团队考核浮于表面 团队成员战斗力不足 团队建设能力不足 团队缺少管理制度 高端人才缺乏 人事管理制度制约团队发展	D7：方向布局肯定有，但是凝练这个事情一直是个难点问题。 H8：学院各方面积累了很多的东西，但问题确实也很多，包括团队方向发散，自己管自己。 B10：大部分学院还是传统的科研模式，科研考核过多强调个体，对科研团队的考核浮于表面，这方面已经跟不上学校发展的步伐。 C9：今天问一个老师打算什么时候评副教授，他还是走一步算一步的那种状态。 D10：作为高校老师，要时时刻刻有一种危机感。 B9：今天团队也面临这个问题，没有稳定的输出。 F12：现在碰到这样一个问题，团队只重申报不重建设，这是最危险的。 F9：责权利清晰，机制体制健全，制度完善再加上的话我是动真格的，我们国家有很多的法律，每件事情都有法律，为什么还有这么多人犯？因为他不严格执行，我这个是真罚，包括我在内，谁出了什么问题是真罚，但我们做得好的是真奖。 H14：团队其实不需要机制，我觉得价值观认同就可以了。 A3：人才队伍不够，高端人才缺乏，特别是队伍里的人的年龄结构出现断层，这些其实不只是我们团队的问题，实际上我们是学校的缩影。 D8：高端人才储备不足制约学校科研上层次、上水平，人才是第一资源，而高端人才又是"第一资源"中最为宝贵的稀缺资源。 F10：破格渠道基本上是堵死的，直接认定难度非常大，大家都排排队上的话，导致年轻人冒头的比较少，像咱们这样的学校，还是副教授出去评国家级人才是很难的。
人才引进困难 科研经费紧张 实验室用房紧张 缺少公共科研平台 考核评价体系不科学 学院缺少自主权	B12：人事制度肯定是制约团队发展的，项目可以自己去争取，但职称的事要靠学校的制度。 H2：这些年人事处卡掉了我们几个人，学院通过了之后到人事处，人事处觉得不合适。 A5：有帽子就可以引进来，什么条件都有。没帽子的人水平再高，或者潜力再大，基本上都引不进来。 G5：反正这一轮投入比上一轮要少很多，省里的投入也少了，学校的投入也少了。这样一来，对重点团队的影响不会太大，因为他们自己已经开源了，他们有很多经费的源头，反倒是对青年团队影响比较大。 F11：学院没有多余的钱拿出来给我们，学院主要是靠学校的学科建设经费和省里的学科建设经费，就这两条线，别的钱基本上就没有了。 E13：按照合同，我是高端人才加院长引进的，应该要给我解决我的实验室。但是实验室太紧张了，我的实验室到现在没解决，作为一个教授，我做了这么多，我拿了国家奖、省奖好几个，除了这间办公室，我也没有实验室，其他的几间实验室都是跟别人借的。 C5：我们看似楼很大，但地方都不够用。 F9：要"一盘棋"统筹规划，发挥有限科研资源的最大化效用。 B6：校内的公共科研平台的服务质量需要加强。 E9：影响因子它是十几、二十几、五十几都有的，我们二以上已经挺好了，这完全不能比，说形成多少论文完全不适合。 H9：对于学校而言，只要大的指标完成，就不要去考核个人了，我们团队辛辛苦苦建立的一个评价体系，都被打乱了。 G6：学校实现二级管理是对的，但又没彻底，因为每个学院的发展历史，还有学科的背景都是不同的。 H7：我们一直主张学院能够有更多的自主权来做符合自己学院发展特点的一些政策。

(二) 二级编码

二级编码的目的在于将同类一级编码重新组合成新的整体,根据不同一级编码的意义对其进行分类。本研究共归纳出 4 个二级编码,分别为目标协同、主体协同、资源协同、制度协同。

表 7-5　　　　　　　　　二级编码层次表

二级编码	一级编码
目标协同	科研管理部门缺乏协同理念
	教师、科研人员缺乏协同合作观念
主体协同	团队缺少灵活的支持政策
	政策缺乏稳定性
	政策缺乏延续性
	学院凝练团队研究方向困难
	学院对团队考核浮于表面
	团队成员战斗力不足
	团队缺少管理制度
资源协同	高端人才缺乏
	人事管理制度制约团队发展
	人才引进困难
	科研经费紧张
	实验室用房紧张
	缺少公共科研平台
制度协同	考核评价体系不科学
	科研管理模式落后
	学院缺少自主权
	团队缺少自主权
	组织结构不合理

二　高水平科研团队建设协同机制的困境

(一) 目标未达成一致

根据协同理论的中心思想,如果系统中各要素或主体之间发生摩擦或冲突，整个系统就会处于混沌状态，系统相应功能不能正常发挥。相反，当系统的要素或主体基于同一个目标时，就会形成一个有序、协调且紧密相关的动态结构，整个系统就会发挥出最佳的效能，不断向更高的阶段发展。因此，明确的共同目标是多元行动者开展协同的逻辑起点[①]，对于地方大学高水平科研团队建设主体来说，目标协同应是基础。找准共同目标对于引导高水平科研团队系统良性发展来说至关重要。但是，达成共同目标实属不易。正如柏林马尔克斯·普朗克教育研究社社长迪特里希·戈尔德施米特（Dietrich Goldschmidt）在论述高等教育体制时曾说："大学中的各个学院、学院中的讲座和研究所——大多数都追求它们自己的目标。"[②] Z大学高水平科研团队建设多元主体协同效果不理想，很大一部分原因就是目标不一致。

通过对访谈文本的分析发现，Z大学高水平科研团队建设中学校、学院和团队的目标并没有达成一致性。主要表现为：Z大学在与同类学校竞争时，过分追求"迎头赶上"，却忽视了"精准发力"，学校没有遵循科研团队的发展规律，过分追求科技成果增长率；代表学校利益的科研管理部门存在部门重叠和交叉的情况，各部门运行中职责不清、权力界限模糊进而又产生交叉管理问题，管理目标被动服从于学校科学研究整体目标，忽视了管理模式的转变；学院只追求体量大、学科扩展，忽视了团队质的提升；高水平科研团队只追求成果最大化和团队结构最优化，忽视了团队文化建设，团队成员之间协同合作观念不强，战斗力不足。这样一来，每个主体只会顾及自己的利益，合作共赢、协同创新的目标便很难实现。

"高等教育不能像搞经济建设一样都下指标，这样太不科学了。"（受访者C）

"今天问一个老师打算什么时候评副教授，他还是走一步算一步的那种状态。"（受访者F）

"要辩证地看学校、学院、团队和个人之间的发展关系，我认为其实是一损俱损，一荣俱荣的关系。所谓高水平团队一定不是需要学

[①] Huxham C. "Theorizing Collaborative Practice", *Public Management Review*, 2003（03），p. 142.

[②] ［加］约翰·范德格拉夫等编著：《学术权力——七国高等教育管理体制比较》，王承绪等译，浙江教育出版社2001年版，第185页。

校给你造血的，而是要有造血功能的，是要能够去外面为这个学校做点什么的。一个高水平的团队从来不是去'要'什么，这个'要'指的是去学校要，而是说自己有能力'拿'，从外面拿什么资源。从我个人的角度来看，我认为学校、学院应该给每个团队提供最基本的东西，在基本条件得到保证的前提下，剩下的就要看自己了。因此，高水平团队一定不是向内要，而是向外争取，而且这种争取是内生的，他会知道我自己追求什么，应该怎么做。"（受访者A）

（二）主体功能未有效发挥

学校是高水平科研团队建设的直接受益者，在这一过程中，学校自身应积极进行方向把握、目标规划、建设支持、运行监督等宏观调控，通过政策制定等形式，在微观层面上为团队健康生长营造良好的环境和氛围[①]，但现状并未如此。在访谈中我们发现多位受访对象表示，学校对高水平科研团队建设的支持政策缺乏稳定性和延续性，特区政策僵化，影响科研成果的产出。长此以往，高水平科研团队进行团队建设的积极性被打消，科研优势、智力资源优势无法得到有效发挥。

"我去争取了这个特区政策，但是政策总是变来变去，延续性差。"（受访者E）

"别的学校也说我们学校这个特区政策僵化，但是学校真的想创新，一定要有好的政策，这样才有利于科研成果的产出。"（受访者A）

学院作为高水平科研团队建设的实际组织者和保障者，对团队建设工作进行督查和指导。虽然Z大学很多学院在高水平科研团队建设办法中都有类似的规定，"对高水平科研团队进行单独绩效考核，团队成员由创新团队负责人进行考核"。但是很少有学院将政策真正落实下去。另外，在高水平科研团队建设中，学院作用没有充分发挥，还表现在对团队方向的凝练不够，重点方向不够明确。

---

① 黄宇、李战国、冯爱明：《高校科研创新团队建设：困境与突围》，《高等工程教育研究》2013年第2期。

Z大学原副校长在2017年科技工作会议上的讲话提到，"目前我校科研核心竞争力不足，很大一部分原因是大部分学院还是采用传统的科研模式，科研考核过多强调个体，对科研团队的考核浮于表面，这方面已经跟不上学校发展的步伐"。

A学院院长："A学院是一个传统的大院，各个方面积累了很多东西，但是也存在很多问题，科研大而不强，主要是方向发散，也就是说方向不够凝练，自己管自己，一个个团队都干自己的东西。这些其实不只是我们学院的问题，实际上是我们全校的缩影。"

高水平科研团队并没有发挥真正的自组织能力。高水平科研团队作为一个自组织，是地方大学科研工作的重要参与者和主力军，应该在不受外力特定驱使的情况下，科研人员和内部要素通过自主协调达到高度有序的局面。但实际上，Z大学真正合作的团队并不多，团队成员并没有紧密的学术交流，而仅仅是各自的成果打包在一起，团队不稳定，通常项目的结束也意味着团队的解散。

"在当前这种科研资源分配的制度下，很多老师都是拼凑成一个所谓的'团队'的，主要是为了申报项目、项目验收和应付考核。其实，这样的团队有很多。"（受访者H）另外，受访者B表示"有些年轻老师是没有自己稳定的、明确的研究方向的，每天为文章、为基金、为帽子奔波，哪里能够快速出文章，就去做什么，沉不下心来，走一步看一步"。

"相当部分教师满足于考核过关，拿几个小项目、发几篇小文章，'小富即安'，缺乏更高的追求，由此导致团队内生动力不足，竞争力不足。"（受访者G）

(三) 资源配置效率较低

由前文分析可知，本书所讨论的资源主要是指人力资源、财力资源、物力资源。资源是主体协同、目标协同的创新驱动力，是学校—学院—团队之间协同合作的基本条件。创新活动需要以资源为基础，科研团队之间水平的差异很大程度上是因为拥有的资源存在差异。但是在以Z大学高水平科研团队建设为案例研究后发现，多元主体协同的又一困境是协同资源配置效率较低，从而影响了科研产出的集聚度。主要表现为：人力资源方面，高水平科研团队发展所需的高端人才缺乏、人事管理常规很难被打破、人才引进困难、队伍老化、年龄结构出现断层、人事管理制度制约团队发展；财力资源方面，总体绩效并不显著、资源投入与产出的比率并不高；物力资源方面，基础设施建设不完善、校内公共科研平台的服务质量需要加强、缺乏有效整合科研力量的资源配置平台、科研人员和团队无法充分共享资源、展开合作，难以形成协同创新的合力。

"别的学校也说我们特区政策僵化，比如说三十五六岁比较优秀的教师，一般来就直接是教授了。但我们学校破格直接认定难度非常大，大家都排排队上的话，导致年轻人冒头的比较少，像咱们这样的学校，还是副教授出去评国家级人才是很难的。"（受访者 G）

"按照合同，我是高端人才加院长引进的，应该要给我解决实验室。但是实验室太紧张了，我的实验室到现在没解决，除了这边办公室，我也没有实验室，其他的几间实验室都是跟别人借的。"（受访者 F）

"我们学校一个特点就是报平台很积极，报下来就不理你，基本上是这样的。任何一个地方碰到这样一个问题是很危险的，就是只重申报不重建设。你想争取下来一个平台，就好好给我做好，做成一个样板出来，现在说所有的部门都在争，争完了以后他就不管你了。"（受访者 B）

（四）协同效应不明显

通过调查我们发现，Z 大学高水平科研团队建设中多元主体协同的困境还体现为协同效应不明显。主要表现为：其一，学校以及科研管理部门对团队进行事无巨细的管理，降低了学院在管理上的主动性，削弱高水平科研团队进行科学研究的积极性，以致学校、学院和团队之间协同合作的积极性不高。其二，没有建立单独的高水平科研团队评价体系，相关评价指标体系不够全面与合理，考核指标存在均质化倾向，而且行政力量干预过大，科研管理部门为了管理的方便，在科研成果要求上使用同一个指标，用一把尺子量所有人。另外，对科研成果的评价重数量轻质量，重结果轻运用，学院和团队积极性被磨灭，导致合作深度不足。其三，各部门、各学院、各团队分属于不同的领域,且各主体的核心价值观、组织结构、管理机制等存在着一定的差异,主体之间缺少沟通,而且跨学科科研团队创设困难,导致高水平科研团队建设多元主体协同的效应并不明显。

"我觉得学校的老师都很好,关键是怎么来调动他们的积极性,而不是整天对他一点不信任,我们学校财务报销体系对老师就显得不够信任。"(受访者E)

"现在回过头看,2018年那会还是没有前瞻性,当时学院下达的指标都是论文,好像是三年30篇。"(受访者C)

"我们这边确实没有一级学科的交叉,因为那样的话确实专业方向差得就太远了。而且,学校人才引进政策不允许引进与学科不符的人才。"(受访者F)

"具体工作都是我们做。跟科研院、研究生院、发展规划处、人事处、计财处这些部门是接触不上的,团队不会直接跟他们接触,即使是接触也是利用私人关系去接触,也就是正式沟通基本没有,他们有东西也会反馈到学院。比如说一到年底征集意见,都是提到学院,然后学院每年要给机关提意见,打分的时候由院长书记去讲,一般是这样。跟团队事务相关的,团队基本上不太会和机关部门有直接的接触。"(受访者D)

三　高水平科研团队建设协同机制的困境的成因

(一) 主体间价值观取向不统一

高水平科研团队是由学校、学院、团队等多个主体围绕国家和区域经济社会发展的重大需求而组建的。为了形成优秀人才的团队效应,提升教师队伍的创新能力和竞争实力,推动学科的建设。然而,由于各协同主体分属于不同领域,价值观取向不同,影响了高水平科研团队建设成效。学校是高水平科研团队建设的主导者和推动者,但其"重成果轻过程"的政绩观和"重管理轻服务"的官本位思想[1],往往使得高水平科研团队急

---

[1] 方建强、崔益虎:《协同创新组织文化的现实困境与策略选择》,《中国高校科技》2015年第6期。

需的政策支持和体制机制改革未能真正落实。目前,支持高水平科研团队建设的具体措施主要是给予其相当数量的资助,或优先推荐其申报国家自然科学基金委员会资助的优秀创新研究群体或教育部创新团队资助计划。从理论上讲,并无不妥之处,但很多地方高水平大学在高水平科研团队建设的具体实践中,仅仅基于获取高水平科研团队建设经费资助的经济效益目标,或兼顾赢得省级乃至部级创新团队荣誉而带来的多重社会效益目标,最终陷入"为团队而拼凑团队""为团队升级而包装团队"的目标导向误区[1]。例如,学院所追求的是科学的学术价值,关注学术论文质量、科研成果奖项、学科建设成效和人才培养素质;团队关注的是资源的无限获取和成果最大化,甚至有些团队只注重短期目标或者只注重某些单一项目的需求,团队稳定性较差。因此,如果在多元主体协同过程中无法兼顾各方协同主体的价值诉求和利益关切,势必使高水平科研团队建设中内部多元主体的协同目标发生偏离,从而不能达到合作共赢、协同创新的局面。

(二) 主体间权责利关系不明确

学校是一个拥有目标性的组织系统,作为学校组成部分之一的学院也是一个完整的组织系统,因此,学校应给予二级学院一定的自主管理权[2]。然而,在高水平科研团队建设中,学院的主观能动性较差,所拥有的权力如人事管理权、资源配置权、办学自主权等权力是不够充分的。例如,我们在访谈中有院长说道"对学校来说,只要大的指标完成,就不要去考核个人了,这是学院自己的事情,现在考核到个人,那么要学院要学科干吗。而且我辛辛苦苦给团队建立的评价体系,都被打乱了"。对于校级层面的高水平科研团队来说,缺少相应的实权一直是困扰这些团队持续发展的主要原因。又如,采访中一个团队负责人坦言科学合理的组织结构是高水平科研团队运行的基础,而这种组织结构,需要合理的职能分工和明晰的责权利关系与之相适应。由此看来,主体间权责利关系不明确是主体功能未能有效发挥的主要原因,并未达到这样一种理想的局面,学校科研管理部门(如科研院、社科院等)负责对全校高水平科研团队进行

---

[1] 余玉龙:《地方高校科研创新团队建设的困境、误区及其出路》,《科技管理研究》2011年第6期。

[2] 何雅冰:《地方高校校院系三级管理体制改革下院系治理研究》,硕士学位论文,长春工业大学,2019年。

目标管理和考核，各学院对所属团队的建设进行具体的指导和管理，并及时了解、掌握团队的工作情况，协助解决遇到的问题，在科研条件、科研时间及科研资源方面提供切实保障，为团队建设和科研活动创造良好的环境，高水平科研团队主动出击，着力提升科研能力和水平。

(三) 主体间资源协同机制缺失

目前，资源配置与管理结构主要是"统一管理、条块结合"的模式，即校领导分工为条、学校职能部门为块的管理模式。在这种管理模式下，资源的配置与管理权责主要由学校行政部门行使，学院没有相关的管理权责和绩效意识，而且学院将学校资源视为"免费午餐"，对资源和项目的争夺热情很高，缺乏节约和成本意识。学校主张公平原则，主要按学院、按高水平科研团队的规模适当考虑各自的特征进行基数调整；学院、团队则更多主张倾斜性投入，即每个学院、团队都认为应该适当得到照顾。传统优势学院，团队强调应该扶强；新兴弱势学院，团队强调需要补短板；工科、医科类学院强调学科建设投入大，人文、理科类学院则强调外部可获取的资源少。地方高水平大学在高水平科研团队建设过程中，人力、资金、技术等资源分散、不集中，在科技资源的投资上会重复建设，你建你的，我建我的，造成各自为政的局面；在资源管理与应用上也是相对封闭，你用你的，我用我的，造成"自给自足"的结果①，这样类似的问题随处可见。房屋紧张、设备不足、资金困难一直是大多数地方高水平大学高水平科研团队建设和发展面临的棘手问题。这样一来，学校、学院和团队之间也没有形成相互联动的局面，没有达成共识、形成合力。这些现象发生的根本原因在于学校内部缺乏资源协同机制，这样既导致了人力、财力、物力的极大浪费，还会束缚高水平科研团队创新能力的提高。

(四) 主体间协同存在制度壁垒

在学校内部，学科的建制化是不可避免的，但相关的资源配置和人事管理制度对学科建制化的负面影响不是在弱化或消解，而是在强化，从而使高水平科研团队被局限于学科建制的框架之内，而难以在多学科专业或跨学科专业之间展开②。因此，学校内部存在制度壁垒也是多元主体协同

---

① 张品茹：《如何构建地方高校科技资源共享的政策体系》，《中国高校科技》2014年第10期。

② 别敦荣、胡颖：《论大学协同创新理念》，《中国高教研究》2012年第10期。

效应不明显的重要原因,具体表现为各自为政的工作制度、过于刚性的资源配置与使用制度、呆板狭隘的考核评价制度等。由于目前地方高水平大学实行职能部门负责制,各个职能部门各自为政,由不同的校级领导管理,实行严格的科层制管理模式,相互之间存在着许多制度性障碍无法逾越或超越;另外,"机关化"导致科研管理人员"官本位"思想严重,缺乏协同意识。同时,科研人员是按照专业或者学科分割成不同院系,科研力量自成体系,既分散又重复。尤其是没有一套与高水平科研团队协同创新相配套的考核机制和考核办法,重视成员个体的成就,轻视团队整体业绩的考核,激励机制单一,对高水平科研团队的激励机制采取简单的量化方法,偏重对科研团队进行整体奖励和物质奖励,而忽视个人奖励和精神奖励,团队成员无法感受到个人对于团队的重要意义和归属感,致使团队成员的潜力和责任感没能充分激发,广大教师参与高水平科研团队进行协同创新的积极性发挥不足[①]。除此之外,不同的团队隶属于不同的学院,归口于不同的上级管理部门进行管理。每个学院在团队建设制度上的各自为政也就导致了科研团队管理上的壁垒森严。各种组织都是在各自内部的框架下架构自己的管理制度,配置和调配自己的人力资源,而忽略了与外部组织主体进行有效的合作。

第四节 优化高水平科研团队建设协同机制的对策建议

在地方高水平大学高水平科研团队建设中,走到一起的各个主体作为本来不同的组织和角色,会有不同的价值追求抑或是利益追求,这是不可避免的正常现象,由此产生了多元主体协同的多重困境。如何使各主体之间不同的价值追求构成创新的驱动力,统一、服从和服务于学校创新体系建设的大目标,努力实现合作共赢的最大公约数,以下将从理念层面、管理层面、技术层面和制度层面提出对策建议。

一 理念层面:协同观念的革新

(一)树立多元主体协同理念

理念或观念是行动的先导,"人们的所思所想——他们的态度、他们

---

① 黄兢:《地方本科高校推进协同创新的困境及对策研究——以广东省为例》,《东莞理工学院学报》2015 年第 4 期。

的观点、他们的看法——都会左右他们的所作所为"①。理念是达成共识的基础，是实现目标的保证②。为此，在地方高水平大学高水平科研团队建设中，要树立内部多元主体协同的理念。第一，树立大局理念。大局理念意味着相关建设主体之间要有共同的行动意义与目标，要有战略性、整体性和全面性的观念。大局理念能够在目标和实践之间建立一种联系，告知各主体应该协同，怎么协同，协同什么。包括各部门资源的整合、目标的协同、组织的协同、决策的协同，相互激励与协调、分担责任、共享利益等等。要用辩证的眼光看学校、学院和团队之间的发展关系。第二，树立平等互动理念。学校与学院、团队都是高水平科研团队的建设主体，是高水平科研团队建设的共同责任承担者。因此在协同建设中，三者不应是传统层级命令为主的上令下行式"命令服从"关系，而应是基于信任的水平式对等、契约式的合作伙伴关系③。学校是高水平科研团队建设的主导者，要由"划桨"转变为"掌舵"，打破行政级别观念，做好服务工作，使各参与主体有相对平等的地位，提高多元主体参与协同的积极性；其他主体遵循制度化的安排，明确各自的权利、职责和义务，学院扮演好承上启下联动者角色，团队发挥重要参与者和科研主力军的作用。

（二）培育多元主体协同氛围

当前，在地方高水平大学高水平科研团队建设的过程中，多元主体之间的大局理念和平等互动理念较为欠缺，忽略了相互关联性。这就要求在塑造和形成组织文化时，要将不同主体的文化加以有机整合与衔接，建设和发扬有利于协同合作的优秀文化，摒弃和改造不利于协同合作的文化，从而形成独特的新文化作为协同建设的精神支撑，消除多元文化的不利影响。首先，培育彼此信任的文化。正因为多元主体之间缺少信任文化，才会导致跨学科团队创设困难、人事考核繁重、处室部门管理过细等问题。在访谈过程中，多位访谈对象表示希望能被信任。建立信任文化，首先要从高水平科研团队内部成员建立信任关系开始，逐步形成共识性的价值和目标，从而进一步拉长信任半径，扩展信任范围。其次，加快构建协同文

---

① 罗伯特·A. 达尔、布鲁斯·斯泰恩布里克纳：《现代政治分析》，吴勇译，中国人民大学出版社2012年版，第15152页。

② 杨威、谢丹：《罗尔斯"重叠共识"理念及其价值内蕴探微》，《学术交流》2020年第8期。

③ 周定财：《基层社会管理创新中的协同治理研究》，博士学位论文，苏州大学，2017年。

化。学校作为高水平科研团队建设的引导者和主导者，不仅要有意识地创建协同团队，而且要经常就协同建设、跨部门合作等进行主题培训和学习。各协同主体要把平等、信任、合作、共赢、共融、共生作为价值取向。

二 管理层面：协同主体的归位

（一）改进科研管理方式

Senge 的研究指出：一种有机的、高度柔性的、扁平的、符合人性的、能持续发展的组织管理机制对于实现知识共享和有效沟通具有重要作用[1]。科研管理方式是影响地方大学高水平科研团队建设多元主体协同的直接原因。习近平总书记曾说"不能让繁文缛节把科学家的手脚捆死了，不能让无穷的报表和审批把科学家的精力耽误了"[2]。根据国务院《关于优化科研管理提升科研绩效若干措施的通知》要求，要全面推进科研领域"放管服"改革，让科研更自主、更积极、更便捷。在迅速变化和竞争激烈的环境中，简单的垂直管理不仅会使层级链负载，而且使高层管理人员难以对问题或机会做出快速反应，同时条块分割管理会导致资源过度分散[3]。因此，为了促进高水平科研团队建设多元主体的协同，必须确立以高水平科研团队为基本单元的科研管理新模式。

其一，要促进科研管理理念的转变，从"服务"型向"组织—策划—服务"型转变，从分散型向综合型转变，从直线式管理向矩阵式管理转变[4]，树立"以科研工作者为中心"的服务理念[5]。

其二，学校要持续深化科研管理体制改革，打破学院、学科界限，建立运转灵活、高效有序的科研管理体制，为高水平科研团队的发展搭建科研平台；科研院、研究生院、发展规划处、人事处、计财处等代表学校利

---

[1] 林健、王亚洲：《创新资源整合、团队互动与协同创新绩效（上）》，《中国高校科技》2013 年第 4 期。

[2] 习近平：《习近平总书记在中国科学院第十九次院士大会、中国工程院第十四次院士大会上的讲话》，2018-05-28。

[3] 柳洲、陈士俊：《从学科会聚机制看跨学科科技创新团队建设》，《科技进步与对策》2007 年第 3 期。

[4] 周源：《高等学校科技创新团队建设的基本要素》，《科技创新导报》2012 年第 3 期。

[5] 张成恕：《新时代高校科研管理创新路径探析》，《闽南师范大学学报》（哲学社会科学版）2019 年第 3 期。

益的科研管理部门的介入要适度,在支持、引导、组织等方面做到位,发挥促进、协同和纽带作用。要深入了解学校科研工作的新形势与新背景,在大数据背景下对科研管理进行定量分析和判断,适时调整政策,推广相关学院的优秀管理经验,做到精细化管理和科学管理。

其三,学院要根据学科发展总目标和科研团队建设目标,对学院内部的科研管理、绩效考核体系进行梳理,及时修订或废止那些妨碍学院实现科研团队建设目标的规章制度,努力提升学院管理规章制度和科研团队建设目标的匹配度,从而更好地发挥学院内部科研奖励和绩效工资分配等管理制度在科研团队建设过程中对教师学术行为的引导、约束和激励。

其四,高水平科研团队作为一种自组织,应该拥有一套完整的运行机制和管理制度,因为良好有序的运行机制可以保证整个团队工作的顺利推进,更好地促进创新团队的持续发展,从而最大限度地发挥其效能。

(二) 完善绩效考核体系

2012年3月15日,教育部、财政部联合发布了《关于实施高等学校创新能力提升计划的意见》(简称《意见》),《意见》中明确提出:"建立以创新质量和贡献为导向的评价机制。转变单纯以论文、获奖为主要的考核评价方式,注重原始创新和解决国家重大需求的实效,建立激励竞争、动态发展的综合评价机制和退出机制。"[1] 由于缺乏科学的绩效评价机制,长期以来,大学科研团队各自为政,研究资源分散重复,创新效率低下,严重地影响了大学的科研效率,不利于高水平、原创性和标志性科技成果的产出。在高水平科研团队建设中,"考核指标起着指挥棒的作用"[2],要加快构建"以质量为导向的高校科研团队绩效评估机制"[3]。

地方高水平大学要加强对高水平科研团队建设工作的重视,扩大团队规模,特别要对高水平科研团队绩效评价体系进行完善。学校应针对不同性质的团队建立不同的评价体系,对高水平科研团队进行分类评价,提高评价指标与高水平科研团队建设的一致性。对于偏重基础研究的高水平科研团队,主要评价原则是:学术创新价值为主,潜在经济价值为辅;对于

---

[1] 中华人民共和国教育部:《关于实施高等学校创新能力提升计划的意见》, http://old.moe.gov.cn//publicfiles/business/htmlfiles/moe/s6578/201408/xxgk_172765.html. 2012-03-15。

[2] 王志刚、谷申杰、张俊杰等:《高校创新型科研团队建设的关键因素研究》,《农业科技管理》2018年第3期。

[3] 辛琳琳:《以质量为导向构建高校科研团队绩效评价机制》,《国家教育行政学院学报》2014年第1期。

偏重应用研究的高水平科研团队，评价标准是：学术创新价值与经济价值相结合；对于偏重试验开发研究的高水平科研团队，评价基准是：以经济效益为主，学术创新价值为辅；对科研"量化"与"质化"的评价体系，建立包括"团队考核"和"个人考核"的双轨制考核办法；对于文科、理科和工科的高水平科研团队，应设置不同的评价标准。例如，庞培法布拉大学应用语言研究所对科研人员的评价模式、对人文学科科研考核评价就非常具有借鉴意义，主要采用以合同为基础的积分制评价模式。具有以下几个特征：（1）考核项目多元化。教学与项目、论文、著作、奖项、学术会议一同被列入考核项目。（2）评价具有客观性。每个考核项目都设有特定的指标，以此对考核标准进行细化和量化，避免评价主观性。(3) 对考核指标赋值。每个考核指标都设定量化的积分值，积分设两个限值：一是达到合同积分，作为下一聘期的续聘条件；二是在合同积分基础上的职称评定积分。（4）与时俱进。每隔五年，研究所根据学校的科研权重规定，对每个考核项目的分值权重重新设定，以确保研究所的评价与学校的大方向一致。这种积分制的科研考核模式，不仅充分考虑到了人文学科学术流派多、思辨性强的特点，而且非常注重研究人员的学术积累，关注其学术成长，为研究者们提供了成长的空间和时间。

三 技术层面：协同资源的优化

（一）构建资源共享平台

团队工作的核心是协同，协同合作的重点在于资源共享。武文霞、肖雪山在分析新建本科院校在协同创新面临的困难与挑战的基础上，提出首先要实现大学内部的资源整合与协同，改革传统的科研理念、组织方式和管理模式，加快学科交叉与融合，打破各学科之间的壁垒，加强学科、人才在校内的协同[1]。胡学钢从大学的角度探讨了科研团队建设的几个问题，提出要全面提升科研能力和科研成果，必须加强平台建设、资源管理与共享等机制的建设。资源整合与能力之间存在一定程度的相关性，资源整合是绩效的重要源泉。我国地方大学高水平科研团队建设，学校处于主导地位，学院和团队都参与其中，处于协作状态。为此，必须整合协同资

---

[1] 武文霞、肖雪山：《高校协同创新的比较研究和路径选择》，《中国高校科技》2014年第5期。

源，构建资源共享平台，实现有效协同，构建学校、学院、团队之间新型的互动协作关系。

第一，学校应牢固树立协同创新、资源共享的理念，在有限条件下，局部地突破单位界限，提倡单位间的资源共享管理机制，实行统一的协同管理，以减少资源配置过程中出现的不合理重复和浪费现象，并为有需要的项目或团队提供科研资源保障，从而节约相应的科研经费和时间成本[1]。

第二，学院要整合资源，构建高效的公共科研服务平台，提高仪器设备利用率，实现科研资源的最大利用。例如Z大学倡导学院依托"一院一平台"，形成新的科研发展格局，凝聚和挖掘多方面的资源，积极与地方政府、龙头企业对接，为教师搭建科技合作的桥梁。

第三，建立灵活的用人机制，打破学科、学院的界限，构建多学科的学术交流平台，促进不同专业、不同学科人才之间的交流与合作。

（二）创设跨学科科研团队

当前，随着人类对知识研究在原有学科框架内的不断深入，无论是自然科学，还是人文社会科学，都十分重视突破原有学科框架，综合运用多学科的研究方法，对科学技术和知识形成多元视角，从而产生明显的"聚光灯"效应[2]。为适应科学研究的需要，培养创新型人才，应突破学科间的藩篱，建立多学科交叉的科研团队，这是新形势下科技创新的基本要求。由于一个单独的创新主体往往很难完成一项技术创新和成果应用，跨学科的科研团队能够实现多部门、多学科、多团队的协作配合，从而更容易形成协同效应，形成原创性科技成果，同时也能使校内资源得到合理配置，提高地方大学高水平科研团队建设的整体水平。

一是要打破学校院系间的壁垒，鼓励跨学科、跨部门联合组建创新团队，吸引更多的团队、个人参与高水平科研团队建设；推动学校内部各学科的整合，建立跨学科发展与研究中心，实现多学科交叉、融合与渗透。在这个方面，国内很多著名大学高水平科研团队建设的经验值得借鉴。例

---

[1] 杨登才、石照耀、韩宇等：《协同创新机制下高校科研管理模式探析》，《中国高校科技》2015年第10期。

[2] 周继良：《大学协同创新的内部现实困境与制度改进》，《四川师范大学学报》（社会科学版）2012年第6期。

如，S大学"金融数学"科研团队经过25年的发展取得了一系列丰硕的成果，它的发展不仅离不开学校的全力支持，更重要的是得益于团队负责人彭教授注重交叉学科的培育，主要通过几种做法使得团队具有"和而不同"的特色。(1) 通过项目聚集多学科人才。1996年，彭教授主持国家重大项目"金融数学、金融工程和金融管理"，将数学、金融、计算机等多学科人才整合起来一同进行科学研究，促进多学科协同发展。(2) 要求每个团队成员在专业技能上都各有所长。整个团队里有从事金融数学、概率统计和数理经济研究的教授；也有进行时间序列分析、金融统计和统计模型研究的研究骨干；等等，虽然成员间研究领域和分工有所不同，但都是围绕"金融数学"团队的一个主题或多个主题进行研究，共同促进学科进步。

二是要建立学科交叉共享平台，加强交叉学科合作的考核激励；建立跨学科合作激励机制，从物质和精神两个方面激励跨学科合作，大力宣传学科交叉所取得的重要成就，及时宣传跨学科合作的经验。以学校的科研、教学和人事管理系统为基础，建立教师跨学科教学合作网络平台，使教师能及时了解其他教师的科研兴趣、研究领域等情况，寻找跨学科合作伙伴，促进学科间的交流、碰撞，增强合作意愿，激发合作灵感。

四 制度层面：协同效应的跃升

(一) 给予学院更大自由度

当前，地方高水平大学校院两级管理体制改革发展进入深水区，管理重心逐渐下移。但是，科研体制机制改革还没有配套和深入，科研工作分散、封闭、低效的状况没有根本改变，高水平科研团队和平台建设的成效与作用还没有显现出来[1]，改革还不够彻底。要实现这一目标，学校必须继续推进校院两级管理体制改革，进一步明确校院两级事权和财权划分。要在合理调整集权与分权的基础上，强化学院的办学主体地位，切实做到管理重心下移，充分发挥学院办学、管理的主动性和积极性。另外，学校要把管理的重点和方式转向战略管理和宏观调控，为学院提供更宽松、更好的科研环境，支持高水平科研团队建设，以利于孕育重大科研成果，为

---

[1] 李绍锋、林杨、吴榕芳等：《问题与对策："双一流"建设中地方高校科研管理研究》，《中国成人教育》2020年第16期。

高水平学科建设提供强有力的支撑①。此外，学校还应根据国家科技方针与政策、国民经济发展战略目标、地方经济社会发展需要和学校的科研基础，以"宏观管理"为主，抓大放小，选择合适的"土壤"予以政策支持，给予学院充分的自主权。

（二）赋予团队更大自主权

高水平科研团队建设有利于地方高水平大学更好地培养人才，有利于地方高水平大学的学科建设。高水平科研团队的良好发展，承接大项目、出大成果有利于提高地方高水平大学知名度，实现地方高水平大学的社会价值和经济价值。地方高水平大学是地方高水平科研团队所处的外部环境，学校的资金水平、人才状况和办学特征决定着地方高水平科研团队的组建要素。高水平科研团队和大学之间是相互依存、协同发展的。但我国大学现有的各种制度，包括教师职称评定、考核、津贴分配等制度，在实际运作中，基本上都是由学校统筹管理，学院层面，尤其是科研团队这一层次，基本上没有人、财、物的决定权。目前，科层制的特点违背了基层学术组织专业化无序状态的逻辑，有损于基层学术组织学术权力的正常行使②。尽管团队拥有人才推荐的权利，但最终人才能否引进还是需要人事部门来决定。为此，迫切需要加强基层学术权力，推动高水平科研团队自主管理，并将重心下移，进一步赋予科研团队负责人相应的权力③，并赋予团队更多的自主权，如专业技术职务评聘推荐权、重大科研项目团队内部重新调配权等。

---

① 周海涛、胡万山：《地方高校高水平学科建设的模式、难点与对策》，《高等教育研究》2020年第3期。

② 王祖霖：《我国地方普通本科高校基层学术组织变革研究》，博士学位论文，江西财经大学，2019年。

③ 王志刚、谷申杰、张俊杰等：《高校创新型科研团队建设的关键因素研究》，《农业科技管理》2018年第3期。

参考文献

一 中文类

［美］彼得·F.德鲁克：《后资本主义社会》，傅振焜译，东方出版社2009年版。

［美］戴维·伊斯顿：《政治生活的系统分析》，人民出版社2012年版。

"211工程"部际协调小组办公室：《"211工程"发展报告（1995—2005）》，高等教育出版社2007年版。

［美］彼得·霍尔、彭科、温卓毅：《政策范式、社会学习和国家：以英国经济政策的制定为例》，《中国公共政策评论》2007年第00期。

［美］彼得·德鲁克：《管理实践》，毛忠明译，上海译文出版社1999年版。

毕灵敏：《高校目标管理模式下的教学管理体制探究》，《学校党建与思想教育》2011年第35期。

别敦荣、胡颖：《论大学协同创新理念》，《中国高教研究》2012年第10期。

别敦荣：《"双一流"建设与大学管理改革》，《中国高教研究》2018年第9期。

别荣海、任义：《高校目标管理的路径与方法》，《河南师范大学学报》（哲学社会科学版）2011年第2期。

［美］伯顿·克拉克：《高等教育新论：多学科的研究》，王承绪等译，浙江教育出版社1988年版。

蔡禾：《社会学学科的话语体系与话语权》，《社会学评论》2017年第 2 期。

曹琦、崔兆涵：《我国卫生政策范式演变和新趋势：基于政策文本的分析》，《中国行政管理》2018 年第 9 期。

陈春花、杨映珊：《科研组织管理的新模式——团队运作》，《科学管理研究》2002 年第 1 期。

陈劲、阳银娟：《协同创新的理论基础与内涵》，《科学学研究》2012 年第 2 期。

陈庆云主编：《公共政策分析（第二版）》，北京大学出版社 2011 年版。

陈世伟、俞荣建：《"双一流"建设背景下地方高校内部治理体系和治理能力现代化研究》，《黑龙江高教研究》2019 年第 2 期。

陈潭编著：《公共政策学》，湖南师范大学出版社 2003 年版。

陈学飞：《理想导向型的政策制定——"985 工程"政策过程分析》，《北京大学教育评论》2006 年第 1 期。

陈学飞主编：《教育政策研究基础》，人民教育出版社 2011 年版。

陈燕、铁晓锐：《中国学科国际声誉评价的困境与策略研究？》，《中国高教研究》2020 年第 2 期。

陈勇平：《论三螺旋理论视角下的高校创新创业教育协同机制》，《教育与职业》2020 年第 10 期。

陈岳堂、胡勤高：《地方高校实行目标管理的现状与对策》，《高等农业教育》2012 年第 11 期。

陈振明主编：《公共政策分析》，中国人民大学出版社 2002 年版。

陈振明主编：《公共管理学原理》，人民出版社 2006 年版。

褚照锋：《地方政府推进一流大学与一流学科建设的策略与反思——基于 24 个地区"双一流"政策文本的分析》，《中国高教研究》2017 年第 8 期。

从春侠、阎凤桥：《大学组织特征与大学管理策略探析》，《中国高等教育》2011 年第 6 期。

单捷飞、何海燕：《学科知识与组织系统：一个一流学科研究框架》，《清华大学教育研究》2021 年第 5 期。

翟大彤、康淑瑰：《地方高校科研创新团队建设存在的问题及对策研究》，《教育理论与实践》2020 年第 18 期。

翟亚军：《大学学科建设模式新解——基于世界一流大学的分析》，《学位与研究生教育》2009 年第 3 期。

董安然、马跃：《高校科研管理组织结构探讨》，《研究与发展管理》2000 年第 3 期。

董泽芳、何青、熊德明：《关于 75 所高校目标管理实施现状的调查》，《高教发展与评估》2009 年第 2 期。

董泽芳、何青：《高校目标管理面临的困惑与思考》，《高教发展与评估》2009 年第 4 期。

董泽芳、张继平：《高校目标管理的刚柔相济》，《高校教育管理》2013 年第 5 期。

董泽芳、张继平：《高校目标管理的主要特征及实施策略》，《高等教育研究》2008 年第 11 期。

杜宝贵：《公共政策资源的配置与整合论纲》，《广东行政学院学报》2012 年第 24 期。

段婕：《高校声誉评价构成要素与驱动要素测度研究》，《高教发展与评估》2013 年第 4 期。

段梦涵、柯佑祥、黄彧：《封闭嵌套与开放交叉：一流学科建设行动结构探究》，《现代大学教育》2019 年第 2 期。

方建强、崔益虎：《协同创新组织文化的现实困境与策略选择》，《中国高校科技》2015 年第 6 期。

傅雷鸣、陈一飞：《学科"品牌特色"的构建与形成路径》，《黑龙江高教研究》2016 年第 8 期。

甘晖：《学科综合化：高水平师范大学转型的战略选择——以陕西师范大学为例》，《高等教育研究》2013 年第 4 期。

纲目编著：《有效的目标管理》，中信出版社 2002 年版。

高树仁、宋丹、曾剑雄：《我国高等教育公平政策范式及其治理路径论析》，《大学教育科学》2020 年第 6 期。

高松元：《基于协同论语境下的高校科研管理变革》，《科技管理研究》2010 年第 13 期。

高玮玮：《目标管理在高校教师管理中的应用研究》，《中国成人教育》2015 年第 10 期。

高雪梅、于旭蓉、胡玉才：《地方行业特色型高校一流学科建设路径的思考》,《学位与研究生教育》2017 年第 6 期。

耿乐乐:《中美公立研究型大学战略规划比较研究——以清华大学和华盛顿大学为例》,《高教探索》2019 年第 9 期。

龚放:《把握学科特性 选准研究方法——高等教育学科建设必须解决的两个问题》,《中国高教研究》2016 年第 9 期。

顾保国:《企业集团协同经济研究》,博士学位论文,复旦大学,2003 年。

顾纪忠:《心理契约视閾下的高校目标管理责任制》,《江苏高教》2009 年第 6 期。

顾建民:《学科差异与学术评价》,《高等教育研究》2006 年第 2 期。

郭必裕:《高校目标管理存在的问题及对策》,《黑龙江高教研究》2005 年第 1 期。

郭纬:《学科建设综合支持系统的构建与思考》,《学位与研究生教育》2004 年第 11 期。

何晨玥、张新平:《软法治理视角下的大学校院两级管理:整体图景与实践机理》,《高等教育研究》2021 年第 9 期。

洪港、吴立保:《行业特色型高校实行目标管理的思考——以南京信息工程大学为例》,《黑龙江高教研究》2011 年第 1 期。

侯光明等:《组织系统科学概论》,科学出版社 2006 年版。

胡水华:《高校院系工作目标责任制评价体系初探》,《高等工程教育研究》2003 年第 4 期。

黄晓云、白建梅:《地方高校"双一流"建设的战略思考》,《长江大学学报》(社会科学版) 2019 年第 6 期。

黄雪嫚:《高校科研创新团队建设研究》,硕士学位论文,武汉理工大学,2008 年。

黄宇、李战国、冯爱明:《高校科研创新团队建设:困境与突围》,《高等工程教育研究》2013 年第 2 期。

黄振菊:《论高校"督导—评估—目标管理"三位一体的管理模式》,《教育与职业》2013 年第 32 期。

霍国庆、张浩、聂云阳:《基于资源基础理论的科研团队创新模式研究》,《科学学与科学技术管理》2019 年第 6 期。

吉明明:《学院治理:结构·权力·文化》,科学出版社 2019 年版。

蒋开东：《地方高校学科特色的培育及其实现——以宁波大学为例》，《学位与研究生教育》2009年第1期。

晋琳琳：《高校科研团队知识管理系统要素研究——来自教育部创新团队的实证分析》，《管理评论》2010年第5期。

靳占忠、王洋、张艳倩：《二级学院院长感召力研究》，《高等农业教育》2014年第4期。

［美］克拉克·克尔：《大学的功用》，陈学飞等译，江西教育出版社1993年版。

［美］R.M.克朗：《系统分析和政策科学》，陈东威译，商务印务馆1985年版。

孔建益、杨军：《地方高校学科建设策略：差异化发展与错位竞争》，《中国高教研究》2008年第2期。

李彬钰：《高水平大学与高水平科研团队相关性研究》，硕士学位论文，浙江工业大学，2012年。

李继凯、王强、杨高玕：《关于"211工程"与学科建设的若干思考》，《学位与研究生教育》2011年第11期。

李景国、何独明：《略论目标管理在高校思想政治教育中的运用》，《学校党建与思想教育》2009年第23期。

李蕾：《我国大学学科分类流变研究》，硕士学位论文，吉林大学，2018年。

李立国、冯鹏达：《从学科建设到学科治理：基于松散耦合理论的考察》，《华东师范大学学报》（教育科学版）2022年第2期。

李立国、薛辛龙：《建立以人才培养定位为基础的高等教育分类体系》，《教育研究》2018年第3期。

李宁：《高等院校学科建设略论》，《江苏高教》2014年第4期。

李培根：《解析大学学科建设的误区与真谛》，《中国高等教育》2007年第8期。

李绍锋、林杨、吴榕芳等：《问题与对策："双一流"建设中地方高校科研管理研究》，《中国成人教育》2020年第16期。

李铁君、田丽、朴雪涛主编：《大学学科建设与发展论纲》，中国社会科学出版社2004年版。

李文艳：《试论大学科技创新团队建设》，《黑龙江高教研究》2014

年第 12 期。

李小年：《新时代我国地方高水平大学的办学定位与实现路径》，《中国高等教育》2019 年第 10 期。

李晓婷：《美国卡内基高等教育分类研究》，硕士学位论文，湖南师范大学，2017 年。

林蕙青：《努力开创高等教育发展新局面》，《中国教育报》2017 年 11 月 13 日。

林健、王亚洲：《创新资源整合、团队互动与协同创新绩效（上）》，《中国高校科技》2013 年第 4 期。

林健：《大学校院两级管理模式中的权责划分》，《国家教育行政学院学报》2009 年第 11 期。

林水波、张世贤：《公共政策》，五南图书出版公司 1999 年版。

林维明：《努力实现"五个转变"建设高水平地方大学》，《中国高教研究》2002 年第 4 期。

蔺伟：《共同治理视域下高校二级学院党政分工合作研究》，《中国高等教育》2019 年第 22 期。

凌健：《学科"组织化"：介入世界一流学科建设的路径选择》，《中国高教研究》2016 年第 5 期。

刘恩允：《治理理论视阈下的我国大学院系治理研究》，博士学位论文，苏州大学，2014 年。

刘慧玲：《试论学科文化在学科建设中的地位和作用》，《现代大学教育》2002 年第 2 期。

刘强、郭时印：《地方农业院校学科建设的作用、理念与方法》，《学位与研究生教育》2013 年第 5 期。

刘向兵、周蜜：《我国公立高校内部经费配置中校院关系模式变革的案例研究》，《中国高教研究》2017 年第 1 期。

刘小强、孙桂珍：《"双一流"建设背景下地方高校学科建设的机制创新——基于江西师范大学学科建设"六定"工作的反思》，《学位与研究生教育》2017 年第 11 期。

刘晓倩：《我国公共政策资源整合研究》，硕士学位论文，东北大学，2011 年。

刘尧：《地方大学从外延发展向内涵发展的转变——基于学科建设与

科学研究视角》,《高校教育管理》2014年第4期。

刘印房:《地方高校科研团队合力发挥机制的探索》,《经济与社会发展》2011年第10期。

刘云、王刚波、白旭:《我国科研创新团队发展状况的调查与评估》,《科研管理》2018年第6期。

刘泽云:《筛选理论的经验验证:方法与结论》,《比较教育研究》2009年第1期。

柳洲、陈士俊:《从学科会聚机制看跨学科科技创新团队建设》,《科技进步与对策》2007年第3期。

卢猛:《美国顶尖大学学科竞争力研究:结构布局与质量发展》,硕士学位论文,湖南大学,2017年。

陆根书、胡文静:《一流学科建设应重视培育学科文化》,《江苏高教》2017年第3期。

陆军、宋筱平、陆叔云:《关于学科、学科建设等相关概念的讨论》,《清华大学教育研究》2004年第6期。

陆萍、曾卫明:《高校创新团队建设的管理与对策》,《黑龙江高教研究》2010年第8期。

陆振康:《一流学科建设是创建世界一流大学的重中之重》,《江苏高教》2004年第5期。

罗伯特·A.达尔、布鲁斯·斯泰恩布里克纳:《现代政治分析》,吴勇译,中国人民大学出版社2012年版。

罗鲲、张兴旺、吕竹筠:《高校科研团队建设存在的问题及对策——基于博弈论的视角》,《教育探索》2012年第3期。

罗微:《高校高水平科研团队建设策略初探》,《科技管理研究》2008年第6期。

罗云:《论大学学科建设》,《高等教育研究》2005年第7期。

侣传振:《农村基层政府的信访目标责任制及其实践逻辑——基于C县的调查研究》,《湖南农业大学学报》(社会科学版)2014年第6期。

麻宝斌、王庆华:《公共政策学》,高等教育出版社2016年版。

马陆亭:《一流学科建设的逻辑思考》,《高等工程教育研究》2017年第1期。

马廷奇、王长喜:《学科建设与本科教学改革》,《中国高等教育》

2009 年第 Z3 期。

毛晓华、孙方裕：《浅议 PDCA 循环管理法在学科建设中的应用》，《学位与研究生教育》2004 年第 6 期。

[美] 普莱斯：《小科学·大科学》，宋剑耕、峨振飞译，世界科学出版社 1982 年版。

闵建康、龚荒、周红：《结合"211 工程"启动加强重点学科建设》，《江苏高教》1997 年第 2 期。

潘泳、何丽梅：《关于高校科研团队建设的几点思考》，《现代教育科学》2004 年第 9 期。

钱佩忠、宣勇：《学科成长：问题与策略——以浙江工业大学学科建设为例》，《浙江工业大学学报》（社会科学版）2009 年第 1 期。

邱均平、董西露：《五种世界大学排行榜比较研究》，《评价与管理》2018 年第 3 期。

瞿振元：《知识生产视角下的学科建设》，《中国高教研究》2019 年第 9 期。

任初明：《地方高校院系科研团队建设案例研究》，《中国高校科技》2018 年第 3 期。

任林姣：《高校科研团队建设成效影响因素研究》，硕士学位论文，大连理工大学，2014 年。

沈传缘：《论高校学科带头人队伍建设》，《高等工程教育研究》2005 年第 4 期。

沈建新：《高等院校科技创新团队建设研究》，《南京航空航天大学学报》（社会科学版）2004 年第 4 期。

石中英：《大学办学院还是"学院办大学"》，《光明日报》2016 年 5 月 10 日。

宋亚峰、王世斌、郄海霞：《我国一流大学建设高校的学科布局与生成机理》，《江苏高教》2018 年第 9 期。

苏均平主编：《学科与学科建设》，第二军医大学出版社 2014 年版。

苏娜、陈士俊：《基于自组织理论的科研团队成长机制研究》，《科技管理研究》2009 年第 2 期。

眭依凡：《内部治理体系创新之于"双一流"大学建设何以重要》，《探索与争鸣》2018 年第 6 期。

孙柏璋、林素川：《一校一策：本科高校绩效目标管理探析》，《中国高校科技》2015 年第 11 期。

孙东方：《新建本科院校参与区域协同创新的思考》，《教育评论》2013 年第 3 期。

孙静、王旭东：《地方本科高校要科学定位分类转型》，《中国高等教育》2016 年第 6 期。

孙清忠、黄方方：《高校协同创新中心资源优化配置机制构建探析——基于管理协同理论视角》，《高教探索》2014 年第 5 期。

孙艳华：《简论科研团队与科研核心竞争力》，《中国成人教育》2007 年第 4 期。

孙长智、阮蓁蓁：《荷兰世界一流大学学科发展布局与特征研究——基于 13 所荷兰高校的案例研究》，《南通大学学报》（社会科学版）2019 第 1 期。

田健国：《用新的发展理念构筑学科高峰》，《中国教育报》2015 年 12 月 3 日，第 7 版。

田贤鹏：《一流学科建设中的知识生产创新路径优化——基于知识生成论视角》，《学位与研究生教育》2018 年第 6 期。

田宇杰：《我国普通高校二级学院治理结构优化问题研究》，硕士学位论文，河北大学，2019 年。

涂端午：《教育政策文本分析及其应用》，《复旦教育论坛》2009 年第 5 期。

王宝玺：《亚洲全球顶尖年轻大学学科布局的量化分析》，《清华大学教育研究》2017 年第 6 期。

王超、张菁、肖玲莉：《特色学科建设：地方高校发展的"立校之本"》，《高教发展与评估》2010 年第 2 期。

王乘：《加强团队建设 推进协同创新》，《中国高校科技》2012 年第 3 期。

王冲：《中国高校资本结构研究》，中国社会科学出版社、华龄出版社 2005 年版。

王德滋：《高等学校必须重视学科建设》，《中国高等教育》1984 年第 12 期。

王光艳、张湘怡：《双一流建设背景下校院两级财权与事权的匹配机制探索》,《上海交通大学学报》(哲学社会科学版) 2019 年第 5 期。

王汉生、王一鸽:《目标管理责任制:农村基层政权的实践逻辑》,《社会学研究》2009 年第 2 期。

王嘉蔚、卢赟凯、韦娴婧等:《浅谈高校科技创新团队的建设和管理》,《科技管理研究》2015 年第 10 期。

王建华、朱青:《对我国大学重点学科建设制度的反思》,《中国高教研究》2013 年第 12 期。

王建华:《竞争性与非竞争性——政府部门高教经费投入的一个分析框架》,《中国地质大学学报》(社会科学版) 2010 年第 1 期。

王建华:《知识规划与学科建设》,《高等教育研究》2013 年第 5 期。

王文、吕晓岚、姚震:《适应绩效管理的地质调查成果评价研究》,《科研管理》2016 年第 S1 期。

王鲜萍:《目标管理在高校跨越式发展进程中的作用:整合的视角》,《科技管理研究》2009 年第 4 期。

王小力、彭正霞:《世界一流大学的学科布局与选择》,《苏州大学学报》(教育科学版) 2015 年第 4 期。

王学春、田建立:《地方高校科研团队建设研究》,《中国高校科技》2014 年第 6 期。

王彦雷、车如山:《基于自组织理论的一流学科组织生长机制研究》,《高教探索》2021 年第 10 期。

王怡然、陈士俊、张海燕等:《高校创新团队建设的若干理论问题研究》,《科技进步与对策》2007 年第 8 期。

王瑜、沈广斌:《"双一流"建设中的大学发展目标的分类选择》,《江苏高教》2016 年第 2 期。

王志刚、谷申杰、张俊杰等:《高校创新型科研团队建设的关键因素研究》,《农业科技管理》2018 年第 3 期。

王祖霖:《我国地方普通本科高校基层学术组织变革研究》,博士学位论文,江西财经大学,2019 年。

魏英杰:《理性与暴力:对恐怖主义六种策略的分析》,《国际政治研究》2018 年第 4 期。

魏臻:《我国高校科研团队建设与对策研究》,硕士学位论文,西北大学,2014 年。

文兴吾:《现代科学技术概论》,四川人民出版社2007年版。

吴立保、高凡:《我国一流大学建设的异化与纠偏——鉴于西方学者的反思及其启示》,《教育发展研究》2018年第Z1期。

吴淑娟、白宗新:《推进院(系)目标管理 提高人才培养质量》,《高教发展与评估》2009年第4期。

吴思华:《策略九说:策略思考的本质》,复旦大学出版社2002年版。

吴太山、张均、刘雪梅:《学位点立项建设:促进学科建设的有效手段》,《学位与研究生教育》2003年第2期。

吴耀宏、"成都高水平创新团队培育研究"课题组:《成都高水平创新团队培育研究》,《决策咨询》2018年第6期。

吴宇、岳初霁、景婧:《高校二级科研管理体制构建的一点思考》,《科研管理》2019年第12期。

吴振球:《以学科交叉推动高校的学科建设》,《高教发展与评估》2005年第2期。

武建鑫:《学科生态系统:论世界一流学科的生长基质——基于组织生态学的理论建构》,《江苏高教》2017年第4期。

武文霞、肖雪山:《高校协同创新的比较研究和路径选择》,《中国高校科技》2014年第5期。

项延训、马桂敏:《对学科群建设的认识与实践》,《中国高教研究》2018年第1期。

项延训:《加强学科建设 促进创新人才培养》,《学位与研究生教育》2008年第(S1)期。

肖科学、宫向阳:《地方高水平大学"双一流"建设的模式转换与路径创新》,《中国发展观察》2017年第24期。

肖勇、李泽忠:《高校党建工作目标管理的探索与实践》,《中国成人教育》2007年第20期。

谢桂华主编:《高等学校学科建设论》,高等教育出版社2011年版。

谢冉、章震宇:《从"重点学科"到"一流学科":我国高校学科建设的范式转换》,《高教探索》2020年第2期。

谢为群、施利毅:《高校科研管理工作中目标管理体系建设初探——以上海大学试行全系统目标管理为例》,《研究与发展管理》2014年第

5 期。

辛琳琳：《以质量为导向构建高校科研团队绩效评价机制》，《国家教育行政学院学报》2014 年第 1 期。

熊德明、董泽芳：《论高校目标管理中的机构设置》，《黑龙江高教研究》2008 年第 7 期。

熊德明、董泽芳：《论高校目标管理中公平与效率的关系》，《现代教育管理》2009 年第 4 期。

徐虹：《加强科研校院二级管理的体会和思考》，《科技信息》2008 年第 35 期。

徐礼平、李林英：《知识协同视角的高校重大科研项目团队创新绩效：个案剖析》，《现代教育管理》2018 年第 6 期。

徐玫瑰、韦浩然、王冀宁：《基于扎根理论的高水平创新团队发展环境研究》，《南京工业大学学报》（社会科学版）2019 年第 6 期。

徐双敏主编：《公共管理学》，武汉大学出版社 2007 年版。

徐小洲、梅伟惠：《论世界一流学科建设的战略起点》，《高等教育研究》2007 年第 11 期。

徐茵、陈聪诚、岑淑儿：《高校二级学院党组织目标管理初探》，《学校党建与思想教育》（上半月）2008 年第 12 期。

徐赟：《我国教育政策实践范式的历史变迁》，《现代教育管理》2014 年第 5 期。

徐自强、龚怡祖：《我国高校毕业生就业政策的范式转移研究——基于政策文本的内容分析》，《大学教育科学》2013 年第 1 期。

许日华、乐传永：《"双一流"建设中地方高水平大学高层次人才引进的困境与突围》，《教育发展研究》2017 年第 21 期。

宣勇、凌健：《大学学科组织化建设：价值与路径》，《教育研究》2009 年第 8 期。

宣勇、凌健：《"学科"考辨》，《高等教育研究》2006 年第 4 期。

宣勇、郑莉：《大学学术资源共享的内在逻辑与实现路径》，《高等工程教育研究》2009 年第 6 期。

宣勇：《大学必须有怎样的办学自主权》，《教育发展研究》2010 年第 7 期。

宣勇：《大学学科建设应该建什么》，《探索与争鸣》2016 年第 7 期。

宣勇：《建设世界一流学科要实现"三个转变"》，《中国高教研究》2016 年第 5 期。

宣勇：《论大学学科组织》，《科学学与科学技术管理》2002 年第 5 期。

薛玉香：《试论地方性高校学科建设面临的问题及解决措施》，《黑龙江高教研究》2009 年第 4 期。

严强：《国家治理与政策变迁：迈向经验解释的中国政治学》，中央编译出版社 2008 年版。

严荣：《公共政策创新与政策生态》，《上海行政学院学报》2005 年第 4 期。

阎光才：《高等学校内部的组织特性探析》，《清华大学教育研究》1999 年第 1 期。

晏湘涛：《世界一流大学学科体系建设的基本经验》，《研究生教育研究》2011 年第 2 期。

杨登才、石照耀、韩宇等：《协同创新机制下高校科研管理模式探析》，《中国高校科技》2015 年第 10 期。

杨登才、朱相宇、纪伟勤：《科研行政管理对地方高校协同创新的影响及对策》，《黑龙江高教研究》2016 年第 2 期。

杨红明：《985 工程财政支出绩效评估研究》，硕士学位论文，华中科技大学，2004 年。

杨威、谢丹：《罗尔斯"重叠共识"理念及其价值内蕴探微》，《学术交流》2020 年第 8 期。

杨艳玲：《推进校院两级管理改革的前提、基础和保障》，《中国高等教育》2020 年第 10 期。

叶赛华：《关于学科概念的若干辨析与思考》，《黑龙江高教研究》2002 年第 2 期。

易剑东：《论我国高校学科建设的基本理念》，《中国高等教育》2010 年第 7 期。

殷安生：《地方高校"一流"学科建设路径研究》，《黑龙江高教研究》2018 年第 1 期。

尤莉：《大学学术资源指标优先性评价及配置路径——基于对不同利益相关者的实证调查》，《现代教育管理》2017 年第 10 期。

余玉龙：《地方高校科研创新团队建设的困境、误区及其出路》，《科技管理研究》2011年第6期。

袁旦、於建明：《地方高校实施目标责任制的探索与思考——以浙江工业大学为例》，《浙江工业大学学报》（社会科学版）2020年第2期。

袁志政：《基于目标管理的高校教师绩效考核研究》，《中国成人教育》2012年第6期。

袁子晗、张红伟：《42所在建世界一流大学学科群布局及对接国家战略的分析》，《科学管理研究》2018年第6期。

［美］约翰·范德格拉夫等编著：《学术权力——七国高等教育管理体制比较》，王承绪等译，浙江教育出版社2001年版。

张爱珠、贾长胜：《新升本科师范学院学科建设的意义、阻力与策略》，《现代教育科学》2010年第5期。

张成恕：《新时代高校科研管理创新路径探析》，《闽南师范大学学报》（哲学社会科学版）2019年第3期。

张德祥、李洋帆：《二级学院治理：大学治理的重要课题》，《中国高教研究》2017年第3期。

张德祥：《高校一流学科建设的关系审视》，《教育研究》2016年第8期。

张端鸿：《"双一流"：新时期我国院校重点建设政策的延续与调适》，《教育发展研究》2016年第23期。

张凤娟、张明超：《"双一流"政策实施后的公众反应、关注热点与反思——基于"知乎"论坛197条话题的数据分析》，《教育发展研究》2018年第Z1期。

张国兵、陈学飞：《我国教育政策过程的内输入特征——基于对"211工程"的实证研究》，《黑龙江高教研究》2006年第8期。

张国兵：《高等教育重点建设政策研究》，北京大学出版社2010年版。

张雷生、辛立翔：《高校学科建设模式研究》，《中国高教研究》2006年第9期。

张立彬：《以科学发展观为统领 加快建设高水平教学研究型大学》，《中国高教研究》2009年第4期。

张茂林：《创新背景下的高校科研团队建设研究》，博士学位论文，华中师范大学，2011 年。

张淼：《地方高校创新团队管理机制问题分析》，《教育与职业》2016 年第 14 期。

张鹏：《一流学科需要打造一流的软实力》，《中国高教研究》2016 年第 5 期。

张品茹：《如何构建地方高校科技资源共享的政策体系》，《中国高校科技》2014 年第 10 期。

张庆奎、张兄武：《"学院办大学"：本质、意义、路径与风险防控》，《江苏高教》2021 年第 6 期。

张善英、邓永奎：《高校辅导员班级目标管理体系初探》，《教育与职业》2009 年第 18 期。

张文宏：《社会资本：理论争辩与经验研究》，《社会学研究》2003 年第 4 期。

张秀萍、刘培莉：《大学科研创新团队建设的制约因素及对策》，《武汉理工大学学报》（社会科学版）2006 年第 6 期。

张意忠：《师承效应——高校学科带头人的成长规律》，《高教发展与评估》2014 年第 5 期。

张宇庆：《关于高校实行校院两级管理体制的探讨》，《中国电力教育》2010 年第 36 期。

张芝和：《高校党建目标管理工作的完善》，《江苏高教》2010 年第 6 期。

章毛平：《高等学校"校—院—所"体制下学院团队建设探讨》，《煤炭高等教育》2014 年第 1 期。

赵蓉英、魏绪秋：《中美图书情报学领域国际学术论文影响力比较——基于被引频次和使用次数》，《情报理论与实践》2018 年第 1 期。

赵宇飞、赵松宇：《高校科研课题团队构建与运作对策》，《合作经济与科技》2015 年第 1 期。

赵志军：《推进高校德育目标管理的实施》，《中国高等教育》2006 年第 7 期。

郑世珠：《地方高校在协同创新中的定位与机制》，《中国高校科技》2013 年第 4 期。

郑勇、徐高明：《权力配置：高校学院制改革的核心》，《中国高教研究》2010 年第 12 期。

中国社会科学院语言研究所词典编辑室：《现代汉语词典（第 6 版）》，商务印书馆 2012 年版。

钟秉林、李志河：《试析本科院校学科建设与专业建设》，《中国高等教育》2015 年第 22 期。

钟秉林、马陆亭、贾文键等：《大学发展与学科建设（笔谈）》，《中国高教研究》2019 年第 9 期。

钟伟军：《一流学科建设中的政府职能转型》，《中国高教研究》2016 年第 5 期。

钟勇为、缪英洁：《新中国高等教育质量保障政策范式变趋与思考——基于 1949—2019 年政策文本的分析》，《教育发展研究》2020 年第 7 期。

周川：《学院组织及其治理结构》，《中国高等教育评论》2012 年第 3 期。

周定财：《基层社会管理创新中的协同治理研究》，博士学位论文，苏州大学，2017 年。

周光礼：《从管理到治理：大学章程再定位》，《湖南师范大学教育科学学报》2014 年第 2 期。

周光礼：《大学校院两级运行的制度逻辑：国际经验与中国探索》，《高等教育研究》2019 年第 8 期。

周海涛、胡万山：《地方高校高水平学科建设的模式、难点与对策》，《高等教育研究》2020 年第 3 期。

周继良：《大学协同创新的内部现实困境与制度改进》，《四川师范大学学报》（社会科学版）2012 年第 6 期。

周青、崔凯、周泽兵等：《大学校、院二级管理中责权利配置的实证研究》，《国家教育行政学院学报》2017 年第 12 期。

周三多等编著：《管理学——原理与方法（第六版）》，复旦大学出版社 2014 年版。

周湘林、周光礼：《我国高等教育评估政策范式变革初探》，《高教探索》2009 年第 4 期。

周源：《高等学校科技创新团队建设的基本要素》，《科技创新导报》2012 年第 3 期。

朱恪孝:《经费结构视角:地方高水平大学面临的挑战及发展机遇》,《中国高教研究》2008年第7期。

朱晓明、张贞齐、李凌云:《地方高校二级单位科研工作目标管理——以青岛大学为例》,《中国高校科技》2019年第4期。

朱育锋:《地方农业院校一流学科建设路径研究——基于麦肯锡7S模型视角》,《高等农业教育》2020年第1期。

邹学慧:《可持续发展的高校创新型科研团队建设研究》,《黑龙江高教研究》2011年第7期。

二 英文类

Andy Hargreaves, Alan Boyle, & Alma Harris, "Uplifting Leadership: How Organizations, Teams And Communities Raise Performance", Jossey-Bass, 2014.

Avinash K. Dixit, et al., "Games of Strategy", W. W. Norton & Company, 2009, p. 27.

Airey J, Linder C. A., "disciplinary discourse perspection on unirersity science learhing: Achieving Fluency in a critical Constellation of Modes", Journal of Research in Science Teaching, 2009, 46 (01), pp. 27-49.

Baldridge J. V., "Impacts on College Administration: Management Information Systems and Management by Objectives Systems", Research in Higher Education, 1979, 10 (03), pp. 263-282.

Bentley P. J. & Kyvik S., "Academic Work From a Comparative Perspective: A Survey of Faculty Working Time across 13 Countries", Higher Education, 2011, 63, pp. 347-372.

Carroll M. C. & Blair J. P., "Local Economic Development and the Academy", Applied Geography, 2012, 32 (01), pp. 51-53.

Carsten K. W. De Dreu, "Team Innovation and Team Effectiveness: The Importance of Minority Dissent and Reflexivity", European Journal of Work & Organizational, 2002 (03), pp. 285-298.

Chandler Alfred, "Strategy and Structure: Chapters in the History of America Industrial Enterprise", First MIT Press Paperback Edition, 1969, p. 12.

Clark T. W., The Policy Process: A Practical Guide for Natural Rresource

Professionals, New Haven: Yale University Press, 2002, p. 13.

Denise Cuthbert, et al., "Disciplining Writing: the Case for Multi-Disciplinary Writing Groups to Support Writing for Publication by Higher Ddegree by Research Candidates in the Humanities, Arts and Social Sciences", Higher Education Research & Development, 2009, 28 (2), pp. 137-149.

Enders J., Teichler U., "A Victim of Their Own Success? Employment and Working Conditions of Academic Staff in Comparative Perspective", Higher Education, 1997, 34 (03), pp. 374-372.

Fabio Orecchini, et al., "Industry and Academia for a Transition Towards Sustainability: Advancing Sustainability Science Through University – Business Collaborations", Sustainability Science, 2012 (07), pp. 57-73.

Feller I., "Multiple Actors, Multiple Settings, Multiple Criteria: Issues in Assessing Interdisciplinary Research", Research Evaluation, 2006, 15 (1), pp. 5-15.

Giancarlo Lauto & Shintaro Sengoku. "Perceived Incentives to Transdisciplinarity in a Japanese University Research Center", Futures, 2015 (65), pp. 136-149.

Grant R. M., "The Resource-Based Theory of Competitive Advantage: Implication for Strategy Formulation", California Management Review, 1999, 33 (03), pp. 3-23.

Hanne Andersen, "Collaboration, Interdisciplinarity, and the Epistemology of Contemporary Science", Studies in History and Philosophy of Science, 2016 (56), pp. 1-10.

Howard, Richard D., "Institutional Research: Decision Support in Higher Education", Association for Institutional Research, 2001.

Iva Strnadová, Cumming T. M., Knox M., et al, "Building an Inclusive Research Team: the Importance of Team Building and Skills Training", Journal of Applied Research in Intellectual Disabilities, 2014 (01), p. 10.

Justin Lin, An Economic Theory of Institutional Change: Induced and Imposed Change. Cato Journal, 1989 (01), pp. 1-33.

Kallio K-M, Kallio T. J., "Management-by-Results and Performance Measurement in Universities—Implications for Work Motivation", Studies in

Higher Education, 2014, 39 (04), pp. 574-589.

Kuhn Thomas, The Structure of Scientific Revolutions, University of Chicago Press, 1962, p. 150.

L. Peters, et al., "Managing Interdisciplinary, Longitudinal Research Teams: Extending Grounded Theory-Building Methodologies", Organization Science, 2004 (04), pp. 391-392.

L. Kay, "Opportunities and Challenges in the Use of Innovation Prizes as a Government Policy Instrument", Minerva, 2012 (02), pp. 191-196.

Liu X., On Application of MBO in College Management, International Education Studies, 2010, 3 (02), pp. 219-223.

Mansilla V. B., Feller I., Gardner H., "Quality Assessment in Interdisciplinary Research and Education", Research Evaluation, 2006, 15 (01), pp. 69-74.

Maria Helen Connell, University Research Management: Meeting the Institutional Challenge, Paris, France : Organisation for Economic Co-operation and Developement, 2004, pp. 121-134.

Marino K. E., "Developing Consensus on Firm Competencies and Capabilities", Academy of Management Perspectives, 1996 (03), pp. 40-51.

Max-Neef M. A., "Foundations of Transdisciplinarity", Ecological Economics, 2005 (01), pp. 5-16.

Odiorne G. S., Management by Objectives: A System of Managerial Leadership. Pitman Pub. corp, 1965.

Ofojebe W. N., Olibie E. I., "Management by Objectives (MBO) Imperatives for Transforming Higher Education for a Globalised World", Journal of International Education and Leadership, 2014, 4 (02).

Peter Hull, "Policy Paradigms, Social Learning, and the State: The Case of Economic Policymaking in Britain", Comparative Politics, 1993, 25 (03), pp. 275-296.

Pohi C., "Transdisciplinary Collaboration in Environmental Research", Futures, 2005 (10), pp. 1159-1178.

Pullen, Sonja, Brinket, et al., "Sol En for a Sustainable Future: Developing and Teaching a Multidisciplinary Course on Solar Energy to Further Sustainable Education in Chemistry", Journal of Chemical Education, 2014, 91 (10), pp. 1569-1573.

QS World University Rankings by Subject 2022, https://www.topuniversities.com/subject-rankings/2022.

Robert Full, et al., "Interdisciplinary Laboratory Course Facilitating Knowledge Integration, Mutualistic Teaming, And Original Discovery", Integrative and Comparative Biology, 2015, 55 (05), pp. 912-925.

S. Braun, C. Peus, S. Weisweiler, D. Frey, "Transformational Leadership, Job Satisfaction, and Team Performance: a Multilevel Mediation Model of Trust", Leadership Quarterly, 2013 (01), pp. 270-283.

S. L. Keck, "Top Management Team Structure: Differential Effects by Environmental Context", Organization Science, 1997, 08 (02), pp. 143-156.

Satyashankar P., Rinkoo A. V., Somu G., "Management by Objectives as a Motivational, Appraisal and Effective Management tool: Experience of a Tertiary Care Teaching Hospital", Journal of Health Management, 2007, 9 (03), pp. 459-465.

Schwartz, Merrill Pellows. "A National Survey of Presidential Performance Assessment Policies and Practices", Association of Governing Boards of Universities and Colleges, 1998.

Thompson K. J., "Prospects forTransdisciplinarity", Futures, 2003, 36 (04), pp. 515-526.

Wilkesmann U., Schmid C. J., "The Impacts of New Governance on Teaching at German Universities. Findings from a National Survey", Higher Education: The International Journal of Higher Education and Educational Planning, 2012, 63 (01), pp. 33-52.

Zhao C., Gudamu A., "Ranking of Teaching Evaluation Index System of Public Physical Education Curriculum Based on Management by Objectives Using Analytic Hierarchy Process", Mobile Information Systems, 2021.

后　记

本书是国家社会科学基金教育学一般课题"'双一流'背景下地方大学建设高水平学科的机制创新研究"（BIA180171）的成果。

我在一所地方大学工作，这所学校位于东部沿海地区，是一所省部共建大学、首批国家"高等学校创新能力提升计划"（2011计划）协同创新中心牵头高校和省首批重点建设高校，根据本研究的界定，我所在的学校是一所典型的地方高水平大学。在"双一流"建设政策出台后，进入"双一流"建设高校序列是每一所地方高水平大学的理想，我所在的学校也不例外。在"双一流"背景下，地方高水平大学的学科建设面临着"两难困境"，究竟是向以基础研究为主导的一流大学的建设模式靠近还是向以应用研究为主导的立足于服务区域社会发展的专、精、特、新的某一专业领域高水平的"小巨人"模式靠近？同时，地方高水平大学还面临着有限的资源与宏大的目标之间的矛盾所形成的发展困境。重重困境激发着地方高水平大学不断地进行体制机制改革，探索学科建设的创新路径，同时也激发了我作为一个高等教育管理研究者的使命感与责任感。

本研究首先要解决的问题是，如何界定"地方高水平大学"？这一概念也许并不会被所有的高等教育研究学者认同，不同的学者会从不同的角度来看待这一问题。我的初衷是想将那批未进入但又有希望进入"双一流"建设高校序列的学校单列出来，在政府主导的办学体制下，它们渴望拥有"双一流"的"标签"，这似乎有点功利主义，但这又何尝不是一种理想主义呢？它们有实力、有拼劲，不断自我鞭策、追求卓越，通过人才培养、科学研究、社会服务等为地方经济与社会发展做出了巨大贡献，它们值得被书写。

为了深入、直观地了解地方高水平大学在学科建设中所采取的举措以及所面临的问题，我带领我的研究生对学校相关职能部门的负责人和二级学院院长进行了大量的访谈，这些访谈不仅使我们获得了珍贵的研究资料，也让我们有幸见识了一批有担当、有智慧的"学者型领导"或者说是"领导型学者"，他们不仅是某个部门或者学院的领导，还是某个研究领域卓有建树的学者，这样的双重身份使他们成为学校发展的中流砥柱。在他们中间，有的人是从学科"新生"到"成熟"的见证者与亲历者，在他们娓娓道来的平静语气中感受到的却是他们对学科的深厚感情与鞠躬尽瘁的精神；有的人年轻有为、勃然奋励，为了提升学科建设水平想尽办法，如为了强化教师在学术研究中不仅要有"种树"还要有"摘果子"的意识而采取"紧盯战术"；有的人从"双一流"建设高校转入，眼界高远，提出地方大学因为平台与资源的局限性，一定要实施"团队作战"……用一句当今社会上流行的话来讲，他们是"心中有梦、眼中有光、脚下有路"的人。对他们的访谈也让我深刻地认识到，学科建设不是"人才培养""团队建设""学术产出"等一系列的概念，而是通过人与人之间的沟通进行资源整合从而低耗、高效、快速、高质地实现组织目标的管理过程。这一管理过程因人而异、因部门而异，没有固定的管理定式，却也有相同的学科建设规律可遵循。感谢在百忙之中抽出宝贵时间接受我们访谈的学者们，感谢你们为本研究奉献的智慧！

在书稿完成之际，特向关心、支持、帮助我的亲友们致以诚挚的感谢！

首先，感谢浙江外国语学院党委书记、浙江工业大学现代大学制度研究中心主任宣勇先生！宣勇先生是我从事学科制度研究的领路人，自2006年入职以来，一直追随宣勇先生从事现代大学制度研究，其中，学科制度是我们的核心研究领域。宣勇先生为人坦诚正直、治学严谨勤勉、处事果断豁达，虽追随先生多年，却也只学得先生品质万分之一。吾将以宣勇先生为楷模，守住本心，上下求索，方得始终！本书也是在宣勇先生的指导下完成的。

其次，感谢浙江工业大学现代大学制度研究中心、公共管理学院教育经济与管理研究所的同仁们，感谢凌健副处长、毛建青教授、张鹏副教授、郑莉博士、翁默斯博士和郑淑超博士，有幸与你们一起治学、共事，有幸与你们互相勉励、并肩作战、共同成长！

再次，感谢浙江工业大学公共管理学院的各位领导和老师们！感谢你们一直以来对我的关心、帮助和支持！

　　从次，感谢我的学生们，你们赋予了我作为一名大学教师的意义和价值，你们来自五湖四海，性格各异，但是都懂事、聪慧，在与你们交谈的过程中常常让我想起年轻时的自己。让研究生参与课题研究是对他们进行培养的最有效途径，在本课题研究过程中，我带领研究生们进行研究设计、访谈调研、数据分析，指导他们如何写出优美的学术论文，虽然过程曲折而艰辛，但成果让我们体验到了深刻的幸福感！感谢参与本书研究工作的研究生：张明超、胡彬玮、徐甜甜、权敬兰。

　　最后，感谢国家社会科学基金对本研究的资助，感谢浙江工业大学社会科学研究院对本书出版的资助！感谢中国社会科学出版社宫京蕾老师为本书出版的辛勤付出、大力支持和悉心指导！

张凤娟

2024年2月16日于杭州